Lynn Segal · Das 18. Kamel oder Die Welt als Erfindung

Lynn Segal
Das 18. Kamel oder Die Welt als Erfindung

Zum Konstruktivismus Heinz von Foersters

Aus dem Amerikanischen von Inge Leipold

Piper
München Zürich

Die Originalausgabe erschien 1986 unter dem Titel »The Dream of Reality« bei W. W. Norton & Company, New York, London

ISBN 3-492-03044-0
© 1986 by Lynn Segal
Alle Rechte der deutschen Ausgabe:
R. Piper GmbH & Co. KG, München 1988
Gesetzt aus der Baskerville-Antiqua
Gesamtherstellung: Mühlberger, Augsburg
Printed in Germany

Inhalt

Die Geschichte vom achtzehnten Kamel 9
Vorbemerkung von Heinz von Foerster 11
Vorbemerkung von Paul Watzlawick 15
Vorwort 19
Einführung 25

1. Der Mythos Objektivität 29

Grundlagen 30
Objektives Wissen 31
Geschichte der Objektivität in neuerer Zeit 32
Wahrheit, Verstehen und Wirklichkeit 39
Der Konstruktivismus 41
Objektivität, etwas näher betrachtet 44
Bestätigung oder Bezugnahme 46
Über die Wahrnehmung 48
Undifferenzierte Codierung 50
Anmerkungen zum Beobachter 54
Zur Frage des technologischen Fortschritts 57
Theorie des Beobachters 58
Zusammenfassung 60

2. Probleme der Sprache 63

Re-Präsentation 64
Nominalisierung 65
Lokalisierung der Funktion 67
Logische Syllogismen 74
Paradox und Selbstbezüglichkeit 79
Kausalität 87
Das Konstruieren von Erklärungen 95
Zusammenfassung 98

3. Maturana und der Beobachter 101

Der Beobachter als Ausgangspunkt der Wissenschaft 101
Zusammenfassung 107

4. Das Nervensystem 109

Historischer Überblick 109
Die Evolution des Zentralnervensystems 115
Die Struktur des Nervensystems 120
Das endokrine System 124
Funktionsweise des Nervensystems 125
Zusammenfassung 128

5. Er-Rechnen 131

Gehirne und Computer 131
Semantische Komputation 144
Logische Maschinen 146
Triviale Maschinen 149
Triviale Maschinen und logische Verfahren 151
Nicht-triviale Maschinen 152
Innere Bilder und der Homunculus 157
Trivialisieren von Menschen 160
Triviale versus nicht-triviale Maschinen 161
Zusammenfassung 163

6. Biokomputation 165

Nervennetze 166
Zusammenfassung 180

7. Schließung 183

Schließung in verschiedenen Bereichen 183
Autopoiesis 186
Die doppelte Schließung im Nervensystem 192
Rekursive Funktionstheorie 199
Rekursivität und Wahrnehmung 207

Das Spiel Realität.	213
Abschließung	214
Abschließende Zusammenfassung	216

Anhang 219
Anmerkungen.	219
Abbildungen und Tabellen	223
Interview mit Heinz von Foerster	225
Sachregister.	243
Personenregister	254

Die Geschichte vom achtzehnten Kamel

Ein Mullah ritt auf seinem Kamel nach Medina; unterwegs sah er eine kleine Herde von Kamelen; daneben standen drei junge Männer, die offenbar sehr traurig waren.
»Was ist euch geschehen, Freunde?« fragte er, und der älteste antwortete: »Unser Vater ist gestorben.«
»Allah möge ihn segnen. Das tut mir leid für euch. Aber er hat euch doch sicherlich etwas hinterlassen?«
»Ja«, antwortete der junge Mann, »diese siebzehn Kamele. Das ist alles, was er hatte.«
»Dann seid doch fröhlich! Was bedrückt euch denn noch?«
»Es ist nämlich so«, fuhr der älteste Bruder fort, »sein letzter Wille war, daß ich die Hälfte seines Besitzes bekomme, mein jüngerer Bruder ein Drittel und der jüngste ein Neuntel. Wir haben schon alles versucht, um die Kamele aufzuteilen, aber es geht einfach nicht.«
»Ist das alles, was euch bekümmert, meine Freunde?« fragte der Mullah. »Nun, dann nehmt doch für einen Augenblick mein Kamel, und laßt uns sehen, was passiert.«
Von den achtzehn Kamelen bekam jetzt der älteste Bruder die Hälfte, also neun Kamele; neun blieben übrig. Der mittlere Bruder bekam ein Drittel der achtzehn Kamele, also sechs; jetzt waren noch drei übrig. Und weil der jüngste Bruder ein Neuntel der Kamele bekommen sollte, also zwei, blieb ein Kamel übrig. Es war das Kamel des Mullahs; er stieg wieder auf und ritt weiter und winkte den glücklichen Brüdern zum Abschied lachend zu.
Zu dieser Geschichte meint Heinz von Foerster: »So wie das achtzehnte Kamel, so braucht man Wirklichkeit als eine Krükke, die man wegwirft, wenn man sich über alles andere klar ist.«

Vorbemerkung

Eigentlich ist dieser Heinz von Foerster, der diese Zeilen schreibt und den man einmal hier, ein andermal da in Kreisen von Familientherapeuten zu sehen und zu hören bekommt, eine Erfindung von Paul Watzlawick.
Ich habe meinen Erfinder vor mehr als zehn Jahren in Kalifornien kennengelernt. Damals hatte ich gerade meine etwa dreißigjährige Lehrtätigkeit an der University of Illinois beendet und sah mich nach einem Plätzchen um, wo meine Frau und ich uns zur Ruhe setzen und den Rest unseres Lebens *procul negotiis* verbringen könnten. Paul Watzlawick stellte sich telephonisch vor; er sprach mit einem österreichischen Akzent, der dem meinen sehr ähnlich ist. Er erzählte von gemeinsamen Freunden, etwa Gregory Bateson, und sprach über allgemeine Dinge, zum Beispiel Pathologien der Logik. Wenig später trafen wir uns, und aus unser beider Vergnügen daran, das Offensichtliche und Gesicherte in Frage zu stellen, erwuchs allmählich eine Freundschaft.
Als er mich einlud, anläßlich des Zweiten Don D. Jackson Memorial-Kongresses am Mental Research Institute in Palo Alto vor den Mitarbeitern und geladenen Gästen zu sprechen, sagte ich zu. Gregory Bateson sprach am ersten Abend vor der Vollversammlung, ich am zweiten.
In Batesons Vorträgen gab es immer einige Punkte, die mich besonders beeindruckten. Irgend jemand fragte beispielsweise, ob ein bestimmtes Etwas die Ursache von einem anderen bestimmten Etwas sei. Er antwortete etwas barsch, »Ursache«, »Angst«, »Spannung« und ähnliches seien nicht die geeigneten Worte. Die Frage, ob die Ursache für diese Phänomenologie in Physik, Psychologie oder Genetik etc. zu suchen ist, sei ein Problem des *Un-Realen*. Und dann sagte er (ich zitiere jetzt wörtlich): »Diese Einteilungen sind gerade in Mode. Aber sie sind blanker Unsinn.«
Am meisten beeindruckte mich dabei, daß er – und das ist

meiner Ansicht nach das Wesentliche – nicht sagte, diese Kategorien seien nutzlos oder irreführend oder Sackgassen oder was auch immer; er sagte, daß sie »unsinnig« sind. Und er fügte hinzu, daß das, wonach er strebe und wonach er suche, eine Epistemologie sei, in der diese Kategorien gänzlich mit dieser Epistemologie selbst verwoben sind.

Später hörte ich, wie einige Teilnehmer sich über Batesons Angewohnheit, auf einfache und klare Fragen rätselhafte und mysteriöse Antworten zu geben, unterhielten. Aus diesem Grund begann ich meinen Vortrag »Widersprüche, Paradoxa, Circuli vitiosi und andere kreative Kunstgriffe« mit der Bemerkung, das Problem bei den Äußerungen großer Männer sei es eben, daß sie so durchsichtig sind. Leider kann man aber Durchsichtiges nicht sehen. Meine Absicht sei es also, einige dieser Äußerungen undurchsichtig zu machen, so daß sie sichtbar werden – zumindest einen Augenblick lang, ehe sie geklärt entgleiten.

Diese Strategie fand offensichtlich Anklang. Ich meinerseits lernte die vielfältigen Probleme kennen, die auf diesem Kongreß diskutiert wurden, und war fasziniert. Man ging auf Probleme der Philosophie und Theorien des Wissens und der Kommunikation ein, an denen wir, die Leute im Biological Computer Laboratory an der University of Illinois, brennend interessiert waren. Es handelt sich dabei im wesentlichen um Fragen der Kognition, und eben diese Tatsache einer gemeinsamen Kompetenz und Unwissenheit war und ist es, die den Dialog zwischen mir und den Psychotherapeuten lebendig und fruchtbar macht.

Zufällig nahm auch mein Freund, Mitarbeiter und Mitdenker, der »Neurophilosoph« Humberto Maturana, daran teil; er betonte mit Nachdruck den biologischen Aspekt dieses Dialogs, in dessen Verlauf alle Parteien die Notwendigkeit einer Sprache anerkannten, die den Beobachter (Therapeuten) in den fortwährenden Prozeß von Interaktion und Intervention mit einbezieht. Diese Einstellung läßt das orthodoxe Denken, das von Unabhängigkeit und Ausschluß des Beobachters ausgeht, bekanntlich nicht zu.

Bei einer der vielen Gelegenheiten zur Fortsetzung dieses

Dialogs, die sich in der Folgezeit ergaben, hatte ich endlich auch die Möglichkeit, durch eine Spionglasscheibe eine Familientherapie zu beobachten. Ich saß gespannt in dem verdunkelten Beobachtungsraum und sah, wie sich vor mir das Universum einer Familie entfaltete. Ich sah die Blindheit der einzelnen den anderen gegenüber und sogar die Blindheit für ihre eigene Blindheit: Sie sahen nicht, daß sie nicht sahen.

Einmal, als meine Kollegen aus dem Beobachtungsraum gegangen waren und ich allein war, hatte ich ein erstaunliches und aufschlußreiches Erlebnis. Ich wollte wissen, ob ich ungesprochene Schlüssel zur Verständigung erkennen würde, wenn ich der Sprache nicht folgen könnte. Ich schaltete also die Höranlage aus. Und was dann geschah, war in der Tat gespenstisch. Da waren fünf Leute, die still an einem Tisch saßen; wie in Zeitlupe drehten sie ihre Köpfe, schauten einander an; einer nach dem anderen öffnete und schloß den Mund. Der Bub biß geistesabwesend auf seine Nägel. Einmal hörte er damit auf, öffnete den Mund; dann widmete er sich wieder dem Nägelkauen. Das ging so weiter für eine Ewigkeit von dreißig Minuten. Dann standen der Therapeut und die anderen auf. Man lächelte, schüttelte sich die Hände, spielte das wohlbekannte Spiel der Verabschiedung. Ende der Sitzung.

Ich erfuhr später, daß dieser Fall erfolgreich abgeschlossen wurde. Es müssen die Geräusche gewesen sein, die ich nicht gehört hatte, das, was vom Öffnen und Schließen der Lippen kam, mußte die Kraft gehabt haben, für alle Beteiligten ein Reich zu öffnen, in dem sie sich selber und ihre Beziehungen zueinander neu erfinden konnten. Ich hätte »Sprache« sagen können, um diesen Zauber zu erklären – aber dann wäre die Magie der Sprache nicht so klar geworden.

Immer wenn ich vor Publikum spreche, erkläre ich als erstes, worüber ich sprechen werde; dann spreche ich, und zum Schluß wiederhole ich das Gesagte. Normalerweise halte ich mich an dieses Schema: ich erzähle das, was ich versprochen habe zu erzählen. Aber bei der Zusammenfassung versuche ich, den allgemeinen Kontext zu erweitern. Ich stülpe das Thema um, betrachte gewisse Punkte aus anderen Blickwinkeln, denke mir neue Beispiele aus und so weiter.

Als Lynn Segal beschloß, die Video- und Tonbandaufzeichnungen einiger meiner Vorlesungen sowie meine Aufzeichnungen, ergänzt durch seine eigenen Notizen, zusammenzustellen, um die wesentlichen Punkte meiner Gedanken in einer richtigen Geschichte mit Einleitung, Hauptteil und Schluß darzustellen, war ich zunächst etwas skeptisch. Ich hatte schon früher die Gelegenheit, über meine Gedanken in Vortragsreihen zu sprechen, wo jeder der vier oder fünf Vorträge das Vorhergegangene rekapitulierte. Bei Lynn Segals Unternehmen hatte ich das Gefühl, daß es eher dem Lösen des Problems des Rubik-Würfels glich als einer Geschichte über die Entwicklung einiger Ideen. Andererseits könnte man diese Aufgabe auch als eine Übung im Erfinden einer Wirklichkeit betrachten.

In diesem Fall hoffe ich, daß ich die Rolle des achtzehnten Kamels zu spielen bekomme. Allerdings – ohne die Weisheit des Mullahs spielt das Kamel gar keine Rolle. Glücklicherweise hat sich dieser Mullah gefunden: es ist Lynn Segal! Und dazu möchte ich ihm gratulieren und ihm danken.

Februar 1986   *Heinz von Foerster*

Vorbemerkung

Lynn Segal hat sich der äußerst schwierigen Aufgabe unterzogen, in einem relativ schmalen Band das Lebenswerk eines großen Wissenschaftlers vorzustellen, übertragen in eine verständliche, nicht-technische Sprache. Dies ist um so schwieriger, als Heinz von Foerster sich jeglicher simplen Klassifizierung entzieht, da er die traditionellen akademischen Grenzen der einzelnen wissenschaftlichen Disziplinen durchbricht. Wie ein zu spät geborener Renaissance-Mensch oder, anders ausgedrückt, wie der Herold einer neuen Ära, in der Natur- und Geisteswissenschaften sich allmählich einander annähern, fasziniert er seine Zuhörer und Leser mit seinem enzyklopädischen Wissen, verbunden mit der Leichtigkeit, mit der er völlig neue Bezüge herstellt und uns auf diese Weise zwingt, unsere traditionellen Methoden, die Welt begrifflich zu erfassen, in Frage zu stellen. Es handelt sich hier um den Prozeß, den Arthur Koestler als *Biosoziation* bezeichnete, in der seiner Ansicht nach das kreative Vermögen des Menschen zum Tragen kommt.

Heinz von Foerster ist eines der führenden Mitglieder jener Gruppe außergewöhnlich begabter Wissenschaftler, die sich 1949 unter der Schirmherrschaft der Josiah Macy Jr. Foundation zusammenschlossen, um die »zirkulär-kausalen und Rückkoppelungs-Mechanismen in biologischen und sozialen Systemen« zu untersuchen. Warren McCulloch, der Leiter dieser Seminare, hatte Heinz von Foerster eingeladen, seine Theorie des Gedächtnisses darzulegen, die er noch in Wien entwickelt hatte und die, ohne daß er sich dessen damals bewußt war, sich auf Grundsätzen aufbaute, die man heute als *kybernetische* Prinzipien bezeichnet.

Schon bald stellte sich heraus, daß das, was als die Erforschung dynamischer Prozesse allgemeiner Natur begonnen hatte, von ganz spezieller Bedeutung für das Verständnis des Menschen und seiner sozialen Interaktionen war. Die Erkenntnis, daß der Beobachter, das beobachtete Phänomen *und* der Prozeß des Beobachtens selbst eine Ganzheit bilden, die nur um den Preis völlig absurder Verdinglichungen in ihre Einzelelemente zerlegt werden kann, diese Erkenntnis hat weitreichende Folgen für unser Verständnis des Menschen und seiner Probleme – vor allem aber der Methoden, mit denen er sich im wahrsten Sinne des Wortes seine Wirklichkeit »konstruiert«, dann darauf reagiert, als existiere sie unabhängig von ihm »da draußen«, und schließlich vielleicht bestürzt feststellt, daß seine Reaktionen die Wirkung *und* die Ursache seiner Konstruktion der Wirklichkeit sind. Dieser »gekrümmte Raum« des menschlichen Erfahrens der Welt und seiner selbst, dieser *»circulus creativus«* – so nennt es Heinz von Foerster – findet seinen symbolischen Aus-

Abb. 1: Der Ouroboros

druck im Bild des Ouroboros, der Schlange, die sich selbst in den Schwanz beißt, oder seinen poetischen Ausdruck in den Worten T. S. Eliots, für den wir nie vom Suchen ablassen, »und doch, am Ende alles unseres Suchens / sind wir am Ausgangspunkt zurück / und werden diesen Ort zum ersten Mal / erfassen«.

Es ist Lynn Segal gelungen, dem Buch selbst diese Struktur zu geben – das letzte Kapitel »krümmt sich zurück« zum ersten und gibt dem Leser eine Einführung in das, was er eben gelesen hat – gerade so, als wäre es das erste Mal.

Paul Watzlawick

Vorwort

> *Die Ansicht ist weit verbreitet, daß man die Philosophie den Philosophen, die Soziologie den Soziologen und den Tod den Toten überlassen sollte. Ich glaube, daß dies eine der großen Irrlehren – und Tyranneien – unserer Zeit ist.*
>
> JOHN FOWLES[1]

Heinz von Foerster ist Kybernetiker, Mathematiker, Physiker und Philosoph. Am 30. Juni 1978 hörte ich zum ersten Mal einen Vortrag von ihm, anläßlich der alle zwei Jahre stattfindenden Konferenz für Familientherapie am Mental Research Institute in San Francisco. Sein Vortrag bot sowohl den Kollegen als auch den Gästen die seltene Gelegenheit, einem Kybernetiker zuzuhören, der über grundlegende Konzeptionen referierte, die sich die Familientherapeuten sozusagen von den Kybernetikern ausgeliehen hatten, um sich ein Bild von den Verhaltensweisen in der Familie machen zu können.

Foerster ist ein faszinierender Redner und verfügt über ein profundes Wissen, das er voller Begeisterung und Humor präsentiert. Er spricht sehr schnell und mit einem ausgeprägten Wiener Akzent; jeder einzelne Satz enthält eine Unmenge von Ideen. In den 1950er Jahren hat einmal jemand, der ihn sehr schätzte, eine Science-fiction-Geschichte über ihn verfaßt, in der ein Spezialcomputer seine dichte Sprechweise in eine normale, verständliche Sprache überträgt. Kein Wunder also, daß meine Kollegen von seinem Vortrag etwas verwirrt waren. »Mag ja sein, daß das brillant ist«, meinten sie, »aber extrem schwer zu verstehen.« Obwohl es mir ähnlich erging, war ich fasziniert von dem Material, das er ausbreitete. Ich mußte nur erfassen, worüber er eigentlich sprach.

Glücklicherweise kreuzten sich in den folgenden Jahren unsere Wege immer wieder, und so hatte ich noch des öfteren Gelegenheit, Vorlesungen von ihm zu hören. Allmählich wurde ich mit seinen Vorstellungen vertrauter und stellte fest, daß sie für meine Arbeit als Psychotherapeut und Ausbilder sehr nützlich waren. Foerster wandelt philosophische und psychologische Ideen, die auf den ersten Blick ohne praktischen Nutzen und langweilig zu sein scheinen, in ein sehr hilfreiches begriffliches Instrumentarium um. Seine Theorien haben mir geholfen, ein tieferes Verständnis davon zu gewinnen, wie Sprache und Logik das Denken prägen, insbesondere was die Modellvorstellungen betrifft, mit denen Psychotherapeuten arbeiten. Es wurde mir auch zunehmend klarer, daß Foerster – wie Freud – jedem, der die Zeit und die Mühe aufwendet, sich mit seinen Ideen auseinanderzusetzen, etwas geben kann. So kam ich allmählich zu der Überzeugung, daß man diese Vorstellungen einem breiteren Publikum zugänglich machen sollte.

Zu diesem Buch

Zwei Ereignisse haben mich dazu veranlaßt, dieses Buch zu schreiben. Das erste war, daß das Mental Research Institute (MRI) eine Sammlung von Vorträgen Foersters – auf Video- und Tonbändern – angelegt hatte. Im Ton- und Videoarchiv des MRI stand mir ein repräsentativer Querschnitt des Materials Foersters zur Verfügung, darunter die meisten Vorträge, Ideen, Erläuterungen und Beispiele, die ich aus seinen Vorlesungen kannte. Zweitens kaufte ich mir einen Computer mit einem hervorragenden Textverarbeitungsgerät. Da meine Sekretärin die gleiche Textverarbeitungsmaschine hatte, konnte sie die Tonbandmitschnitte der Vorlesungen auf Computerdisketten übertragen, die ich dann auf meinem eigenen System ausdrucken lassen konnte.

Ich erzählte Foerster von meinem Plan, seine Vorlesungen als Buch herauszugeben. Er war begeistert davon und sehr kooperativ; er machte den Vorschlag, daß er sich einen Auszug aus meiner Arbeit einmal genauer ansehen wolle. Meine ersten Entwürfe gefielen ihm, und im Sommer 1982 begann ich mit den abschließenden Arbeiten.

Im darauffolgenden Jahr, als ich bereits den Großteil des

Materials herausgegeben hatte, sahen wir uns plötzlich mit großen Schwierigkeiten konfrontiert. Ich hatte die Transkription zu Lynn Segals Interpretation der Ideen Heinz von Foersters gemacht. Zudem hatte ich mich an das Grundschema seiner Vorlesungen gehalten. Dieses war zwar sehr geeignet für einen mündlichen Vortrag, aber leider nicht für ein Buch. Das bedeutete, daß das gesamte Material noch einmal gründlich überarbeitet werden mußte.

Foerster gefiel es, wie ich seine Ideen darlegte; auch mein Vorschlag, wie man den gesamten Stoff anders präsentieren könnte, fand seine Zustimmung. Er hatte jedoch das Gefühl, daß das Buch mein eigenes Werk werden sollte. Ich selber sollte mich an den Leser wenden. Wie er es ausdrückte: »Sie sind doch völlig frei, Ihr eigenes Buch zu schreiben!« Er bot mir an, mir alle seine Unterlagen zur Verfügung zu stellen – Diagramme, Beispiele, bibliographische Angaben, Anekdoten etc. Außerdem würde er immer Zeit für mich haben, um seine Ideen mit mir zu diskutieren, wann immer es notwendig wäre – aber ich sollte meine eigene Geschichte erzählen. Anders gesagt: meine Rolle würde sich ändern; ich sollte nicht mehr der Herausgeber sein, sondern der Autor!

Im ersten Augenblick machte mir sein Vorschlag regelrecht Angst. Ich hatte keine formale Ausbildung in Philosophie, Mathematik oder Neurophysiologie. In Wirklichkeit war sogar einer der Gründe für mein Unternehmen, seine Vorlesungen herauszugeben, daß ich mein Wissen auf diesen Gebieten vertiefen wollte. Nachdem ich hin und her überlegt hatte, entschloß ich mich jedoch, sein großzügiges Angebot zu akzeptieren – vorausgesetzt, es würde uns gelingen, einen Kompromiß zu finden. Ich wollte meinen ursprünglichen Plan nicht aufgeben – das Material zu den Vorlesungen in Buchform zu veröffentlichen –, aber es sollte nicht eine Ausgabe seiner Vorlesungen, sondern mein Bericht darüber sein.

Hinweise für den Leser

Die Änderung der Konzeption – statt einer Ausgabe der Transkription mein Bericht über Foersters Konstruktivismus – macht es notwendig, daß der Leser folgendes immer im Auge behält: Erstens haben sich viele Sätze, die jetzt in der 3. Person stehen, aus dem Originaltranskript entwickelt, das heißt, sie geben Foersters eigene Formulierungen wieder. Zweitens: Zitate ohne Quellenangabe stellen *meine eigene Interpretation* dessen dar, was Foerster gesagt hat. Der Grund, weshalb ich so frei damit umgehe, ist, daß ich versucht habe, Foerster als Menschen wie auch als Wissenschaftler zu sehen. Drittens: Zitate mit Quellennachweis wurden zur Verdeutlichung eingefügt. Viertens: Alle Diagramme und die Mehrzahl der Beispiele stammen von Foerster selbst. Fünftens: Obwohl das vorliegende Buch Stoff aus mehreren Vorlesungen Foersters präsentiert, erhebt es nicht den Anspruch, eine vollständige oder umfassende Darstellung von Foersters Denken oder des Konstruktivismus und verwandter Disziplinen zu sein. Sechstens: Obwohl Foerster das endgültige Manuskript gelesen und seine Zustimmung zur Veröffentlichung gegeben hat, liegt die volle Verantwortung für die Art der Darstellung bei mir.

Außerdem habe ich mich im Verlauf der Arbeit an diesem Buch dazu entschlossen, etliche Vorstellungen des chilenischen Neurophysiologen Humberto Maturana – ein Kollege und guter Freund Foersters – mit einzubeziehen. Maturanas Ausführungen ergänzen die Theorien Foersters und entwickeln sie weiter.

Schließlich ist noch zu erwähnen, daß ich mich in meinem Bemühen, die Thesen Foersters verständlich darzustellen, dazu entschlossen habe, die etwas umständlichen Formulierungen wie *er/sie* oder *seine/ihre* möglichst nicht zu verwenden. Wenn ich meistens die Maskulinform verwende, dann ist das also keinesfalls der Ausdruck einer Geringschätzung. Vielleicht stößt der Leser dennoch gelegentlich auf Sätze, die sexistisch zu sein scheinen, und dafür möchte ich mich gleich im voraus entschuldigen.

Dank

Es kommt fast nie vor, daß ein Buch das Ergebnis der Arbeit nur einer einzigen Person ist. Wir alle haben viele Ideen aufgenommen, die im Verlauf der Geschichte entwickelt worden sind. Zudem haben meistens unsere Angehörigen, Freunde, Kollegen, Schüler und Sekretärinnen einen wesentlichen Anteil an dem Entstehungsprozeß. Und schließlich gibt es eine Art Wechselwirkung zwischen Autor und Verleger, was ebenfalls einen Einfluß auf die endgültige Form des Buches hat. Obwohl ich der alleinige Autor dieses Buches bin, hätte es ohne die Hilfe vieler Leute nicht geschrieben werden können; ihnen allen möchte ich an dieser Stelle danken.

Heinz und Mai von Foerster möchte ich meine Bewunderung und meinen Dank aussprechen für die Liebenswürdigkeit, Ermutigung und Hilfe während der Entstehung dieses Buches. Großzügig haben sie mir ihre Zeit und Energie geopfert und mich von ihren Ideen und ihrer Erfahrung profitieren lassen. Ohne ihre Unterstützung hätte ich dieses Buch nicht schreiben können. Und die eigentliche Belohnung für meine Arbeit war, daß ich viel Zeit in ihrer Gesellschaft verbringen konnte.

Paul Watzlawick danke ich, daß er sich die Zeit genommen hat, ein Vorwort zu diesem Buch zu schreiben.

Carol Wilder, einer geschätzten Freundin und Kollegin, spreche ich meinen Dank dafür aus, daß sie ihr Einverständnis gegeben hat, das sehr aufschlußreiche Gespräch, das sie mit Heinz von Foerster führte, in diesem Buch abzudrucken.

Ich danke Sharon Lukas für das Transkribieren der Tonbandaufzeichnungen, was eine nicht gerade leichte Aufgabe war.

John Herr und David Kahn möchte ich ganz besonders danken für all die herrlichen Stunden, in denen wir über dieses Thema diskutiert haben; das hat mir sehr geholfen, meine eigenen Gedanken klarer zu fassen.

Mein Dank gilt auch meinen Kollegen, Freunden und Schülern, die Teile des Manuskripts gelesen haben: Ann Brandewie,

Neil Brast, Freda Carpenter, Joyce Emamjomeh, Richard Grossman, Maria Kent, Allen Vanderwell, Marty Weiner und Lenora Yuen; ihnen allen danke ich für ihre konstruktiven Kommentare und Vorschläge.

Mental Research Institute *Lynn Segal*
Palo Alto, Kalifornien

Einführung

> »*Gott möge uns vor dem schützen, was der Mensch im Namen des Guten tut.*«
> PALADIN, HAVE GUN WILL TRAVEL[2]

Träume der Vernunft vereinigt ein gemeinsamer Nenner, der unsere Sprache und unser Denken bestimmt und der sich als Wunsch äußert, daß das, was wir als »Wirklichkeit« bezeichnen, bestimmte Gestalt und bestimmtes Gefüge haben soll. Dieser Wunsch hat mehrere Dimensionen.

Erstens möchten wir, daß Wirklichkeit *unabhängig* von uns, die wir sie beobachten, *existiert*. Zweitens wollen wir die Wirklichkeit *erkennen können*, wir wollen, daß sie uns zugänglich ist. Wir möchten ihre Geheimnisse aufdecken, d. h., wie sie funktioniert. Drittens wollen wir, daß diese Geheimnisse einer bestimmten *Gesetzmäßigkeit* unterliegen, damit wir die Wirklichkeit voraussagen und letztlich bestimmen können. Viertens möchten wir *Gewißheit;* wir wollen wissen, ob das, was wir über die Wirklichkeit herausgefunden haben, wahr ist.

Der radikale Konstruktivismus stellt diesen Wunsch in Frage und übernimmt damit die undankbare Aufgabe, die Wunschvorstellung einer objektiven Wirklichkeit zu zerstören. Konstruktivisten behaupten, daß es keine Beobachtungen gibt – d. h. keine Daten, keine Naturgesetze, keine Objekte außerhalb unserer selbst –, die von Beobachtern *unabhängig* sind. Die Gesetzmäßigkeit und Zuverlässigkeit aller natürlichen Phänomene sind Eigenschaften dessen, der sie beschreibt, und nicht dessen, was er beschreibt. Die Logik der Welt ist die Logik der Beschreibung der Welt.

Allen, die bereit sind, »Wirklichkeit« durch diese erkenntnistheoretische Brille zu betrachten, zeigt der Konstruktivismus die Begrenzung unseres Wissens. Sein Ziel jedoch ist nicht, nach Fehlern traditioneller Epistemologien zu suchen, sondern sich zunächst auf Kognition, das heißt, auf die Gesamtheit unserer geistigen Fähigkeiten zu stützen, ohne zuerst eine unabhängige Wirklichkeit zu postulieren. Darüber hinaus versucht Heinz von Foerster, zwei zentrale Themen einander anzunähern: 1.) Wie wissen wir, was wir zu wissen glauben, und 2.) wie halten wir unsere Anteilnahme am gegenwärtigen Zustand der Welt und der Menschheit wach.

Konstruktivisten behaupten, daß wir zuerst einmal uns selber, d. h. die Beobachter, verstehen müssen, wenn wir die Welt verstehen wollen. Und genau das ist das Dilemma: Wir können den Beobachter nicht auf die Art und Weise erklären, wie die meisten Biologen, Psychologen, Neurophysiologen etc. es tun, denn deren wissenschaftliche Methoden trennen den Beobachter strikt von seinen Beobachtungen und lassen keinen Bezug auf sich selbst zu, eben um die Objektivität zu wahren. Wenn wir Wahrnehmung verstehen wollen, muß der Beobachter in der Lage sein, sich selbst, seine Fähigkeit wahrzunehmen, in Betracht zu ziehen. Der Konstruktivismus schließt also – ganz anders als die traditionelle Wissenschaft und Philosophie – auch die Bezugnahme auf sich selbst, Rückbezüglichkeit und Rekursion mit ein. Und da alles, was in einer wissenschaftlichen Darstellung vorgebracht wird, sprachlich ausgedrückt wird, bemüht sich der Konstruktivismus darum, eine Erkenntnistheorie zu formulieren, die auch für das Werden von Sprache einsteht.

Sich die konstruktivistische Einstellung zu eigen zu machen bedeutet eine potentielle Befreiung, die einem erlaubt, das eigene schöpferische Potential freizusetzen. Diese Einstellung wendet sich gegen den Glauben an die *eine* richtige Antwort, die alle anderen Möglichkeiten ausschließt. Die Vielzahl der Wahlmöglichkeiten ist das Gütesiegel eines anpassungsfähigen oder, wenn es sich um menschliche Wesen handelt, gesunden Systems. Denken Sie an Foersters ethischen Imperativ: »Handle stets so, daß die Anzahl der Möglichkeiten wächst.« Oder an seinen moralischen Imperativ: »A geht es besser, wenn es B besser geht.« Für den Konstruktivisten ist das Leben nicht ein Spiel, bei dem die einen gewinnen, was die andern verlieren: entweder *alle* gewinnen, oder *alle* verlieren. Kooperation, nicht

Konkurrenz ist die *conditio sine qua non* jeglichen sozialen Lebens. Der Preis für diese Weltsicht ist allerdings, daß man den Begriff der Objektivität durch den der Verantwortlichkeit ersetzen muß.

Letztendlich ist es das moralische Anliegen des Konstruktivismus, die Ungeheuer, die die Vernunft gebiert – Faschismus, Völkermord, Atomkrieg, Diktaturen – zu überwinden, indem er das wahre Wesen des Träumers enthüllt.

Zum Aufbau des Buches

Kapitel 1, »Der Mythos Objektivität«, befaßt sich mit dem Problem der Objektivität: Was können wir über unsere Erfahrung hinaus wissen? Die historischen, wissenschaftlichen und philosophischen Fragen, die dieses Problem aufwirft, werden unter dem Gesichtspunkt untersucht, wie unsere wissenschaftliche Verherrlichung der »Objektivität« unser Selbst- wie auch unser Weltverständnis beeinflußt.

Kapitel 2, »Probleme der Sprache«, setzt sich mit der Frage auseinander, wie Sprache unsere logischen Verfahren strukturiert – Syllogismen, Kausalität etc. – und »Dinge« erfindet, wodurch sie uns glauben macht, daß wir die »Dinge« in der realen Welt finden und nicht erfinden.

Kapitel 3, »Maturana und der Beobachter«, stellt Humberto Maturanas System vor, wie man mit dem Problem Objektivität umgehen muß, wenn man wissenschaftlich arbeitet (Untersuchung beobachteter Phänomene), vor allem, wenn man sich mit Wahrnehmung und der Funktionsweise des Zentralnervensystems befaßt.

Die Kapitel 4, 5, 6 und 7 versuchen zu erklären, wie wir in der Lage sind, eine solch reiche Erfahrung der Welt zu haben, obwohl unsere Sinne die Eigenart der Stimuli, die sie anregen, nicht codieren. Diese vier Kapitel fassen einige Begriffe – Komputation (Errechnung), Biokomputation, Nervensystem und Schließung – zusammen in dem Versuch, Wahrnehmung *ohne* die Annahme zu erklären, daß die Objekte der Wahrnehmung unabhängig vom Beobachter existieren. Die gesamte kognitive Gleichung wird damit auf den Kopf gestellt. Die wissenschaftliche Frage lautet: Welche Art von Wahrnehmung resultiert aus einem als gegeben vorausgesetzten geschlossenen Nervensystem (d. h. einem Nervensystem ohne Eingabe)?

Kapitel 4 setzt sich mit dem Nervensystem, seiner Struktur und Funktion auseinander. Kapitel 5 führt den Begriff der Komputation, der Errechnung, ein, seine Verdinglichung in Rechenmaschinen und den Einsatz von »logischen« Maschinen, um kognitive Prozesse nachzubilden. Kapitel 6, »Biokomputation«, wendet Begriffe der Errechnung auf das Zentralnervensystem an. Kapitel 7 legt die Begriffe der Schließung und der unendlichen Rekursion dar und wendet sie auf Abläufe im Nervensystem an. Das Nervensystem wird dabei als ein geschlossenes sensomotorisches Neuronengeflecht aufgefaßt, das eine stabile Wirklichkeit errechnet. Der Anhang enthält ein Gespräch, das Carol Wilder mit Heinz von Foerster in seinem Haus in Pescadero, Kalifornien, führte. Foerster erzählt von seiner Kindheit, von der Auswanderung nach Amerika und von vielen bedeutenden Persönlichkeiten, die er in den vergangenen 45 Jahren kennengelernt hat und mit denen er z. T. auch zusammenarbeitete.

Noch eine abschließende Bemerkung: Foersters Werk, das einen Begriffsrahmen für das Verständnis des Wahrnehmungsprozesses darstellt, ist »nicht so sehr ein festes Gebäude, sondern eher ein gestalteter Raum, wobei die Umrisse festgelegt sind und der Zugang klar bezeichnet ist«.[3] Die Theorien Foersters öffnen mehr Türen, als sie verschließen.[4]

1. Der Mythos Objektivität

> Was *wir wissen*, gilt im allgemeinen für das Ergebnis unserer Erforschung der Wirklichkeit... Wie *wir wissen*, ist ein bereits viel schwierigeres Problem. Um es zu erforschen, muß der Verstand aus sich heraustreten und sich selbst sozusagen bei der Arbeit beobachten. Hier haben wir es also nicht mehr mit scheinbaren Tatsachen zu tun, die unabhängig von uns in der Außenwelt bestehen...
> PAUL WATZLAWICK[5]

> Cloquet haßte die Wirklichkeit, aber er sah ein, daß es nach wie vor die einzige Gegend war, wo man ein richtiges Steak kriegen konnte.
> WOODY ALLEN[6]

> Der Fisch ist der einzige, der nicht weiß, daß er im Wasser schwimmt.
> CHINESISCHE WEISHEIT[7]

Das Kernproblem der objektiven Realität ist die Frage: Was können wir über die Wirklichkeit wissen? Gängige Epistemologien, die den meisten Wahrnehmungstheorien zugrunde liegen, gehen von der Annahme aus, daß die Welt, d. h. die objektive Realität, unabhängig von uns, die wir sie beobachten, existiert. Folglich ist es eine logische Notwendigkeit für Philosophen, Psychologen und Neurophysiologen, zu erklären, wie wir unsere Welt wahrnehmen und etwas darüber erfahren können.

Zwar können wir den Begriff »Objektivität« sprachlich erklären – Wissen um ein Objekt, das unabhängig von der Beobachtung existiert –, aber es gibt keinerlei Möglichkeit, die Existenz der Realität zu beweisen oder unser »Wissen« zu bestätigen. Die Wissenschaftsphilosophen sind sich dieses Dilemmas sehr wohl bewußt und werden, wenn man sie nur ein wenig in die Enge treibt, zugeben, daß Wissenschaftler ganz schlicht und einfach die Objektivität der Realität als gegeben annehmen müssen, wenn sie wissenschaftlich arbeiten und wissenschaftliche Erklärungen für beobachtete Phänomene geben sollen.

Das vorliegende Buch bricht radikal mit diesen Annahmen.

Es entwirft eine Epistemologie, die folgendes behauptet: Was wir wissen können, ist eher eine Funktion des Beobachters als das, was beobachtet wird. Ehe ich jedoch diese Epistemologie entwickle, müssen wir erst einmal das Problem der Objektivität eingehend unter semantischen, philosophischen und neurologischen Gesichtspunkten untersuchen. Die Frage lautet also zunächst: Was bedeutet der Begriff »Objektivität«, und warum lehnen die Konstruktivisten diesen Begriff ab?

Grundlagen

Unser erster Ausgangspunkt ist es zu untersuchen, wie der Begriff Objektivität sprachlich gebildet wird. Ein jeder von uns ist ein Beobachter, ein biologisches System, das in der Lage ist, zu beobachten. Beobachtende bewegen sich in der Sprache wie der Fisch im Wasser. Sprache ist das Medium unserer kognitiven Existenz. »Alles, was sich sagen läßt, wird von einem Beobachter einem anderen gesagt, der auch er oder sie selber sein kann.«[8]

Sprache arbeitet mit Symbolen, um *Dinge* darzustellen, die entweder konkreter oder abstrakter Natur sind. Beispielsweise haben die Worte »Stuhl« nichts stuhlartiges und »Tisch« nichts tischartiges an sich. Um Symbole verwenden zu können, bedarf es einer Übereinkunft zwischen den Beobachtern. Eine Sprache zu sprechen bedeutet, daß man sich auf eine gemeinsame Vorstellung hinsichtlich des Wahrnehmens von »Realität« verständigt hat; die lateinische Wurzel des Wortes Realität ist das Substantiv *res,* was soviel bedeutet wie *Ding*.[9] Wenn wir uns den Ausdruck *res* jedoch einmal etwas näher ansehen, stellen wir fest, daß *res* sich auf Geschäfts- und Besitzverhältnisse bezieht. Die lateinische Wurzel *res* taucht in dem Wort »Republik« – öffentlicher Besitz – auf; *res* bezeichnet das, was jemand besitzt. Ein Grundstücksmakler verkauft Realitäten, Immobilien also. Folglich ist *res* im wesentlichen ein juristischer Begriff.

Wir gehen davon aus, daß die »Realität« Dinge oder Objekte

umfaßt, die unabhängig vom Beobachter existieren. Das ist zumindest die allgemeine Vorstellung. Die Mehrzahl der Linguisten behauptet, Sprache bilde sich auf die Weise heraus, daß wir lernen, diese Objekte zu benennen. Sie mittels der Sinne zu erkennen bedeutet, sie wahrzunehmen – sie zu perzipieren, ein Wort, das sich von dem lateinischen *percipere* (ergreifen, erfassen) herleitet. Ein *Objekt* erfassen heißt, es wahrnehmen. Umgekehrt bezeichnen die Worte »Illusion« und »Halluzination«, daß man Dinge wahrnimmt, die nicht da sind, Realitäten also falsch wahrnimmt.[10] Psychiater sagen von Patienten, die halluzinieren, daß sie den »Bezug zur Wirklichkeit verloren haben«. Die Ausdrücke »Realität«, »Wahrnehmung«, »Illusion« und »Halluzination« sind zirkulär und wechselseitig voneinander abhängig: einer gibt dem anderen seine Bedeutung.

Sprache unterscheidet implizit das Richtige vom Falschen, indem sie zwischen Wahrnehmung und Illusion unterscheidet. Das Wort »objektiv« bezeichnet Wissen von dem Ding als solchem, so wie es wirklich ist, unabhängig von Beobachtung. Per definitionem *findet* man Wissen eher, als daß man es *erfindet*.

Wenn man etwas zur Realität Gehörendes entdeckt, bezeichnet man diese Entdeckung als »wahr«. Objektivität ist das *summum bonum* der wissenschaftlichen Methode, und die Wissenschaftler, die Funktionen übernommen haben, die einst Priester und Schamanen erfüllten, sind von Amts wegen unsere Bindeglieder zur Realität.

Objektives Wissen

Aber können denn Beobachter über objektives Wissen verfügen? Der Schlüssel zur Lösung dieses Problems liegt in der Frage: Wie gut ist unser Wissen, unser Wahrnehmen der Wirklichkeit? Ernst von Glasersfeld erklärt[11], daß bereits im 6. Jahrhundert v. Chr. die Philosophen Wissen als das definierten, was irgend etwas anderes beschreibt oder erklärt. Wissen wurde dann für richtig erachtet, wenn man zu dem Schluß kam, daß es dem ursprünglichen Phänomen gleich, gleichwertig oder charakteristisch dafür war. Er nennt dieses Verhältnis »ikonisch«, d. h., Wissen ist ein Ikon, ein Bild von etwas anderem. Natürlich, so fährt Glasersfeld fort, haben sich die Philosophen schon bald die Fragen gestellt: Wie gut ist mein Wissen? Wie gut ist mein Bild? Das Ergebnis dieser Fragen war ein Paradoxon, das Philosophen und Wissenschaftler seit mehr als 2000 Jahren plagt.

Wie kann man die Genauigkeit des Bildes, das man sich gemacht hat, beurteilen? Wenn man ein zweites Bild heranzieht, steht man vor dem gleichen Problem wie bei dem ersten. Wie soll man ein Bild von dem Original zustande bringen, das nicht ein Bild, eine Kopie, eine Darstellung ist? Es ist schlechterdings nicht möglich, etwas wahrzunehmen, das da ist, ehe es wahrgenommen wird. Man kann lediglich sein Bild mit neuen Bildern oder mit den Bildern anderer Beobachter vergleichen. Glasersfeld stellt fest, daß die Geschichte der abendländischen Philosophie eine Geschichte brillanter Irrtümer ist – philosophische Systeme, denen es nicht gelungen ist, dieses Problem zu lösen.

Geschichte der Objektivität in neuerer Zeit

Wissen und Wahrheit werden von der zeitgenössischen abendländischen Kultur verherrlicht. Die Wissenschaftler, unsere neuen Hohenpriester des Wissens, sind unsere »fähigen und geheimnisumwobenen Bindeglieder zur Realität, unsere Botschafter der Weisheit«.[12]

Bis ins 16. Jahrhundert bediente man sich eines anderen begrifflichen Apparats, um die Wirklichkeit zu untersuchen. 1500 Jahre hindurch stand es für die Menschen fest, daß Gott den Menschen nach seinem Bild geschaffen und ihn auf den unverrückbaren Planeten Erde gestellt hatte, das Zentrum von Gottes lebendigem, geistigem Universum. Die Wirklichkeit war hierarchisch gegliedert, »die mit Gott an der Spitze begann und über die Engel, die Menschen und Tiere bis zu den niederen Lebensformen hinunterreichte«.[13] Alles menschliche Tun wurde teleologisch erklärt, d. h., es diente der Mehrung des Ruhmes Gottes. Die Wissenschaft des Mittelalters, weitgehend ein Teilbereich der christlichen Philosophie, versuchte, den Sinn und die Bedeutung beobachteter Phänomene zu verstehen. Anders als die heutigen Wissenschaftler haben die mittelalterlichen Gelehrten nie versucht, natürliche Abläufe vorherzusagen und zu lenken.[14]

1543 wurde die mittelalterliche Vorstellung von Realität erschüttert. Nikolaus Kopernikus wagte zu behaupten, daß die Erde sich um ihre eigene Achse dreht und sich um die Sonne bewegt. In seiner Nachfolge lieferten Kepler und Galilei zusätzliche Beweise für diese revolutionären Behauptungen und beschleunigten damit den Umsturz des seit 1600 Jahren gültigen, geozentrischen Universums des Ptolemäus. Der Mensch war nicht länger der Mittelpunkt des Universums.

Infolge dieser Veränderung des Denkens betrachtete man nun auch die Wirklichkeit mit anderen Augen. Die Philosophen und Gelehrten, die jetzt nicht mehr von der Annahme ausgingen, das große Buch der Natur sei in biblischen Lettern geschrieben, behaupteten, daß die wahre Sprache der Natur mathematisch sei. Galilei fegte die scholastische Doktrin von den Substanzen und die teleologischen Erklärungen beiseite und behauptete, daß physikalische Gebilde aus unteilbaren Atomen bestehen, die mathematische Eigenschaften haben, und daß diese Atome sich in Raum und Zeit bewegen, die beide unendlich und homogen sind und in denen alle Prozesse mathematisch formuliert werden können. Die reale Welt ist mathematisch. »Kurz gesagt, alles, was zählt, ist die Zahl.«[15]

Galileis Weltsicht, in der es keinen Weltgeist mehr gab, wurde von dem Philosophen und Mathematiker René Descartes weiterentwickelt und formalisiert; er reduzierte die Abläufe in der Natur auf ein geometrisches System. Capra stellt dazu fest:

»Im Alter von dreiundzwanzig Jahren hatte Descartes eine erleuchtende Vision, die sein ganzes Leben prägen sollte. Nach mehreren Stunden intensiver Konzentration, während derer er systematisch sein ganzes bis dahin erworbenes Wissen überprüfte, erschaute er in einem plötzlichen Aufflammen intuitiven Erkennens ›die Grundlagen einer wunderbaren Wissenschaft‹, welche die Vereinheitlichung allen Wissens versprach... In seiner Vision schaute Descartes, wie sein Plan zu verwirklichen sei. Ihm offenbarte sich eine Methode, die es ihm gestatten würde, eine vollständige Wissenschaft von der Natur zu konstruieren, die ihm absolute Gewißheit vermitteln sollte, eine Wissenschaft, die, wie die Mathematik, auf absolut einleuchtenden ersten Prinzipien beruhen würde.«[16]

Descartes' Ehrgeiz spiegelt sich in dem Titel seines berühmtesten Werkes wider: *Discours de la méthode pour bien conduire sa raison et chercher la vérité dans les sciences* (Abhandlungen über die Methode, die Vernunft richtig zu führen und die Wahrheit in den Wissenschaften zu suchen, 1637).

Descartes' »Cogito ergo sum« machte in seinen Augen den Geist zu etwas Zuverlässigerem, als die Materie es ist, und ließ ihn zu dem Schluß kommen, daß beide voneinander getrennt existieren und grundsätzlich verschieden sind. Folgerichtig behauptete er, daß nichts im Körper angesiedelt ist, was dem Geist zuzurechnen ist, und nichts im Geist, was zum Körper gehört. Diese Trennung von Geist und Körper wurde als Cartesischer Dualismus bekannt.

Descartes' dualistische Auffassung eröffnete ihm die Möglichkeit, bestimmte Probleme zu lösen. Erstens glaubte er, ein zutiefst religiöser Mensch, an die Unsterblichkeit seiner Seele. Sein Dualismus erlaubte ihm, seine mechanistische Weltsicht mit seinem Glauben an Gott und die Erlösung seiner Seele in Einklang zu bringen. Zweitens umging er damit das Problem der Vieldeutigkeit von Sinneswahrnehmungen. Seit Hunderten von Jahren wußten die Philosophen, daß Sinneseindrücke trügerisch oder verzerrt sein können. Rationalistische Systeme, etwa die Mathematik, weichen dem Problem der Ungewißheit aus, indem sie sich auf den Bereich der Logik beschränken. Beispielsweise muß, wenn man die Gesetzmäßigkeiten der Addition – ein logisches System – voraussetzt, zwei und zwei immer vier ergeben. Descartes wollte mit seinem System die Gesetze der Materie ableiten.

Descartes' Welt der Materie war eine perfekte Maschinerie, deren Eigenschaften mathematisch beschrieben und vorausberechnet werden konnten. Descartes behauptete, daß die Materie nur primäre Qualitäten besitzt – Zahl, Form, Größe, Position, Bewegung. Wie die anderen Wissenschaftler seiner Zeit glaubte auch er, daß Primärqualitäten unabhängig von Beobachtung Eigenschaften der realen Welt sind.

Die Eigenschaften des Geistes waren für ihn Vorstellungskraft, Denken, Wünschen und andere höhere geistige Funktionen. »Der Geist war weder im Raum lokalisiert noch an irgendeiner Stelle, wo seine Operationen mechanischen Gesetzen unterlagen. Ein Mensch durchlebt also zwei Geschichten nebeneinander; die eine umfaßt alles, was in und mit seinem Körper geschieht, die andere das, was in und mit seinem Geist geschieht. Die erstere gehört dem öffentlichen, die zweite dem privaten Bereich an. Die Geschehnisse in der ersten Geschichte sind Vorgänge in der physikalischen Welt, die in der zweiten Geschichte Geschehnisse in der geistigen Welt.«[17]

Als gläubiger Mensch ging Descartes davon aus, daß beide Substanzen von Gott geschaffen waren. Nachdem Gott die Welt der Materie erschaffen hatte, konnte jedoch der Mensch Gottes ursprünglichen Plan mittels Deduktion erkennen, und zwar unabhängig von den Sinneswahrnehmungen, eben auf die Weise, wie mathematische Systeme abgeleitet werden.

Die Aufspaltung in Körper und Geist plagt auch heute noch diejenigen Wissenschaftler, die sich mit dem Phänomen der Wahrnehmung und dem Wesen der Materie auseinandersetzen. Der Physiker Werner Heisenberg sagt dazu folgendes: »Diese Spaltung hat sich in den auf Descartes folgenden drei Jahrhunderten tief im menschlichen Geist eingenistet, und es wird noch viel Zeit vergehen, bis sie durch eine wirklich andersartige Haltung gegenüber dem Problem der Wirklichkeit ersetzt werden wird.«[18]

Es dauerte jedoch Jahre, bis diese Probleme überhaupt als solche erkannt wurden. Historisch gesehen bereitete Descartes' Werk den Boden für die Mechanik Sir Isaac Newtons, des Königs der klassischen Wissenschaft. Newton reduzierte Descartes' mechanistisches Universum der Materie auf drei Gesetze der Bewegung (Trägheitsgesetz, Beschleunigungsgesetz und das Prinzip der Gleichheit von *actio* und *reactio*) und das Gravitationsgesetz. Seine Theorie beschrieb die materielle Welt als seelenlose, sinnlose Klumpen von Materie, die sich in einem Koordinatensystem von absoluter Zeit und absolutem Raum bewegen.

Wie Rapoport[19] anmerkt, gab die Mathematik der klassischen Wissenschaft den Physikern ein sehr nützliches Instrumentarium an die Hand, mit dessen Hilfe man die Natur verstehen konnte und das einen gemeinsamen Nenner für das Verständnis so offenkundig unterschiedlicher Phänomene wie Mechanik, Licht, Schall, Temperatur, Elektrizität und Magnetismus ermöglichte.

Allerdings bestand der Empiriker Newton – ganz anders als Descartes, der sich auf die Deduktion beschränkte – darauf, daß alle Ableitungen, gleichgültig, wie zwingend sie erscheinen, durch Beobachtung bestätigt werden müssen. Newtons mechanistisches Weltbild erwies sich als sehr brauchbar, drang allmählich in das Bewußtsein der gesamten abendländischen Welt ein und beeinflußte jeden Bereich menschlicher Erfahrung. Es gab Hunderte, die die Newtonsche Lehre allgemeinverständlich formulierten und so einer breiten Öffentlichkeit vermittelten. Der französische Sozialphilosoph Saint-Simon verkündete beispielsweise, daß die »universale Schwerkraft die alleinige Ursache aller physikalischen und moralischen Phänomene ist«. Der Philosoph und Mathematiker d'Alembert faßte die durchschlagende Wirkung des Newtonschen Denkens folgendermaßen zusammen:

»Die Naturwissenschaft häuft Tag für Tag mehr Reichtümer an... Man hat das wahre System der Welt erkannt... Kurz gesagt, die Naturphilosophie, von der Erde bis zum Saturn, von der Geschichte der Himmel bis zu derjenigen der Insekten, ist auf den Kopf gestellt worden, und fast alle anderen Bereiche des Wissens haben eine neue Gestalt angenommen... Dieser Gärungsprozeß, der sich in allen Richtungen durch die gesamte Natur ausbreitet, hat fast gewalttätig alles vorher Dagewesene hinweggefegt, das ihm im Weg stand, gerade so, wie ein Fluß seinen Damm zerstört... Von den Prinzipien der weltlichen Wissenschaft bis hin zu den religiösen Offenbarungen, von der Metaphysik bis zu Angelegenheiten der Mode, von scholastischen Disputen der Theologen bis zu Dingen der Wirtschaft und des Handels, vom Naturgesetz bis zu den Gesetzen der Nationen... Alles und jedes ist diskutiert, analysiert oder doch zumindest erwähnt worden.«[20]

Die wissenschaftliche Konzeption von Realität, die sich im 17. Jahrhundert herausbildete, war der Hauptgrund für unsere Liebesaffäre mit der Kausalität. »Newton gab der Welt die erste exakte Formulierung der Lehre von der Kausalität. Vereinfacht ausgedrückt, behauptet diese Doktrin, daß die gleichen Ursachen die gleichen Wirkungen haben.« Die Kausalitätslehre behauptet, daß »die Entwicklung eines jeglichen physikalischen Systems strengen Gesetzmäßigkeiten unterliegt. Diese, zusammen mit dem ursprünglichen Zustand des Systems (das als isoliert vorausgesetzt wird), bestimmen alle Zustände in der Zukunft wie auch in der Vergangenheit. Die ganze Geschichte des Systems im Verlauf der Zeit ist also durch diese Gesetze und den ursprünglichen Zustand bestimmt«.[21]

Die Doktrin der Kausalität schien die ewige Sehnsucht des Menschen nach Gewißheit und Objektivität zu erfüllen. Die Philosophen und Wissenschaftler des 16. und 17. Jahrhunderts glaubten, sie hätten das Problem der Objektivität in den Griff bekommen, wenn nicht sogar gelöst. Ihre Methode setzte zweierlei voraus:

Erstens nahm man als gegeben an, daß alle Vorgänge in der Natur von keinem Willen gesteuert werden und ohne Ziel und Zweck, wie bei einem gigantischen Uhrwerk, unabhängig vom Menschen wie auch von Gott ablaufen. Als Napoleon den französischen Mathematiker und Astronomen Laplace fragte, wo denn Gott seinen Platz in diesem System habe, erwiderte Laplace: »Diese Hypothese brauche ich nicht.« Oder, wie Robert J. Oppenheimer erklärt: »Diese Riesenmaschinerie (das Newtonsche Universum) war objektiv in dem Sinne, daß keinerlei menschliche Handlung oder irgendein Eingreifen seitens des Menschen ihr Verhalten bestimmte.« Die gleiche Idee äußerte Matson, allerdings von einem etwas anderen Gesichtspunkt aus: »Durch die unerbittliche Reduktion der gesamten erfahrbaren Wirklichkeit auf die Dimensionen eines objektiven Mechanismus wurde die Kluft zwischen dem Wissenden und dem Gewußten, zwischen objektiver und subjektiver Welt, zu dem Maß des Abstandes zwischen Erscheinungsform und Realität.«[22]

Zweitens entwickelte man Verfahren zur Objektivierung der Beobachtung, um menschliche Vorurteile auszuschalten oder folgenlos zu machen: die wissenschaftliche Methode.

Obwohl die Relativitätstheorie und die Quantenmechanik die Realitätssicht des Physikers grundlegend verändert haben, ist dieser Wandel am Durchschnittsmenschen spurlos vorübergegangen. Genauso wichtig – wenn nicht noch bedeutsamer – ist jedoch die Tatsache, daß auch viele Wissenschaftler ihre Vorstellungen hinsichtlich der Realität und des Wesens wissenschaftlicher Arbeit nicht revidiert haben. Die meisten Menschen betrachten die Welt immer noch auf die gleiche Weise, wie die Wissenschaftler des 17. Jahrhunderts es taten, und glauben, es sei möglich, objektiv zu sein und die Wirklichkeit zu erkennen.

Wahrheit, Verstehen und Wirklichkeit

Unsere noch dem 17. Jahrhundert verhaftete Mentalität manifestiert sich im alltäglichen Leben. Falls Ihnen diese Feststellung etwas abwegig erscheint, dann überlegen Sie doch einmal: Haben Sie in letzter Zeit ein mechanisches Werkzeug repariert, die Börsenberichte gelesen, einen Streit geschlichtet, die Hausaufgaben Ihrer Kinder kontrolliert oder an einer Schwurgerichtsverhandlung teilgenommen? Oder vielleicht verdienen Sie sich Ihren Lebensunterhalt dadurch, daß Sie neue Medikamente prüfen, Computerprogramme entwerfen, Rechtsanwalt sind oder Versicherungsansprüche überprüfen? All diese und zahllose andere Tätigkeiten erfordern es, daß man Daten und Informationen sammelt – nicht einfach irgendwelche beliebige Daten, sondern Daten, die korrekt bzw. genau, und das heißt: wahr sind.

Das Streben nach Objektivität und Wahrheit firmiert unter zahlreichen Namen. In der Umgangssprache fragen wir nach dem *Gesamteindruck,* der *Grundtendenz* oder eben nach den *Fakten.* Eher wissenschaftlich Orientierte sprechen von einer *Berücksichtigung der Abweichungen,* der *Zusammenstellung verläßlicher und stichhaltiger Daten,* dem *Aufstellen genauer Prognosen* und der *Verifizierung von Hypothesen.*

Vereinfachend ausgedrückt, ist die Suche nach Wahrheit eine Art Detektivarbeit. Nehmen Sie einmal an, ein Polizist verdächtigt Jones, einen Exsträfling, daß er einen illegalen Drogenhandel betreibt. Der Polizist überzeugt einen Untersuchungsrichter davon, daß er einen Hausdurchsuchungsbefehl braucht, geht dann in Jones' Wohnung und findet dort ein Pfund Heroin und die Utensilien, um es zu strecken. Der Polizist hat also den konkreten Beweis aufgedeckt, oder besser gesagt: entdeckt, der seiner Überzeugung entspricht. Die Realität hat das Weltbild des Polizisten bestätigt.

Das ist, kurz gesagt, die Art und Weise, wie meiner Ansicht nach objektives Wissen entsteht: indem wir etwas, das wir uns denken, mit etwas, von dem wir glauben, daß es unabhängig von uns in der Welt des Konkreten existiert, vergleichen.

Ständig nach einer direkten Bestätigung *unserer* Gedanken und Wahrnehmungen zu suchen ist nicht praktikabel. Die meisten von uns haben dazu weder die Zeit noch das Geld, weder die Fähigkeit noch die entsprechenden Hilfsmittel. Also verlassen wir uns auf das, wovon andere uns sagen, daß es wahr sei. Wir bestätigen oder aber modifizieren unsere Vorstellungen und Wahrnehmungen, indem wir sie mit den Wahrnehmungen anderer vergleichen. Natürlich können wir nie wissen, was in den Köpfen der anderen vorgeht. Um genau zu sein, sollte man also sagen, daß wir unsere Wahrnehmungen mit dem vergleichen, was andere Leute über ihre Wahrnehmungen *sagen*.

Manchmal bitten wir andere, uns zu sagen, wie die Dinge wirklich sind, indem wir ihre Bücher lesen. Ein Buch enthält das, wovon andere *sagen,* daß dies die Tatsachen sind. So wird das jeweilige Buch die Quelle der Wahrheit, d. h. aber – der Realität. Die Glaubwürdigkeit des Buches hängt davon ab, wie der Autor vorgeht. Behauptungen, die wissenschaftlich abgeleitet werden, erfreuen sich der höchsten Wertschätzung. Beispielsweise schenken wir dem Bericht eines unabhängigen Testunternehmens eher Glauben als der Werbebroschüre des Herstellers.

Wenn wir uns nur auf unsere eigenen Sinne verlassen, aber der Information von einem der Sinnesorgane nicht trauen, vergleichen wir sie mit einer anderen. Eine Bestätigung der Realität durch das Vergleichen zweier Sinneswahrnehmungen wird beispielsweise in der Verfilmung von Alexandre Dumas' klassischem Roman, *Der Graf von Monte Christo,* demonstriert. Durante, der Held der Geschichte, sehnt sich verzweifelt nach der Gesellschaft eines anderen Menschen, nachdem er schon seit Jahren schuldlos in einer Zelle eingekerkert ist. Eines Tages bewegt sich in seinem Verlies ein großer Stein, und ein alter, verdreckter Mann kriecht herein. Durante ist wie vom Donner gerührt und bringt kein Wort heraus. Er kann einfach seinen Augen nicht trauen. Zunächst steht sein Besucher reglos da. Durante will unbedingt herausfinden, ob er vielleicht Halluzinationen hat. Mit weit aufgerissenen Augen geht er auf den

Alten zu, den er ja sieht, und wagt dabei kaum zu atmen. Dann, als er nur noch eine Armeslänge von ihm entfernt ist, bleibt er stehen und tastet vorsichtig nach den Haaren und dem Gesicht des Mannes. Nachdem Durante diesen Tastkontakt hergestellt hat, geht auf seinem Gesicht eine unglaubliche Veränderung vor sich. Er umarmt den Besucher und weint Tränen der Freude. »Ich habe schon befürchtet, Sie seien nicht wirklich«, sagt er. Indem Durante die Sinneseindrücke der Berührung und des Sehens miteinander in Beziehung setzte, glaubte er, damit seine Realität bestätigt zu haben.

Wir können jedoch nicht eine Art der Sinneswahrnehmung benutzen, um eine andere und damit die objektive Realität zu bestätigen. Das Auge kann nicht hören, und das Ohr kann nicht sehen. Wir können lediglich eine Sinneswahrnehmung mit einer anderen korrelieren. Paul Watzlawick meint dazu: »So verschieden auch die meisten philosophischen, wissenschaftlichen, gesellschaftlichen und individuellen Weltbilder untereinander sein mögen, eines haben sie dennoch gemeinsam: die Annahme, daß eine Wirklichkeit nicht nur besteht, sondern daß sie von gewissen Theorien, Ideologien oder persönlichen Überzeugungen klarer erfaßt wird als von anderen.«[23]

Der Konstruktivismus

Wissenschaftler stellen nur selten die Annahme in Frage, daß die Wirklichkeit unabhängig vom Beobachter existiert. Wenn sie das tun, müssen sie damit rechnen, als etwas verquer oder publicitysüchtig etikettiert zu werden. Eine wachsende Anzahl namhafter Gelehrter und Wissenschaftler fühlt sich jedoch vom Gefühl und vom Intellekt her dazu gedrängt, dieses Risiko einzugehen. Man nennt sie Konstruktivisten; zu ihnen zählen u. a. der Anthropologe Gregory Bateson, der Psychologe und Mathematiker Ernst von Glasersfeld, der Psychologe Jean Piaget, der Kommunikationsforscher Paul Watzlawick, die Biologen Humberto Maturana und Francisco Varela, und, natürlich,

Heinz von Foerster. Heinz von Foerster – Kybernetiker, Physiker und Philosoph – behauptet, daß wir die Wirklichkeit eher KONSTRUIEREN bzw. ERFINDEN, als daß wir sie entdecken bzw. finden. Er ist der Ansicht, daß wir uns selbst etwas vormachen, indem wir zuerst unsere Welt in zwei Wirklichkeiten unterteilen – die subjektive Welt unserer Erfahrung und die sogenannte objektive Welt der Wirklichkeit – und anschließend behaupten, daß wir *verstehen,* indem wir unsere Erfahrung mit einer Welt vergleichen, von der wir annehmen, daß sie unabhängig von uns existiert.

Auf den ersten Blick erscheint der Begriff einer konstruierten Wirklichkeit nicht faßbar und absurd. Es ist nicht alles Chaos; in der Welt herrscht Ordnung. Sie existiert! Nichts könnte offenkundiger sein als das! Foersters konstruierte Wirklichkeit unterminiert die Ausgangsposition dafür, daß wir uns Wissen aneignen können. Glaubt er etwa, daß wir die Wirklichkeit einfach erfinden, indem wir sie uns in unserem Kopf zusammenbasteln? Ist der Konstruktivismus nicht nur eine weitere Version von David Humes' Solipsismus?

Nein. Foerster ist kein Solipsist. Er ist nicht der Meinung, daß wir uns die Welt nur einbilden. Er leugnet die Realität nicht. Wie wir anderen auch springt er zur Seite, wenn ein Auto auf ihn zurast, und versucht nicht, durch Wände zu gehen. Vielmehr behauptet Foerster, wie Rolf Breuer darlegt, daß »... die Welt nur scheinbar ›objektiv‹ gegeben ist und daß es falsch sei anzunehmen, der Biologe, Psychologe, Anthropologe oder Physiker entdecke die Wirklichkeit und bilde sie in seinen Beschreibungen und Formeln ab.«[24] Foerster argumentiert, daß es keine Grundlage dafür gibt, die »Objektivität« zu bemühen, um wissenschaftliche Behauptungen zu bestätigen. Unser Glaube an Objektivität ist ein Hindernis für den wissenschaftlichen Fortschritt und vor allem für das Verständnis unserer selbst.

Das ist der Kernpunkt des Konstruktivismus. Wenn wir nämlich davon ausgehen, daß eine objektive Wirklichkeit existiert, dann bestimmt das von Anfang an unsere Erklärungen hinsichtlich des Beobachters. Wenn die Konstruktivisten den

Begriff der Objektivität ablehnen, flüchten sie sich deswegen noch lange nicht in einen Solipsismus. Sie wenden sich gegen die Illusion, daß Objektivität und Solipsismus Alternativen sind. In dieser Hinsicht sind ihre wissenschaftlichen Anstrengungen einzigartig. Die Wissenschaftler kennen dieses Problem nur allzugut. Der Physiker Max Planck schreibt hierzu:

»1. Es gibt eine reale Welt, die unabhängig von unserem Akt des Erkennens existiert.
2. Die reale Außenwelt ist nicht unmittelbar erkennbar.«[25]

Der Physiker d'Abro argumentiert, daß »die erste dieser beiden Behauptungen nicht bewiesen oder widerlegt werden kann, weder durch *a priori*-Behauptungen noch durch Experimente; der Standpunkt des Solipsisten ist unangreifbar. Aus praktischen Gründen muß jedoch die unabhängige Existenz der Außenwelt vorausgesetzt werden«.[26]

»Nein«, sagen Foerster und Maturana. »Wir sind nicht bereit, diese pragmatische Annahme zu machen.« Sie wollen nicht der Denkweise verfallen, wie sie im Dezemberheft 1984 des *Scientific American* zum Ausdruck kam, in dem Cooper und Shepard[27] in ihrem Artikel »Turning Something Over in the Mind« behaupten: »Unsere Ergebnisse bestätigen empirisch, was vom Subjektiven her offenkundig ist: daß der Geist physikalische Prozesse gestalten kann, indem er sie den geometrischen Beschränkungen unterwirft, die die Außenwelt regulieren.« Sie gehen von den physikalischen Zwängen in der *Außenwelt* aus. Ihre Forschungen zielen darauf, zu erklären, wie das Denken das neu erschafft, was unabhängig von ihm existiert. Aber woher wissen die Verfasser dieses Artikels, welche physikalischen Zwänge in der Realität existieren, ehe ein Beobachter sie mit Hilfe eines funktionierenden Nervensystems erkennt? Ihre Untersuchungen fordern, wie die meisten Untersuchungen mentaler Prozesse, diese Frage geradezu heraus. Die Konstruktivisten hingegen argumentieren, daß wir *nicht die unabhängige Existenz der Außenwelt voraussetzen dürfen, um den Beobachter zu erklären.*

Objektivität, etwas näher betrachtet

Was können uns unsere Sinne über die Welt erzählen? Das ist durchaus kein nebensächliches Problem. Wissenschaft »untermauert eine Epistemologie, die als Empirismus bezeichnet wird. Diese Epistemologie unterscheidet sich angeblich von anderen (beispielsweise Rationalismus, Mystizismus etc.) dadurch, daß sie die Sinneswahrnehmungen zur eigentlichen Quelle der Erkenntnis macht. In den Augen des Empirikers muß alles echte Wissen sich aus mittels der Sinne gewonnenen Daten herleiten lassen oder sich letztendlich darauf beziehen«.[28] Aber die Sinne können uns nicht die Verläßlichkeit der Wahrnehmung garantieren.

Die traditionelle Wissenschaft versucht, Voreingenommenheiten des Beobachters dadurch in den Griff zu bekommen, daß sie den Beobachter ausschließt. Man kann diese Einstellung bis zu Galilei zurückverfolgen, der schrieb: »Ich glaube, daß Geschmack, Farben etc. ... nichts weiter sind als bloße Namen, aber einzig und allein in einem empfindsamen Körper zur Wirkung kommen. Wenn man also das Tier (den Menschen) entfernen würde, dann würden alle diese Eigenschaften abgeschafft oder zunichte gemacht werden.«[29] Wie schon erwähnt, erreicht man dies mit Hilfe der Sprache.

Das allgemeine Grundprinzip für Objektivität ist folgendes: Wenn eine wissenschaftliche Erklärung richtig ist, kann jeder entsprechend ausgebildete Wissenschaftler – vorausgesetzt, er hat die Zeit, das Geld und die notwendigen technischen Mittel – das Experiment wiederholen und die gleichen Erkenntnisse gewinnen. Wissenschaftliche Erkenntnisse sind angeblich unabhängig von der Person, die sich wissenschaftlich betätigt. Falls sie wiederholbar sind, zieht die wissenschaftliche Gemeinschaft daraus den Schluß, daß diese Erkenntnisse eine *Entdeckung* eines Teilbereichs der Realität sind und nicht eine Konstruktion des Beobachters. Der erste Wissenschaftler, der diese Erkenntnisse veröffentlicht, hat sie folglich *entdeckt;* so hat beispielsweise Sir Isaac Newton die Schwerkraft entdeckt. (Dem Leser ist vielleicht aufgefallen, mit welcher Selbstverständlichkeit das Wort *Erkenntnis* in diesem Absatz verwendet wird. Der Begriff »Erkenntnis« verschleiert jedoch eine metaphysische Annahme, daß nämlich Dinge gefunden werden können, die unabhängig von Beobachtern existieren.)

Auch wenn der gesunde Menschenverstand die Annahme nahelegt, daß die wissenschaftliche Methode die individuellen Vorurteile und Befangenheiten in Schach hält, ergibt sich ein neues Problem, wenn wir fragen, ob eine Gemeinschaft von Beobachtern objektiv sein kann. Wenn Beobachter-Wissenschaftler einer Meinung sind, dann beweist das noch nicht, daß ihre mittels der Sinne gewonnenen Daten objektiv, d. h. unabhängig von Beobachtern sind. Die ganze Behauptung ist schlichtweg absurd. Wie könnte es eine Wissenschaft ohne Beobachter geben? Es gäbe dann nichts zu beobachten!

Jeder Wissenschaftler wird zugeben, daß wissenschaftliche Wahrheiten bestenfalls aufgrund einer Übereinkunft gültig sind, aber die Wissenschaftler setzen – wie d'Abro[30] erklärt – Objektivität aus praktischen Gründen voraus. Wir haben also »Übereinkünfte« hinsichtlich Erklärungen, die man als »wissenschaftliche Erklärungen« bezeichnet. Aber Wissenschaftler wie auch Laien glauben, daß Objektivität die Richtigkeit der Beobachtungen und Erklärungen beweist. Dieser Punkt berechtigt zu weiterführenden Überlegungen. Wissenschaftliche Erklärungen benutzen das Objekt, das unabhängig vom Beobachter existiert, als Grundlage für ihre Erklärung. Das ist ganz eindeutig ein Widerspruch. Wie kann das, was man nicht erkennen kann, das Ding als solches, dazu verwendet werden, eine Erklärung zu bestätigen!

Wir können daher zwei Erkenntnistheorien unterscheiden: die Epistemologie des beobachteten Systems (traditionelle Wissenschaft) und die Epistemologie des beobachtenden Systems des Beobachters (Konstruktivismus). Traditionelle Wissenschaftler vertreten eine Erkenntnistheorie, die behauptet, daß Realität bewiesen werden kann, indem man die Innen- mit den Außenwelten in Übereinstimmung bringt. Konstruktivisten jedoch machen geltend, daß unser Glaube an *die* einzige objektive Realität sich aus einer eindeutigen Zuordnung unserer verschiedener Sinneserfahrungen ergibt. Man kann einen Gegenstand sehen, man kann diesen Gegenstand auch fühlen; die Zuordnung dieser beiden Erfahrungen, ihre »Korrelation«, kann nun zum Ausgangspunkt für weitere sensomotorische Erfahrungen bezüglich dieses Gegenstandes dienen.

Bestätigung oder Bezugnahme

Die Konstruktivisten stellen die Vorstellung in Frage, daß wir unsere Erfahrungen mit der Realität in Übereinstimmung bringen. Sie behaupten statt dessen, daß wir durch gegenseitige Bezugsetzung der Aktivitäten verschiedener Sinnesorgane eine Realität »er-kennen«. In einem Vortrag vor der Deutschen Kybernetischen Gesellschaft in der Meistersingerhalle in Nürnberg hat Foerster diese Gedanken folgendermaßen formuliert:

»Zunächst müssen wir den monolithischen Begriff ›Erkenntnis‹ oder den *Prozeß des Erwerbens von Kenntnis* = ›Er-Kennen‹ so paraphrasieren, daß das Wesentliche getroffen wird, uns aber gleichzeitig die Möglichkeit geboten wird, unsere konzeptuellen Werkzeuge verwerten zu können.

Ich schlage daher vor, Er-Kennen durch folgende semantisch analoge Paraphrase zu ersetzen:

Er-Kennen → Er-Rechnen einer Realität.

In beiden Fällen gebrauche ich die Vorsilbe ER in ihrem ontogenetischen Sinn, das heißt, Er-Kennen und Er-Rechnen als einen ständig vor sich gehenden Prozeß und nicht als ein stationäres Resultat.

Hier werden wahrscheinlich einige Skeptiker stutzig. Warum ›eine‹ Realität, warum nicht ›die‹ Realität? könnte man fragen. Hier sind wir doch, der Kybernetische Kongreß, die Meistersingerhalle in Nürnberg, das physikalische Universum – als ob es noch eine andere Realität gäbe.

In der Tat trennt ein tiefer epistemologischer Abgrund die beiden Auffassungen, die sich durch die Benützung des bestimmten oder des unbestimmten Artikels voneinander unterscheiden. Der fundamentale Unterschied besteht darin, daß man einmal annimmt, daß unabhängige Beobachtungen die Realität *bestätigen,* zum andermal, daß man annimmt, daß durch *Bezugsetzung* unabhängiger Beobachtungen eine Realität geschaffen wird.

Der erste Fall: Mein visueller Sinn sagt mir, hier steht ein Stehpult. Mein Tastsinn bestätigt das, ebenso der Herr Vorsitzende, Dr. Küpfmüller, würde ich ihn fragen.

Der zweite Fall: Mein visueller Sinn sagt mir, da steht was; mein Tastsinn sagt mir, da steht was; und Dr. Küpfmüller höre ich sagen: ›Da steht ein Stehpult.‹ Die Bezugsetzung dieser unabhängigen Beobachtungen erlaubt mir, etwas damit anzufangen, z. B. zu sagen: ›Hier steht ein Stehpult.‹

Im ersten Fall postulieren wir Bestätigung, Konfirmation, als unser Arbeitsprinzip, im zweiten Fall Bezugsetzung oder Korrelation. Ich habe jedenfalls die Absicht, den unbestimmten Artikel zu benützen, denn er bezeichnet den allgemeinen Fall. Gewiß ist *die* Realität ein spezieller Fall *einer* Realität.«[31]

Wie schon erwähnt, können wir das, was wir hören, nicht sehen bzw. das, was wir sehen, nicht hören. Es handelt sich lediglich um Schlußfolgerungen aus einer Korrelation zweier verschiedener Modalitäten der Sinneswahrnehmung. Räumliches Sehen ist ein weiteres Beispiel, das verdeutlicht, auf was für Trugschlüsse wir kommen, wenn wir Bestätigung mit Korrelation verwechseln. Es ist ja nicht so, daß wir das, was wir mit dem rechten Auge sehen, bestätigen oder umgekehrt. Jedes Auge vermittelt uns ein jeweils anderes ebenes Bild. Indem wir diese Bilder miteinander korrelieren, konstruieren wir etwas Neues: Räumlichkeit.

Über die Wahrnehmung

Es ist alles andere als Zufall, daß viele Konstruktivisten die Objektivität in Frage stellen. Ihre Untersuchungen zur Wahrnehmung zwangen sie, sich mit dem Scheinproblem der »Unzuverlässigkeit von Wahrnehmungen« auseinanderzusetzen: wir kennen ja keine »Falschnehmung«. Wissenschaftler, die sich mit anderen Phänomenen als der Wahrnehmung befassen, können den Faktor der Unsicherheit der Wahrnehmung außer acht lassen, indem sie von folgender Annahme ausgehen: Wenn die Voreingenommenheit des Experimentierenden ausreichend kontrolliert wird, liefern die Sinne objektive Daten über eine *reale* Welt. Diese Einstellung trägt jedoch nicht, wenn man sich mit dem Prozeß der Wahrnehmung selbst beschäftigt.

Wenn beispielsweise ein Wissenschaftler den Vorgang des Sehens untersucht, was denkt er dann über das Objekt, welches seine Versuchsperson sieht? In welchen Bereich gehört seiner Ansicht nach dieses Objekt – in den Bereich der Wahrnehmung, der ihm und der Versuchsperson gemeinsam ist, oder aber in den Bereich der Wirklichkeit, die unabhängig von der Versuchsperson wie auch vom Wissenschaftler existiert?

Wollte jemand versuchen, Wahrnehmung mit Hilfe traditioneller wissenschaftlicher Verfahren zu untersuchen, dann würde er sich selbst von seinen Beobachtungen ausschließen, indem er sprachlich die Objekte seiner Experimente im Bereich der Realität ansiedelt. So könnte er beispielsweise ein Experiment vorbereiten, bei dem das Subjekt einen bunten Ball sieht. Er führt dann das Experiment durch, um zu erklären, wieso das Subjekt den Ball wahrnimmt. Er setzt dabei die *objektive Existenz* des Balles voraus und versucht zu erklären, wie das Subjekt diesen Ball sieht, d. h. aber, wie der psychophysiologische Apparat der Versuchsperson den Ball im Rahmen der phänomenologischen Erfahrung der Versuchsperson erscheinen läßt. Anders ausgedrückt: er erklärt, wie die Versuchsperson die objektive Wirklichkeit wahrnimmt (erfaßt). Er nimmt *a priori* an, daß auf dieser Welt Objekte existieren – eine metaphysische Annahme. Ist es nun Sinn und Zweck dieses Experiments herauszufinden, wie wir die objektive Wirklichkeit wahrnehmen, oder aber, etwas über die Wahrnehmung zu erfahren? Die Konstruktivisten behaupten, daß zwischen beiden ein Unterschied besteht. Beobachter (Versuchsleiter) und beobachtetes System (Versuchsperson) können sich durchaus darüber einig sein, daß sie den Ball wahrnehmen, aber das heißt noch nicht, daß dieser unabhängig von ihnen existiert.

Dieser subtile, aber äußerst wichtige Punkt zieht sich durch die gesamte Literatur zu dem Thema Wahrnehmung und Gehirn. In seinem Bestseller *The Brain* schreibt Richard Restak: »Nehmen wir einmal das Fernsehen: Wenn Sie einen Übertragungskreislauf – von einer Kamera bis zum Bildschirm – an irgendeiner Stelle unterbrechen, werden Sie nirgendwo ein Miniaturbild der Welt finden. Und wenn wir einen Schädel aufmeißeln, um das Gehirn zu untersuchen, entdecken wir darin nichts weiter als ein blaßrosa Organ, das von seiner Konsistenz her an eine Avodaco erinnert. In beiden Fällen werden Objekte in der Umwelt nicht wirklich in das Fernseh- oder Nervensystem aufgenommen; vielmehr werden sie in symbolische Darstellungen umgewandelt: in Leuchtpunkte auf dem Fernsehschirm und in aktivierte Neuronen in unserem Gehirn.«[32] Restaks Beschreibung impliziert, daß Objekte existieren, und zwar unabhängig von den Beobachtern, die sie in symbolische Darstellungen verwandeln.

Auf welche Weise berücksichtigen nun Wissenschaftler ihre eigene Fähigkeit, Subjekte zu beobachten? Diese Frage rührt an das Kernproblem, das seit fast hundert Jahren alle diejenigen plagt, die sich mit Wahrnehmung befassen, *das Problem der undifferenzierten Codierung.*

Undifferenzierte Codierung

Im Jahre 1835 formulierte Johannes Mueller das Prinzip der spezifischen Nervenenergien. Er stellte fest, daß, was auch immer man mit dem Auge macht, wie auch immer man die Stäbchen und Zapfen anregt, das Auge immer eine Empfindung von Licht auslöst. Ein Schlag auf das Auge beispielsweise ruft eine Wahrnehmung von Licht hervor, d. h., wir sehen Sterne. Dieses Prinzip gilt für alle Formen der Sinneswahrnehmung.

Wenn wir Muellers Prinzip der spezifischen nervösen Energien in eine zeitgemäße Sprache übertragen, dann besagt es, daß nicht die physikalischen oder chemischen Eigenschaften des Reizes die Empfindung hervorrufen, die wir haben, sondern das Nervensystem. Ganz gleichgültig, mit welchem Reiz wir auf ein bestimmtes Sinnesorgan einwirken – Auge, Ohr, Nase etc. –, es wird immer eine Empfindung ausdrücken. Darüber hinaus stellte man fest, daß die Nervensignale, die die peripheren Reize dem Großhirn übermitteln, nur die Intensität, aber nicht die physikalische Ursache des Reizes codieren: Unsere Sinnesorgane codieren nur, WIEVIEL Stimulierung sie erhalten, und NICHT, WAS DIESE STIMULIERUNG AUSLÖST. Unsere Sinnesorgane, das empirische Bindeglied zur Wirklichkeit, codieren also nicht, was sie dazu bringt, sich zu entladen. Wir können dies auch als das Prinzip der undifferenzierten Codierung bezeichnen (siehe auch Seite 127 f.). »Wie können wir eine an Bildern, Klängen, Gerüchen und Farben so reiche Welt wahrnehmen?« fragt Foerster. Der Physiker Sir Arthur Eddington formuliert das so:

»Überlegen Sie sich einmal, wie unsere – von uns angenommene – Kenntnis von einem Brocken Materie zustande kommt. Irgendein Einfluß, der von dieser Materie ausgeht, regt ein Nervenende an und löst dadurch eine Reihe pyhsischer und chemischer Veränderungen aus, die sich entlang dem Nerv bis zu einer Gehirnzelle fortpflanzen; dort geschieht etwas Geheimnisvolles, und ein Bild einer Empfindung entsteht im Geist, das dem Stimulus, der es hervorruft, ähnlich ist. Alles, was wir von der materiellen Welt wissen, muß auf die eine oder andere Weise von dem übermittelten Stimulus abgeleitet worden sein... Es ist eine erstaunliche Leistung des Entzifferns, daß wir in der Lage sind, ein geordnetes System von Wissen über die Natur aus einer so indirekten Kommunikation abzuleiten.«[33]

Stellen Sie sich vor, was geschieht, wenn ein traditioneller Wissenschaftler, der versucht, objektiv zu sein, indem er sich selbst von dem, was er beobachtet, abgrenzt, die Druckwahrnehmung untersucht. Abbildung 2 stellt zwei Augen dar. Ein Auge steht für den Versuchsleiter, das beobachtende System; das andere Auge stellt die Versuchsperson bzw. das beobachtete System dar. Ein mechanischer Sensor verbindet den auf Druck reagierenden Rezeptor (hier in Form einer Birne dargestellt) mit dem Meßinstrument (F); dieses mißt, wie oft der Drucksensor der Versuchsperson feuert. Der Zähler (P) mißt, welcher Druck auf den Körper der Versuchsperson ausgeübt wird.

Der Versuchsleiter übt also einen Druck auf die Haut des Subjekts aus und behält dabei die beiden Meßgeräte im Auge. Wenn er die Angaben auf den beiden Meßgeräten miteinander vergleicht, versichert er sich, daß er auf den Druckrezeptor der Versuchsperson einen Druck ausübt. Er könnte jetzt die Versuchsperson fragen: »Was spüren Sie?« – »Einen Druck«, antwortet die Versuchsperson und bestätigt damit anscheinend die Schlußfolgerung, zu der der Beobachter selbst gekommen ist. Hier wird also das Prinzip der Übereinstimmung unmittelbar angewandt. Der Beobachter vergleicht seine Meßgeräte miteinander und mit den Angaben der Versuchsperson.

Die Versuchsperson aber kann nicht sehen, daß der Versuchsleiter einen Druck ausübt. Auch die Meßgeräte, die die Stärke des Drucks sowie die Frequenz, mit der seine Sinneszelle feuert, angeben, kann sie nicht sehen. Dennoch hat die Versuchsperson die Empfindung eines Druckes. Woher weiß sie das?

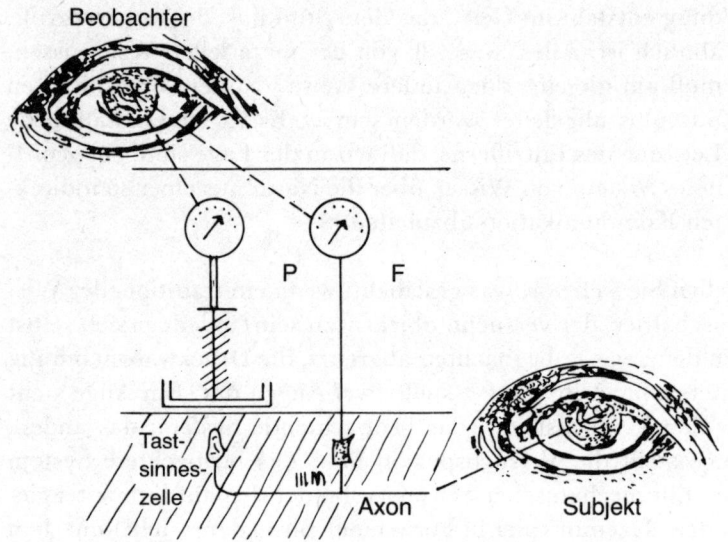

Abb. 2: Beobachtetes und beobachtendes System

Wenn der Versuchsleiter das Experiment wiederholt, diesmal mit Hitze oder etwas Kaltem, beispielsweise Eis, dann zeigt die Sinneszelle der Versuchsperson – über eine Mikropipette – lediglich, wie oft die Zelle sich entlädt, nicht aber, was diese Störung verursacht. Die Versuchsperson hat kein Meßgerät, und sie braucht auch keines. Sie spürt einfach einen Druck oder Hitze oder Kälte. Wie kommt es zu dieser Erfahrung? Wie Eddington es formulierte: Wie erzeugt die Versuchsperson diese Erfahrung aus einer Reihe von nervösen Impulsen, die nur das Wieviel des Reizes codieren, nicht aber das, was diesen auslöst.

Der Versuchsleiter *verifiziert* die Druckempfindung des Subjekts, indem er die Angaben auf seinen beiden Meßinstrumenten miteinander vergleicht. Anschließend stellt er folgende Hypothese auf: »Meine Mikropipette muß in eine druckempfindliche Sinneszelle eingedrungen sein, denn meine beiden Meßgeräte sind korreliert.« Den Versuchsleiter interessiert es nicht, woher die Versuchsperson weiß, daß Druck auf ihrem Arm ausgeübt wurde. Die Versuchsperson konnte weder das Meßgerät sehen, noch was der Versuchsleiter mit ihrem Arm gemacht hat. Die Versuchsperson hat einen Druck wahrgenommen, aber ihr Nervensystem codiert lediglich die Stärke des Reizes, nicht aber, *was* den Reiz verursacht. Die Signale der Sinneszelle sagen nichts über den Druck aus. Wie verwandeln wir die elektrischen Nervenimpulse von 80 Milli-Volt in eine Empfindung von Druck, Licht oder was auch immer? Würde der Beobachter mit einer Epistemologie arbeiten, die auch seine eigene Fähigkeit, wahrzunehmen und zu erfahren, in Betracht zieht, dann würde er diesen Punkt nicht einfach übersehen. Er würde sich vielleicht fragen: »Wieso bin ich überhaupt in der Lage, etwas wahrzunehmen?«

Wenn man diese Frage beantworten will, muß man den Glauben aufgeben, daß unsere Sinne (unsere Augen, unsere Ohren etc.), wenn sie nicht durch irgendwelche Gefühle oder Motive beeinflußt sind, wie Kameras und Mikrophone funktionieren und passiv Daten ins Gehirn übermitteln, das, wie ein Fernsehgerät, die Signale in Bilder und Töne, in jene Realität zurückverwandelt, die sie produziert hat.

Kurz gesagt, das ganze Problem ist nichts weiter als ein Fehler in der Logik. Wie alle guten konventionellen Wissenschaftler machen wir logische Ableitungen, beispielsweise: A impliziert B; schriftlich stellt man das so dar: A $\rightarrow$ B. Wenn A wahr ist, dann muß auch B wahr sein. Und wenn A falsch ist, dann muß auch B falsch sein. Wenn jemand ein Gewicht auf unseren Arm legt und unser Nervensystem richtig funktioniert, haben wir visuelle und taktile Empfindungen. Wir sagen dann zu uns selbst oder zu anderen: »Ich sehe und fühle das Gewicht. Meine Empfindungen (B) sind ›reale Wahrnehmungen‹, die die Welt (das Gewicht) impliziert, von der ich weiß, daß sie existiert.« Damit haben wir A (die Welt) $\rightarrow$ B (meine Erfahrung).

Genau an diesem Punkt erhebt Foerster Einwände: »Es ist gerade umgekehrt. Die Schlußfolgerung ist, daß ich ableite, daß ein Gewicht vorhanden ist, weil ich bestimmte Empfindungen habe. Aus meinen Empfindungen ziehe ich einen Schluß hinsichtlich der Welt.« In der logischen Implikation A → B steht A für unsere Erfahrung; B ist unsere implizierte Wirklichkeit. Das stellt natürlich unser gewohntes Denken über uns selbst und über die Welt auf den Kopf.

Anmerkungen zum Beobachter

Die Wirklichkeit enthält, so nimmt man an, Gegenstände, die entweder stationär sind oder aber ihre Position im Raum ändern. Auch wenn einige Gegenstände, beispielsweise menschliche Wesen, eine veränderliche Struktur haben, werden sie doch als Gegenstände wahrgenommen, die Identität und Kontinuität haben. Unsere Struktur verändert sich fortwährend, aber unsere Freunde und Verwandten erkennen in uns immer dieselbe Person. »Was verstehen wir unter Veränderung?« fragt Foerster. »Obwohl das Erscheinungsbild eines Gegenstandes sich verändert, beispielsweise wenn man einen Würfel rotieren läßt oder wenn eine Person sich umdreht, handelt es sich für uns doch um denselben Gegenstand oder dieselbe Person.«[34] Wie läßt sich der Begriff der Veränderung auf einen »Baum, der immer größer wird, oder auf einen Schulfreund, den wir nach zehn oder zwanzig Jahren wiedersehen«, anwenden? »Sind sie anders oder sind sie dieselben?«[35] Das Wahrnehmen der Wirklichkeit hängt davon ab, daß man zwischen Unveränderlichem und Veränderlichem unterscheidet.

Neugeborene verfügen noch nicht über die Fähigkeit, aus den mannigfaltigen Erfahrungen mit ein und demselben Gegenstand seine Unveränderlichkeit, seine »Invarianz« zu »errechnen«. Sie können noch nicht die Äquivalenz eines implizierten Etwas von vorher mit einem implizierten Etwas von jetzt erkennen. Das ist aber auch gar nicht verwunderlich, denn Äquivalenz ist eine komplizierte logische Operation, die feststellt, daß zum Beispiel trotz der sich stetig ändernden Projektionen eines Gegenstandes auf der Netzhaut, und seinen sich stets verändernden Stellungen im Raum, es sich immer um denselben Gegenstand handelt: Gegenstände haben »Permanenz«.

Entwicklungsstudien bei Kindern, die der Schweizer Psychologe Jean Piaget durchführte, zeigen, daß wir lernen, die Permanenz der Gegenstände wahrzunehmen. Dieser Prozeß dauert etwa achtzehn Monate. Piaget bezeichnet diesen Typus von Lernen als »sensomotorische Intelligenz«. Diese »erfordert das Herstellen von Beziehungen, Übereinstimmungen, und die Klassifikation von Schemata in Strukturen des Ordnens und Zusammenstellens, die eine Teilstruktur für zukünftige gedankliche Operationen herausbilden.« Die sensomotorische Intelligenz »organisiert die Wirklichkeit, indem sie umfassende Kategorien des Handelns konstruiert, nämlich die Schemata der Gegenstandspermanenz, Raum, Zeit und Kausalität...«[36]

Setzen Sie sich beispielsweise zusammen mit einem fünfjährigen Kind an einen Tisch und legen Sie auf dem Tisch fünf Münzen nebeneinander. Geben Sie dann dem Kind ebenfalls fünf Münzen und fordern Sie es auf, sie in einer Reihe hinzulegen, die der Ihren entspricht. Das wird dem Kind keinerlei Schwierigkeiten bereiten. Ein fünfjähriges Kind wird Ihnen auch sagen können, daß in jeder Reihe gleich viele Münzen liegen. Wenn Sie jedoch den Abstand zwischen den einzelnen Geldstücken vergrößern und dann fragen, in welcher Reihe mehr Münzen liegen, dann wird dieses Kind antworten, daß in der längeren Reihe mehr Münzen sind. Elkin merkt an, daß derselbe Test bei einem siebenjährigen Kind zu einem ganz anderen Ergebnis führt. »Zunächst einmal hält das Kind die Frage für reichlich dumm und antwortet, daß in beiden Reihen natürlich gleich viele Münzen liegen, da ja keine weggenommen oder dazugelegt wurde, und daß eine Vergrößerung des Abstands die Anzahl nicht verändert. Das ältere Kind betrachtet etwas als selbstverständlich – scheinbar *a priori* –, von dem es vor ein paar Jahren nicht einmal wußte, um was es sich da handelt. *Wenn einmal ein Begriff konstruiert ist, wird er sogleich objektiviert, so daß das Subjekt ihn als eine wahrnehmungsmäßige Eigenschaft des Objekts betrachtet, unabhängig vom Denken des Subjekts. Die Tendenz geistiger Aktivitäten, automatisch zu werden, und die Tatsache, daß ihre Ergebnisse als dem Subjekt äußerlich empfunden werden, führen zu der Überzeugung, daß es eine Wirklichkeit gibt, die unabhängig vom Denken existiert.*«[37]

Piagets Arbeit läßt es geraten erscheinen, die Bedeutung »faktischen Wissens« neu zu bewerten. *Webster's New World Dictionary* definiert ein Faktum folgendermaßen: »1) Etwas, das wirklich geschehen ist oder wirklich wahr ist; 2) Der Zustand der Dinge, wie sie wirklich sind, Wirklichkeit; Tatsächlichkeit, Wahrheit; Tatsache im Gegensatz zu Phantasievorstellungen.«[38] Wenn wir jedoch ein wenig gründlicher nachforschen, stellen wir, mit Hilfe des American Heritage Dictionary[39], fest, daß das Wort Faktum von der lateinischen Wurzel *facere* abgeleitet ist, was tun bzw. machen bedeutet. *Facere* ist die lateinische Wurzel in Wörtern wie Faktor, Artefakt, Benefiz, infizieren, justifizieren, verifizieren, modifizieren, nullifizieren, perfekt, Profit, rektifizieren etc. Also wie im Deutschen eine Tat-Sache, ist im Englischen und Lateinischen ein Faktum etwas, das gemacht, getan ist.

An seinem 81. Geburtstag stellte Piaget in einer Diskussion mit dem Linguisten Noam Chomsky fest: »Fünfzig Jahre Erfahrung haben mich gelehrt, daß Wissen nicht das Ergebnis einer bloßen Bestandsaufnahme von Beobachtungen, ohne eine strukturierende Aktivität seitens des Subjekts, ist.«[40] Es gibt also keine »reinen Fakten«. Eine Tatsache wird von dem Augenblick an, in dem sie beobachtet wird, auch interpretiert.

Der Konstruktivist Ernst von Glasersfeld, der hinsichtlich des Begriffs »Wahrnehmung« mit Piaget übereinstimmt, schreibt: »Der radikale Konstruktivismus behauptet... daß wir die Operationen, mit denen wir unsere Erlebenswelt zusammenstellen, weitgehend erschließen können, und daß uns dann die Bewußtheit des Operierens... helfen kann, es anders und vielleicht besser zu machen.«[41] Diese Operationen sollen an späterer Stelle in diesem Buch untersucht werden.

Zur Frage des technologischen Fortschritts

Der Leser fragt sich vielleicht, wie die Konstruktivisten ihre Widerlegung der Objektivität mit den überwältigenden technologischen Fortschritten unserer Zivilisation, die eine unmittelbare Folge wissenschaftlicher Entdeckungen sind, in Einklang bringen.

Die Konstruktivisten behaupten, daß technologischer Fortschritt »eine« Möglichkeit von vielen ist, um zu einem Ergebnis zu kommen oder Vorhersagen zu machen. Eine bewiesene wissenschaftliche Theorie ist ein sehr brauchbares Mittel, um ein bestimmtes Ziel zu erreichen.

Glasersfeld erklärt, daß 1) Wissen, vor allem wissenschaftliches Wissen, dann nützlich ist, wenn es uns ermöglicht, Vorhersagen zu treffen und bestimmte Phänomene zu bewerkstelligen oder zu verhindern. 2) Wenn Wissen diesen Zweck nicht mehr erfüllt, wird es fragwürdig und schließlich wertlos. 3) Daraus schließt Glasersfeld: »Wenn nun so eine kognitive Struktur [er bezieht sich dabei auf eine Theorie oder ein Modell] etwa bis heute standgehalten hat, so beweist das nicht mehr und nicht weniger als eben, daß sie unter den Umständen, die wir erlebt und dadurch bestimmt haben, das geleistet hat, was wir von ihr erwarteten. Logisch betrachtet heißt das aber keineswegs, daß wir nun wissen, wie die objektive Welt beschaffen ist; es heißt lediglich, daß wir *einen* gangbaren Weg zu einem Ziel wissen, das wir unter von uns bestimmten Umständen in unserer Erlebenswelt gewählt haben. Es sagt uns nichts – und kann uns nichts darüber sagen –, wie viele andere Wege es da geben mag und wie das Erlebnis, das wir als Ziel betrachten, mit einer Welt jenseits unserer Erfahrung zusammenhängt.«[42]

»Der metaphysische Realist«, fährt Glasersfeld fort, »sucht nach Wissen auf die gleiche Weise, wie man etwa nach einer Farbe sucht, die mit der an einer bereits gestrichenen Wand ›übereinstimmt‹... Philosophen und Wissenschaftler, die mit dem Prinzip der Übereinstimmung operieren, versuchen, Systeme von Beziehungen oder Strukturen mit der ›Natur‹ in Einklang zu bringen.«[43] (Der Begriff »Natur« ist ein Synonym für Wirklichkeit.)

Und weiter: »Sagen wir andererseits von etwas, daß es ›paßt‹, so bedeutet das nicht mehr und nicht weniger, als daß es den Dienst leistet, den wir uns von ihm erhoffen. Ein Schlüssel ›paßt‹, wenn er das Schloß aufsperrt. Das ›Passen‹ beschreibt die Fähigkeit des Schlüssels, nicht aber das Schloß. Von den Berufseinbrechern wissen wir nur zu gut, daß es eine Menge Schlüssel gibt, die anders geformt sind als unsere, aber unsere Türen nichtsdestoweniger aufsperren.«[44]

Theorie des Beobachters

Die Konstruktivisten sind eher daran interessiert, *wie* wir etwas wissen, als daran, *was* wir wissen. Wie erkennen wir etwas? Was bedeutet das, sich einer »Objekt«-Sprache zu bedienen?

Francisco Varela beschreibt Foersters Ideen als eine Art System, um Wahrnehmung zu verstehen, in dessen Rahmen die Beschreibungen des Beobachters und das, was beobachtet wird, »unentwirrbar« miteinander verknüpft sind. »Die Untersuchung von Systemen der ersten Ordnung (mit denen wir uns befassen) und die Untersuchung von Systemen der zweiten Ordnung (wir, die Beobachter) spiegeln sich in derartigen Beschreibungen wider. Dieses sich wechselseitig bedingende Paar konstituiert in allen Details einen Rahmen, innerhalb dessen man Wahrnehmung richtig verstehen kann.«[45] Der Beobachter muß also bei seinen Beobachtungen auch sich selbst mit einbeziehen.

Wie genügt der Beobachter dieser Forderung? Es handelt sich hier um eine Konzeption, die darzulegen ziemlich schwierig ist. Foerster verdeutlicht das Problem anhand der folgenden Aufgabe:

Vervollständigen Sie den Satz:

IN DIESEM SATZ ZÄHLEN WIR ... BUCHSTABEN

indem Sie für die Leerstelle jenes Zahlwort (Ziffern sind nicht zugelassen) setzen, das diesen Satz wahr macht. Es ist klar, daß – wenn überhaupt – nur besondere Zahlen diese Forderung erfüllen, denn sie müssen in der Lösung sich mit einbeziehen. Man sieht ja sofort, daß »ZEHN«, »DREISSIG« oder andere aus der Luft gegriffene Zahlen die Forderung der Aufgabe nicht erfüllen. Probleme mit dieser logischen Form heißen »Eigenwert-Probleme«, und ihre Lösungen dementsprechend »Eigenwerte«. Ich komme später noch darauf zurück. Hier ist es mir wichtig, darauf aufmerksam zu machen, daß diese Aufgabe mehr als eine, nämlich genau drei Lösungen besitzt. Eine will ich hier verraten: »SECHSUNDVIERZIG«. Bitte nachzählen!

Der Leser könnte an dieser Stelle innehalten und versuchen, die zwei weiteren richtigen Lösungen, die beiden anderen Eigenwerte herauszufinden – aber vergessen Sie nicht: die Antwort muß auch die Anzahl der Buchstaben, die sie selbst enthält, mit einbeziehen!

Dieses Eigenwertproblem weist auf einen sehr wichtigen Punkt, der auf den ersten Blick vielleicht eher nebensächlich zu sein scheint – *es gibt mehr als nur eine korrekte Antwort auf diese Frage.* Die traditionelle Wissenschaft sucht nach *eindeutigen* Antworten auf die jeweiligen Fragen, d. h. Lösungen, die die einzig mögliche Antwort sind.

Foersters Puzzle zeigt eine Konsequenz des Konstruktivismus auf – Eindeutigkeit ist keine Notwendigkeit. Eine beobachter-abhängige Wissenschaft aber, die es dem Beobachter erlaubt und ihn sogar dazu auffordert, sich selbst in seine Beobachtungen mit einzubeziehen, muß nicht zu eindeutigen Antworten führen. Konstruktivisten argumentieren, daß wir damit eigentlich nichts aufgegeben haben. Wir können »Schlüssel« für unsere Probleme erfinden, aber diese sagen nur etwas über den Schlüssel, nicht aber über das Schloß aus. Um Foersters Rätsel zu lösen, gibt es mehrere Schlüssel. Zwar haben wir jetzt keine Eindeutigkeit mehr, dafür aber mehr Wahlmöglichkeiten.

Zusammenfassung

Ich möchte folgende Passage aus Foersters Vortrag *Notes on an Epistemology for Living Things* zitieren, um meine Ausführungen über das Problem Objektivität zusammenzufassen:

»Im ersten Viertel unseres Jahrhunderts waren die Physiker und Kosmologen gezwungen, die fundamentalen Begriffe, die den Naturwissenschaften zugrunde liegen, zu revidieren; im letzten Viertel des Jahrhunderts werden die Biologen eine Revision der Grundbegriffe, die in der Wissenschaft als solcher Geltung haben, erzwingen. Zu Beginn des 20. Jahrhunderts wurde man sich allmählich darüber klar, daß die klassische Vorstellung von einer ›letztgültigen Wissenschaft‹, einer Wissenschaft, die eine objektive Beschreibung der Welt, in der es keine Subjekte gibt (ein ›subjektloses Universum‹), ermöglicht, in sich widersprüchlich ist.

Um diese Widersprüche zu beseitigen, war die Wissenschaft gezwungen, einen ›Beobachter‹ mit einzubeziehen (d. h. mindestens ein Subjekt). Hier zwei Beispiele für diese Veränderung im wissenschaftlichen Denken: 1) Beobachtungen sind nicht absolut, sondern relativ in bezug auf den Gesichtspunkt des Koordinatensystems des Beobachters (Einsteins Relativitätstheorie); 2) Beobachtungen beeinflussen das Beobachtete in der Weise, daß die Hoffnung des Beobachters, Vorhersagen machen zu können, gegenstandslos wird (d. h., seine Ungewißheit ist absolut – Heisenbergs Unschärferelation).

Aufgrund dieser Veränderungen im wissenschaftlichen Denken sind wir jetzt im Besitz der Binsenwahrheit, daß eine Beschreibung (des Universums) jemanden impliziert, der es beschreibt (beobachtet). Was wir jetzt brauchen, ist eine Beschreibung des ›Beschreibers‹, oder, in anderen Worten, eine Theorie des Beobachters. Da nur lebende Organismen als Beobachter in Frage kommen, sieht es so aus, als würde diese Aufgabe dem Biologen zufallen. Der Biologe ist jedoch ebenfalls ein Lebewesen; das bedeutet, daß er in seiner Theorie nicht nur sich selbst, sondern auch die Tatsache, daß er eine Theorie aufstellt, in Betracht ziehen muß. Das ist ein ganz neues Element des wissenschaftlichen Diskurses, denn gemäß der traditionellen Sehweise, die den Beobachter von seinen Beobachtungen trennt, hatte man bislang sorgsam jegliche Bezugnahme auf diesen Diskurs vermieden. Diese Trennung wurde nicht aus irgendeiner Laune oder einem Leichtsinn heraus gemacht. Die Wissenschaftler beugten sich dieser Forderung, weil – unter bestimmten Voraussetzungen – in dem Fall, daß der Beobachter sich selbst in seine Beschreibung (Beobachtungen) mit einbezog, dies zu Paradoxen führte, etwa zu dem Paradox des Satzes: ›Ich bin ein Lügner.‹

Mittlerweile ist es immer offensichtlicher, daß diese Beschränkung, d.h. das Ausklammern des Beobachters, nicht nur ethische Probleme hinsichtlich der wissenschaftlichen Tätigkeit mit sich bringt, sondern auch die Erforschung des Lebens in seinem Gesamtkontext von molekularen bis zu sozialen Systemen behindert. Man kann das Leben nicht *in vitro* studieren; man muß es *in vivo* erforschen. Im Gegensatz zum klassischen Problem wissenschaftlicher Untersuchung, die als erstes eine beschreibungs-invariante ›objektive Welt‹ (wenn es denn so etwas gäbe) postuliert und dann versucht, sie zu beschreiben, müssen wir uns jetzt der Herausforderung stellen, eine beschreibungs-invariante ›subjektive Welt‹ zu konstruieren, d. h. eine Welt, die den Beobachter einbezieht. *Das ist das Problem.*

In Übereinstimmung mit der klassischen Tradition wissenschaftlichen Forschens, die beständig fragt: ›Wie?‹ und nicht so sehr: ›Was?‹, erfordert diese Aufgabe eine Epistemologie, die nicht fragt: ›Was wissen wir?‹, sondern: ›Wie wissen wir?‹«

2. Probleme der Sprache

Die Sprache selbst ist das Vehikel des Denkens.[46]

Denken und Sprache gehören zusammen. Das Kind erlernt eine Sprache auf die Weise, daß es plötzlich in ihr zu denken beginnt.[47]

LUDWIG WITTGENSTEIN

In der Entwicklung eines Kindes gibt es, wie Wittgenstein anmerkt[48], kein Stadium, in dem die Sprache lediglich als Mittel der Kommunikation eingesetzt wird, und nicht auch, um zu denken. Grammatik und Syntax sind Regeln des Denkens; die Philosophen bezeichnen dies als Epistemologie. Gregory Bateson erklärt, daß »in der westlichen Welt unsere Sprache uns eine lineare, kausale Weltsicht aufdrängt. Aufgrund der Syntax mit Subjekt und Prädikat macht die Sprache fortwährend geltend, daß ›Dinge‹ irgendwie Qualitäten und Eigenschaften ›haben‹.«[49]

Stellen Sie sich einmal folgende hypothetische Situation vor: Der vierjährige Mark und seine zweijährige Schwester Pat spielen im Wohnzimmer; ihre Mutter ist in der Küche beschäftigt. Die Mutter hört Pat schreien und will sie trösten. Als sie das Zimmer betritt, sagt Mark:»Ich hab' sie nicht angerührt.« Bereits in dem zarten Alter von vier Jahren hat Mark eine wichtige Regel der Epistemologie des Kulturkreises, dem er angehört, internalisiert. Mit der Aussage:»Ich hab' sie nicht angerührt« tut er kund, daß er keine Schuld hat, und übernimmt dabei die Einstellung Newtons zur Kausalität. Unbewußt argumentiert er, daß er, da er die Kleine nicht angerührt hat, keinerlei Gewalt oder irgendeinen Einfluß auf Pat ausgeübt haben kann, der sie zum Weinen gebracht hätte. Es gibt also keine kausale Verbindung zwischen seinem eigenen Verhalten und dem Kummer seiner Schwester.

Kausalität ist jedoch nur ein Beispiel dafür, wie Sprache unser Denken bestimmt. Sprache strukturiert eine Vielzahl von logischen, beschreibenden und erklärenden Methoden, mit denen wir arbeiten, um uns selbst und die Wirklichkeit zu verstehen. Ich habe Foersters Äußerungen hierzu in folgende Kategorien aufgeteilt: Re-Präsentation, Nominalisierung, Lokalisierung der Funktion, Syllogismen, Paradox, Kausalität und Erklärungen.

Re-Präsentation

Indem Sprache uns als passive Subjekte der Wahrnehmung definiert, verschleiert sie, wie wir an dem Prozeß unserer sinnlichen Wahrnehmung mitwirken. So weiß beispielsweise jedermann, daß Glühbirnen Licht erzeugen, und es erscheint uns ganz natürlich zu sagen, daß man »das Licht einschaltet« oder »den Lichtknopf drückt«. Aber erzeugt die Glühbirne wirklich Licht? Ein Physiker würde sagen, daß Elektronen sich durch den Glühfaden der Birne bewegen; wenn er heiß genug ist, sendet er elektromagnetische Wellen aus, die auf die Stäbchen und Zapfen unserer Netzhaut einwirken. Wenn unter diesen Bedingungen ein Beobachter an einer geeigneten Stelle steht und sein Nervensystem funktioniert, nimmt er Licht wahr. Blinde sehen kein Licht.

Indem Sprache das Licht als eine Eigenschaft der Glühbirne definiert, verschleiert sie, wie wir selber an unserer Sinneswahrnehmung beteiligt sind; sie definiert Licht als eine objektive Eigenschaft der Welt, als eine Eigenschaft, die vom Beobachter unabhängig ist. Das gleiche gilt für den Schall. Wir sagen (und denken), daß ein Ton erzeugt wird, wenn man mit dem Bogen über die Saiten einer Geige streicht. »Nein«, widerspricht Foerster, »Sie erzeugen periodische Schwankungen des Luftdrucks, die sich durch den Raum ausbreiten. Wenn nun ein Ohr, das mit einem Gehirn gekoppelt ist, sich zufällig in eben diesem Raum befindet, hören wir Musik. Auch erzeugt ein offenes Feuer keine Hitze. Wenn Sie eine Zunahme der durchschnittlichen Molekulargeschwindigkeit der Luft um sich herum spüren, dann sagen Sie: ›Es ist warm.‹«

»Diese Schwierigkeit beginnt schon mit dem Buch Genesis«,

fährt Foerster fort. »Dort heißt es: ›Gott schwebte über den Wassern, und es herrschte Finsternis. Und Gott sprach: ›Es werde Licht.‹ Und es ward Licht. Aber wie konnte es Licht geben? Es war niemand da, um es zu sehen. Und ohne Beobachter gibt es kein Licht. Gott hat möglicherweise gesagt: ›Es gebe eine elektromagnetische Strahlung mit einem bestimmten Frequenzband‹, und es entstanden elektromagnetische Strahlungen dieses Frequenzbandes.*Aber, meine Damen und Herren, das ist ästhetisch so unerfreulich, daß es falsch sein muß. Ich persönlich glaube, daß sich folgendes abgespielt hat: Und Gott schwebte über den Wassern, und er sagte: *›Es werde Sicht!‹* – und es ward Licht!«

Nominalisierung

Nominalisierung bezeichnet den sprachlichen Prozeß, durch den man Verben in Substantive umwandelt. Die Sprache ermöglicht es uns auf diese Weise, Handlungen oder Vorgänge in Dinge zu verwandeln. Die Nominalisierung ist wie eine Krankheit, die alle indoeuropäischen Sprachen befallen hat, indem sie zuläßt, daß wir aus der Luft Dinge erschaffen. Wir können sagen: »Ein Pferd galoppiert«; gleichzeitig läßt die Sprache aber auch zu, daß wir sagen: »Das Pferd hat einen prächtigen Galopp.« Auch wenn dieser Satz grammatikalisch korrekt ist, so behauptet er doch, daß das Pferd einen Galopp besitzt, gerade so, wie es Hufe hat.

Nominalisierung gibt es in vielen Bereichen, einschließlich der Psychiatrie. Historisch betrachtet, haben die Psychiater zunächst ein bestimmtes abweichendes *Verhalten* als »Schizophre-

---

* Es besteht die Gefahr, diese Bemerkungen hinsichtlich elektromagnetischer Strahlung falsch zu interpretieren, so als gäbe es eine vom Beobachter unabhängige Wirklichkeit, in der elektromagnetische Strahlung vorhanden ist. Foerster verwendet den Begriff »elektromagnetische Strahlung« jedoch in konstruktivistischem Sinne, nämlich um einen Schlüssel zu beschreiben, der dazu taugt, Probleme »aufzuschließen«.

nie« etikettiert; schon bald aber bezeichneten sie ihre Patienten als Schizophrene und betrachteten sie als Menschen, die Schizophrenie haben, so wie man beispielsweise eine angegriffene Leber hat. Einige Therapeuten waren so fasziniert von ihren Nominalisierungen, daß sie schließlich zu der Überzeugung gelangten, Geisteskrankheit sei eine greifbare Krankheit, die man mit Hilfe der Gehirnchirurgie »herausschneiden« könne.

Wenn wir etwas nominalisieren, wird es zu einer Ware, die man kaufen und verkaufen kann. Als Lehrer befaßt sich Foerster vor allem mit den negativen Konsequenzen der Nominalisierung von »Information« und »Wissen«.

»Die ursprünglichen und charakteristischsten Prozesse bei jedem Menschen und in der Tat bei allen Organismen, insbesondere ›Information‹ und ›Wissen‹, werden heutzutage in zunehmendem Maße als Gebrauchsgegenstände aufgefaßt, d. h. als etwas Materielles. Information ist natürlich der Prozeß, durch den man sich Wissen aneignet, und Wissen ist der Prozeß, in dem man frühere und jetzige Erfahrung zusammenfaßt, um neue Aktivitäten in Form von Aktivitäten des Nervensystems auszulösen, die man entweder intern als Denken oder extern als Sprache und Bewegung wahrnimmt.

Keiner dieser Prozesse kann ›weitergegeben‹ werden, wie es uns Sätze etwa der Art: ›Universitäten dienen der Bewahrung von Wissen, das von Generation zu Generation weitergereicht wird‹, weismachen wollen.«[50]

Verständlicherweise sind viele Schüler und Studenten von Erziehungssystemen enttäuscht, die »die Auslösung neuer Prozesse mit einer Verteilung von Gütern, die man als ›Wissen‹ bezeichnet, verwechseln«, Güter, die man ganz schlicht und einfach nicht übertragen kann.

Das Nachdenken über das Denken ist besonders anfällig für Nominalisierungen. Wir können sagen, daß Leute denken; wir können aber auch sagen, daß sie Gedanken haben. Das Wort »Gedanke« ist jedoch ein Substantiv. Viele Substantive bezeichnen »Dinge«, die eine materielle Substanz haben und sich an einem bestimmten Platz befinden. Wenn wir davon ausgehen, daß jemand »Gedanken hat«, werden wir auch versuchen, diese zu finden. Aber kann man denn einen Gedanken finden? Viele Forscher glauben, daß Denken, Gedächtnis, Vorstellungskraft und andere geistige Funktionen in bestimmten Bereichen des Gehirns angesiedelt sind. Man bezeichnet diesen theoretischen Standpunkt als *Lokalisierung der Funktion*.

Lokalisierung der Funktion

Foerster verfolgt die Entstehung dieser Vorstellung bis zu den Anatomen des 15. Jahrhunderts zurück, deren Ansicht nach Persönlichkeit und bestimmte Charakterzüge mit der Form und den diversen Auswölbungen des Schädels zusammenhängen. Abbildung 3a zeigt eine schematische Darstellung, die Reisch im Jahre 1503 anfertigte. Das Gedächtnis befindet sich auf dem linken oberen Stirnhirnlappen; an anderen Stellen sind Wahrnehmungsvermögen, Phantasie und Vorstellungskraft angesiedelt. Derlei schematische Darstellungen sind ein Beispiel für überspitzte Spekulationen, die von unserer Fähigkeit, zu nominalisieren, unterstützt und gefördert werden. Später haben dann Phrenologen, etwa Redfield, Hunderte von Lokalisierungen auf dem Schädel eingezeichnet, wobei jeder Bereich eine höhere geistige Funktion darstellen sollte (Abbildung 3b).

Redfield behauptete, nicht weniger als 186 auf Gesicht und Schädel verteilte Funktionen festgestellt zu haben. Nummer 149 beispielsweise ist der Sitz einer republikanischen Gesinnung; 148: Liebe und Treue; 149A: Verantwortungsbewußtsein.

»Sie dürfen nicht glauben, daß die Lokalisierung von Funktionen mit dem Mittelalter aufhörte«, meint Foerster. »Das Bemühen um eine Lokalisierung von Gehirnfunktionen scheint nie ein Ende zu nehmen.« 1881 behauptete Exner, ein brillanter österreichischer Neurophysiologe, Hunderte von kortikalen »Zentren« angeben zu können. Für viele Jahre trug seine Theo-

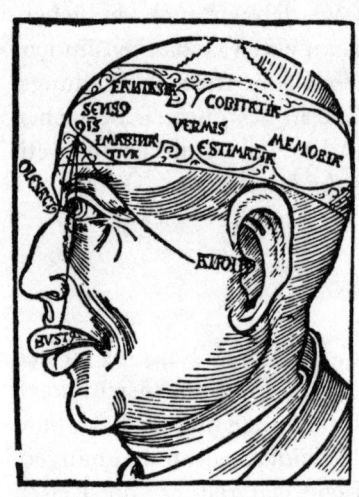 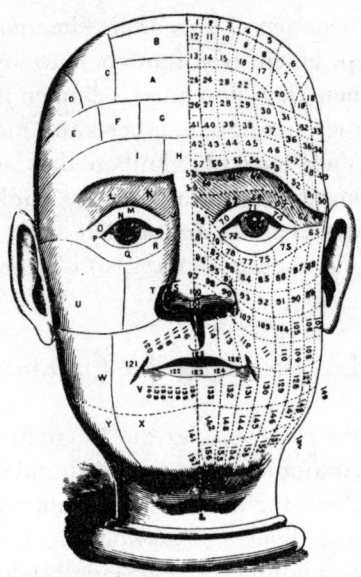

Abb. 3a: Eine Variation der Zellenlehre von Gregor Reisch, 1503.

Abb. 3b: Exzeß der Phrenologie, Redfield, 1886.

rie dazu bei, daß man die Gehirnfunktionen gründlich mißverstand.

Exner hatte beobachtet, daß eine Verletzung des Gehirns – sei es durch einen Schuß oder aufgrund irgendeiner anderen Verwundung – mit dem Verlust eines bestimmten Verhaltens oder einer bestimmten Funktion verbunden ist (etwa der Fähigkeit zu sprechen, zu sehen oder zu gehen); er zog daraus den – falschen – Schluß, daß die Stelle dieser Verletzung die Stelle sein muß, wo die jetzt fehlenden Funktionen lokalisiert sind. Dieser Irrtum wäre Exner nicht unterlaufen, wenn ihm bewußt gewesen wäre, daß er Prozesse nominalisierte.

Während eines Vortrags Foersters sagte eine Zuhörerin: »Sie argumentieren gegen eine Lokalisierung der Funktion, ich aber bin aufgrund einer persönlichen Erfahrung davon überzeugt. Vor kurzem erlitt mein Mann eine leichte Gehirnerschütterung. Als er das Bewußtsein wiedererlangte, konnte er nicht mehr

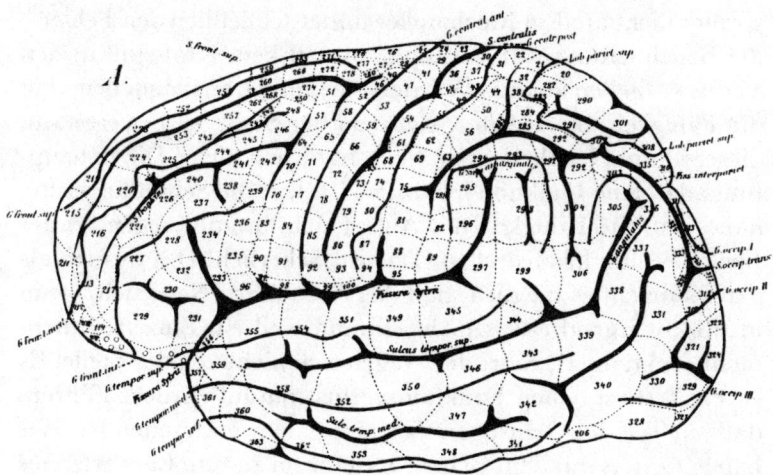

Abb. 4: *Lokalisierung von Funktionen aufgrund von Läsionen der Großhirnrinde, Exner 1881*

sprechen. Wir waren natürlich sehr beunruhigt und brachten ihn schleunigst in die Klinik. Der Arzt diagnostizierte ein kleines Blutgerinnsel in seinem Gehirn. Nachdem das Blutgerinnsel entfernt worden war, konnte mein Mann wieder sprechen. Das beweist doch, daß sein Sprechzentrum beschädigt worden war, oder?« fragte sie.

»Nein«, erwiderte Foerster. »Das Blutgerinnsel im Gehirn Ihres Mannes beweist eben nicht, daß sein Sprechzentrum in Mitleidenschaft gezogen war. Eine Überlegung dieser Art stellt einen fundamentalen Irrtum in der Deduktion dar. Die Beschädigung eines bestimmten Bereichs des Gehirns kann mit einem zeitlich begrenzten oder aber permanenten Funktionsverlust zusammenhängen. Das beweist jedoch nicht eine Lokalisierung der Funktion. Das Gehirn funktioniert als Gesamtsystem. Natürlich kann eine Beschädigung eines Teils dieses Systems zur Beeinträchtigung einer Funktion wie Sprechen oder Sehen führen.

Stellen Sie sich einmal folgende Analogie vor: Ihr Wagen

springt nicht an. Ein Mechaniker findet schließlich den Fehler – die Benzinleitung war verstopft, so daß kein Kraftstoff in den Vergaser fließen konnte. Würden Sie nun daraus schließen, daß die Fähigkeit Ihres Autos, sich von der Stelle zu bewegen, an diesem Punkt lokalisiert ist? Nein, natürlich nicht! Die Behauptung, daß eine Funktion lokalisiert ist, legt die Schlußfolgerung nahe, daß die Fähigkeit des Autos, sich fortzubewegen, in der Benzinleitung lokalisiert ist. Das ist lächerlich! Das System als ganzes macht es möglich, daß das Auto fährt. Natürlich, wenn im Motor irgend etwas nicht stimmt, weil ein Einzelteil nicht mehr funktioniert, rührt der Wagen sich nicht von der Stelle! Es ist ein Irrtum, einen Funktionsverlust darauf zurückzuführen, daß ein Teil des Gehirngewebes nicht mehr vorhanden ist. Wir haben es stets mit dem Gehirn als ganzem zu tun. Ein verletztes Gehirn ist auf spezifische Weise eingeschränkt, aber es arbeitet nach wie vor als ein *ganzes* Gehirn.

Wir müssen uns das ganze System ansehen und dürfen nicht der Versuchung erliegen, nur einen kleinen Winkel davon zu untersuchen oder es wie eine Maschine zu behandeln, die man auseinandernehmen kann, um jedes Einzelteil gesondert verstehen zu können. Man kann das System nur in seiner Gesamtheit verstehen.«

Die Suche nach dem Gedächtnis stellt einen weiteren Versuch dar, Gehirnfunktionen zu lokalisieren, mentale Prozesse zu nominalisieren. Die Forschungen auf diesem Gebiet wurden noch intensiver, als die Psychologen begannen, mit Metaphern aus der Computer-Sprache zu arbeiten, um das Gehirn zu verstehen. Computer-Metaphern üben verständlicherweise einen großen Reiz aus, denn das »Gedächtnis« eines Computers ist begrenzt und befindet sich an einer genau festgelegten Stelle. Wenn Sie das Gehäuse eines Mikrocomputers öffnen, können Sie die »Gedächtnis«-Chips sehen. Aber Foerster argumentiert folgendermaßen: »Computer haben kein Gedächtnis. Das ist der erste Fehler. Computer haben Speichersysteme. Wenn Sie diese attraktive Metapher gedankenlos verwenden, kommen Sie vielleicht auf die Idee zu fragen: ›Kann diese Maschine auch ihre Memoiren schreiben?‹ Nicht bei der heute üblichen Konstruktionsweise von Computern!«

Er demonstriert zweitens mittels einer *reductio ad absurdum*, daß unser Gedächtnis nicht wie die Speicheranlagen in einem Computer funktionieren kann. Das Datenspeicherungssystem eines Computers (das man unseligerweise als sein Gedächtnis bezeichnet) ist eine gigantische Registratur. Jede »Akte« hat eine Adresse. Der Computer sucht Daten aus einer solchen Akte heraus, indem er die Adresse nachsieht, dorthingeht und die Daten herausholt, die er dann auf dem Monitor sichtbar macht oder zu bestimmten Berechnungen verwendet. Natürlich erledigt er das mit einer enormen Geschwindigkeit. Foerster: »Wenn unser Gedächtnis wie das Datenspeicherungssystem eines Computers arbeiten würde, bräuchten wir ein Gehirn mit einem Durchmesser von eineinhalb Kilometern, um all das, was wir wissen, aufzunehmen.« Selbst wenn wir die jeweiligen Daten mit Lichtgeschwindigkeit heraussuchen könnten, bräuchten wir, wie er hervorhebt, bei einem System dieser Größenordnung zehn Jahre, um ein Objekt zu erkennen oder eine bestimmte Situation zu erfassen, die für unser Überleben entscheidend sein könnte.

Es gibt jedoch ein noch besseres Argument, das gegen die Annahme spricht, das Gedächtnis sei ein Datenspeicherungssystem. Bei einem Computer werden die gespeicherten Daten aus einem Speicher abgerufen, der nach dem Prinzip der vollkommenen Übereinstimmung funktioniert. Diejenigen Leser, die schon einmal mit einem Heimcomputer gearbeitet haben, wissen wahrscheinlich, wie entmutigend es ist, wenn der Computer nicht in der Lage ist, das zu finden, was man wissen will, nur weil man einen zu großen Abstand zwischen den einzelnen Wörtern eingetippt oder aus Versehen einen Buchstaben groß geschrieben hat. Der Computer ist beim Vergleichen unerbittlich.

Hier stellt sich nun folgende Frage: Was geschieht, wenn wir uns an etwas erinnern wollen, beispielsweise daran, wo wir unseren Wagen auf einem Parkplatz abgestellt haben? Würde unser Gedächtnis wie ein Computer arbeiten, könnten wir unser Auto nie finden, da wir niemals die Dinge zweimal auf genau die gleiche Weise sehen. Eine Vielzahl von Variablen wirkt bei der Konstruktion eines Bildes auf der Netzhaut mit, und es sind nie genau dieselben. Würde nun unser Gedächtnis wie das Datenspeicherungssystem eines Computers arbeiten, dann würden wir nie eine Übereinstimmung feststellen können. Glücklicherweise funktioniert unser Gedächtnis anders, und deshalb können wir unser Auto aus vielen verschiedenen Blickwinkeln, Entfernungen und bei unterschiedlichen Lichtverhältnissen erkennen.

Um das Jahr 1925 demonstrierte Eilhard von Domarus, ein brillanter junger Neurophysiologe, daß es ein logischer Trugschluß ist, wenn man eine bestimmte geistige Funktion an einer bestimmten Stelle des Gehirns lokalisieren zu können vermeint, weil – wie man glaubt – mit der Zerstörung dieser Stelle der Verlust jener Funktion einhergeht. Wäre dem so, bemerkte Domarus, könnte man schließen, daß räumliches Sehen im linken Augen beheimatet ist, denn verliert man dieses, verliert man auch die Fähigkeit des räumlichen Sehens. Wenn man diese Schlußfolgerung akzeptiert, so Domarus, muß das gleiche auch für das rechte Auge gelten. Denn wenn jemand sein rechtes Auge verliert, verliert er ebenfalls die Fähigkeit zum räumlichen Sehen. Folglich sind beide Argumente gleich lächerlich. »Sobald Sie einmal den Fehler in dieser Überlegung erkannt haben«, sagt Foerster, »löst sich die Behauptung, die Gehirnfunktionen seien lokalisiert, in nichts auf.«

Warnend fügt Foerster hinzu: »Sie glauben vielleicht, daß heutzutage niemand mehr so denkt. Leider nimmt das aber kein Ende. Ich meine damit die ›Hemisphärologen‹, die Leute, die sagen: ›Auf der linken Seite habe ich dies, und auf der rechten Seite habe ich das. Mit der linken Hemisphäre meines Großhirns kicke ich den Fußball; mit der rechten Hemisphäre rieche ich den Duft der Blumen‹, und ähnlichen Unsinn. Lassen Sie mich meinen Standpunkt als Konstruktivist ganz klar umschreiben – das Gehirn funktioniert immer als Ganzes, als Totalität. Auch wenn es verletzt ist, ist es immer noch ein vollständiges Gehirn, ein ganzes Gehirn mit einer Verletzung. Die Funktionen sind bei Personen mit einer Gehirnverletzung möglicherweise eingeschränkt, und es treten gewisse Defekte auf, aber das beweist keineswegs eine Lokalisierung der Funktionen.«

Es gibt noch mehr Beweise dafür, daß das Gehirn als ein ganzes System arbeitet. Wenn die Nervenzellen nur langsam zerfallen, wird dies durch andere Bereiche des Gehirns kompensiert. Louis Pasteur, der große französische Chemiker, war bis zu seinem Tod im Alter von 73 Jahren wissenschaftlich tätig. Seinen Leichnam vermachte er der medizinischen Fakultät an der Sorbonne; die Ärzte dort nahmen also eine Autopsie vor. Zu ihrer großen Überraschung stellten sie fest, daß die linke Hemisphäre des Gehirns, in der, wie man glaubt, die Fähigkeiten zu logischem Denken angesiedelt sind, durch einen großen Gehirntumor fast ganz zerstört war. Der Tumor war bei Pasteur nur langsam gewachsen, so daß das gesunde Gehirngewebe Funktionen übernehmen konnte, die normalerweise in der linken Hemisphäre ablaufen. Wären die Gehirnfunktionen eindeutig lokalisiert, wäre eine solche Kompensation nicht möglich.

Zusammenfassend läßt sich sagen, daß der Versuch, die Gehirnfunktionen als lokalisiert aufzufassen, die Folge erkenntnistheoretischer Irrtümer ist, die ein Verständnis der Wahrnehmung erschweren können:

1. Erstens werden dabei Prozesse nominalisiert, was zu der Annahme verleitet, daß sie in speziellen Bereichen der Großhirnrinde lokalisiert sind.
2. Es impliziert, daß bestimmte, genau lokalisierte kortikale Bereiche Dechiffrierzentren für die Sinne und Speicher darstellen; dies verfestigt unseren Glauben an eine ›objektive‹ Realität.
3. Das Argument einer Lokalisierung der Funktion legt die Schlußfolgerung nahe, daß das Nervensystem ein offenes

System ist und daß unsere Sinnes- und motorischen Systeme unabhängig sind; auf diesen Punkt werde ich in den noch folgenden Kapiteln näher eingehen.
4. Schließlich – und das ist vielleicht der wichtigste Punkt – weicht das Argument einer Lokalisierung von Funktionen dem grundlegenden Problem der Wahrnehmung aus, dem Prinzip der undifferenzierten Codierung. Wieso verfügen wir über einen so reichen Erfahrungsschatz, wenn unsere Sinne doch lediglich das Wieviel einer Stimulierung codieren, nicht aber, welcher Stimulus sie anregt?

Logische Syllogismen

Der logische Syllogismus ist eine Methode des Denkens, derer wir uns bedienen, um Schlußfolgerungen zu ziehen. Die rationalistischen Philosophen verwendeten den Syllogismus, um mit seiner Hilfe Wissen zu erlangen. Sie waren der Überzeugung, daß der Geist mit einem *a-priori*-Wissen (einem angeborenen Wissen) ausgestattet ist, mit schablonisierten Prinzipien und Fähigkeiten, die man durch richtiges Denken aufdecken kann. Plato bezeichnete dieses angeborene Wissen als »Formen« oder »Ideen«, zu denen Begriffe wie Zahl, Unterschied, gut, böse, richtig und falsch gehören.

Etwa 300 v. Chr. verfaßte Aristoteles sein berühmtes *Organon;* dieses griechische Wort bedeutet soviel wie Instrument oder Werkzeug. Unter Verwendung des Syllogismus definierte er vierzehn Regeln des Denkens, um korrekte Schlußfolgerungen aus bestimmten Behauptungen zu ziehen. »Es hieß, daß Schlußfolgerungen, zu denen man mit Hilfe des Syllogismus gekommen ist, drei Bedingungen genügten: Sie waren wahr, notwendig und neu.«[51] In diesem Zusammenhang bedeutet notwendige Schlußfolgerung: die einzige Schlußfolgerung, d. h., es kann nur eine Antwort geben.

Der Syllogismus war für die Rationalisten *der* Weg zur Gewißheit. Guillen erklärt: »Es gibt wohl nur wenige Leute, die nicht Gewißheit dem Zweifel vorziehen, aber wohl noch weniger, denen dies tatsächlich gelingt. Es ist, als wäre Gewißheit ein vergrabener Schatz, und wir, die wir uns so sehr danach sehnen, müßten erst eine Karte finden, die uns zu der Stelle führt. Um 300 v. Chr. glaubten die Mathematiker, sie hätten mit den Leitprinzipien der aristotelischen Logik einen solchen Plan gefunden. Euklid folgte diesen Prinzipien, als er die Lehrsätze der Geometrie (Lehre von den Formen) bewies, die 2000 Jahre lang als das Modell von Gewißheit gerühmt wurden.«[52]

Der Syllogismus ist eine dreigliedrige Argumentation. Er umfaßt: 1) Obersatz *(Major)*, 2) Untersatz *(Minor)* und 3) eine Schlußfolgerung *(Medius)*. Pospesel erklärt: »Eine Beweisführung ist eine Reihe von Behauptungen, von denen die eine (die Folgerung) sich aus den beiden anderen (den Prämissen) ergeben sollte. Es gibt zwei Arten von Syllogismen – deduktive und induktive.«[53]

Deduktive Syllogismen

Die meisten Leser kennen vermutlich den berühmten Syllogismus über Sokrates. Zunächst die erste Prämisse, der Obersatz: *Alle Menschen sind sterblich.* Zweitens die andere Prämisse: *Sokrates ist ein Mensch,* und drittens die Schlußfolgerung: *Sokrates ist sterblich!* Diese Schlußfolgerung ist zwingend; sie ist absolut notwendig.

»Ist Sokrates' Sterblichkeit eine Eigenschaft von Sokrates?« fragt Foerster. »Wohl kaum. Sie ist eine Eigenschaft des Syllogismus.« Sobald wir erklären, alle Menschen seien sterblich, und Sokrates als Menschen definieren, zwingt uns die Struktur des Syllogismus, daraus Sokrates' Sterblichkeit abzuleiten. Diese Folgerung ist eine logische Notwendigkeit des Syllogismus, nicht eine notwendige Tatsache hinsichtlich Sokrates'. Ein Konstruktivist würde natürlich argumentieren, daß dies keine allzu große Überraschung sei. Was ist denn ein Syllogismus anderes als ein Hilfsmittel der Logik, das wir uns konstruieren?

Genauso wie die Sprache uns narrt, indem sie uns glauben läßt, daß ein Tonband Töne hat, führt uns auch der Syllogismus in die Irre, so daß wir die Eigenschaften des Beobachters dem beobachteten System zuschreiben. Wir erfinden unbewußt diese Eigenschaften, und zwar mit Hilfe der Logik, und glauben dann, daß wir sie in den Systemen, die wir beobachten, entdecken.

Foerster: »Erlauben Sie mir, Ihre Aufmerksamkeit auf folgende Punkte zu lenken; wir beginnen mit der ersten Prämisse: Alle Menschen sind sterblich. Das bedeutet, daß alle Menschen sterben werden. Ist das eine absolute Tatsache? Es ist nichts weiter als eine Annahme. Offensichtlich keine schlechte, aber eben doch eine Annahme. Es gibt jedoch etliches, das damit nicht in Einklang zu bringen ist. Sehen Sie sich doch einmal um. Wir sitzen hier – und zwar ziemlich lebendig. Wer von uns weiß denn, daß alle Menschen sterben müssen? Ich habe keine Ahnung! Wenn Sie diese Behauptung vom Standpunkt der Wahrscheinlichkeitslehre her betrachten, könnten wir folgendermaßen argumentieren: Ungefähr 80 Milliarden Menschen haben bisher auf dieser Erde gelebt. Und im Augenblick leben auf diesem Planeten circa 5 Milliarden Menschen, so daß eine Wahrscheinlichkeit von etwa 6 Prozent besteht, daß Sie unsterblich sind. Angenommen, wir alle sterben, wer wird dann berichten, daß alle Menschen sterblich sind? Die ganze Behauptung ist also absurd.

Wir müssen uns diese logischen Tricks und die Wörter, die in diesen Behauptungen vorkommen, etwas genauer ansehen. Wir beginnen mit der ersten Prämisse, dem Obersatz, ›Alle Menschen sind sterblich‹, ohne Berücksichtigung des Sinngehalts, so als wäre diese Behauptung eine universale Wahrheit. Man könnte diesen Syllogismus auch präziser formulieren: *Wenn* alle Menschen sterblich sind, und *wenn* Sokrates ein Mensch ist, dann könnte Sokrates sterblich *sein*. Sehen Sie, was geschehen ist? Irgend etwas ist verschwunden. Man nennt es Gewißheit!«

Syllogismen durchziehen das gesamte alltägliche Denken. Wenn wir diesen Prozeß verdichten, ist die syllogistische Denkweise kaum mehr zu erkennen. Beispielsweise stellt auf einer Cocktailparty der eine Ehepartner den anderen zur Rede, daß er sich unmöglich benehme. Der so Beschuldigte sagt: »Tut mir leid, ich habe wohl zuviel getrunken.« Wenn man diese Feststellung auf die volle syllogistische Form ausweitet, sieht das so aus: 1) Obersatz – Leute, die betrunken sind, meinen nicht, was sie sagen; 2) Untersatz – »Ich habe zuviel getrunken«; 3) Folgerung – »Folglich habe ich nicht gemeint, was ich gesagt habe!«

Hier noch zwei weitere Beispiele aus Howard Pospesels äußerst vergnüglichem Buch über Logik[54]. Das erste: »Ein Freund von mir litt unter Ohrensausen und unterzog sich bei einem Neurochirurgen einigen Untersuchungen. Als sie sich zusammensetzten, um die Ergebnisse zu besprechen, lief folgende Unterhaltung ab: ›David, Sie haben einen gutartigen Tumor im Innenohr. Man bezeichnet das als Neurom.‹ David: ›Wieso sind Sie sich so sicher, daß es gutartig ist?‹ Arzt: ›Neurome im Ohr sind immer gutartig.‹«

Um zu demonstrieren, wie häufig wir uns dieses logischen Verfahrens bedienen, bringt Pospesel noch ein weiteres, etwas prosaischeres Beispiel. In der University of Miami Library sind in jedem Stockwerk Waschräume. In den Etagen mit ungeraden Zahlen befinden sich die Herrentoiletten, in den Stockwerken mit den geraden Zahlen die Damentoiletten. Er berichtet: »Neulich ging ich etwas geistesabwesend in einen solchen Waschraum; plötzlich überkam mich eine fast krankhafte Angst, daß ich in der falschen Toilette sei. Diese Angst verschwand augenblicklich, als ich ein Urinal sah.«[55]

Das ist ein weiteres Beispiel für die Komprimierung eines logischen Syllogismus. Wenn man den Gedankengang von Pospesel formalisiert, sieht das so aus: »Alle Waschräume mit Urinal sind Herrentoiletten. In diesem Waschraum ist ein Urinal. Folglich ist es eine Herrentoilette.« Was für ein Glück, daß er nicht in einem Studentenwohnheim der Stanford University war, denn dort gibt es Waschräume, die von männlichen und weiblichen Studenten benutzt werden!

Induktive Syllogismen

Der induktive Syllogismus ist die Grundvoraussetzung der Naturwissenschaften. Beim induktiven Denken leiten wir einen allgemeingültigen Satz aus dem ab, was wir von Einzelfällen wissen. Zum Beispiel: Sokrates ist ein Mensch. Sokrates ist sterblich (denn er ist ja in der Tat gestorben!); folglich sind *alle* Menschen sterblich. »Das klingt ausgesprochen unsinnig«, meint Foerster. »Wie kann man nur so denken? Aber genau das tun wir, wenn wir induktive Schlußfolgerungen ziehen. Stellen Sie sich einmal eine induktive Folgerung in ihrer abstraktesten Formulierung vor: Man untersucht etwas (einen Vorgang oder einen Gegenstand) und stellt fest, daß in jedem speziellen Einzelfall zwei Eigenschaften gegeben sind – E_1 und E_2. Dann sagt man voraus, daß in allen zukünftigen Fällen, wenn man E_1 vorfindet, auch E_2 vorhanden ist.«

Sie sagen beispielsweise voraus, daß Ihr Bus pünktlich ankommen wird, weil er in den beiden letzten Monaten nie Verspätung hatte, oder daß Ihr Wagen anspringen wird, weil er neu ist und beim Anlassen noch nie irgendwelche Schwierigkeiten gemacht hat. Aber irgendwann einmal werden Sie nicht recht behalten. Induktive Syllogismen funktionieren nur bis zu einem bestimmten Punkt. Bei induktiven Folgerungen unterlaufen Fehler, weil die logische Struktur als solche fehlbar ist. David Hume, der den Glauben an eine Gewißheit in Frage stellte, hob diesen Punkt dramatisch hervor, als er argumentierte, die Tatsache, daß die Sonne bis jetzt noch jeden Morgen aufgegangen sei, berechtige uns nicht zu der Annahme, daß sie »notwendigerweise« auch am nächsten Tag aufgehen werde. Folgerichtig behauptet Foerster, daß *Notwendigkeit* und *Zufall* Eigenschaften der logischen Verfahren des Beobachters sind – und nicht des Systems, das er beobachtet. Notwendigkeit und Zufall ergeben sich aus den Regeln unseres Denkens. Zusammengefaßt:

1. NOTWENDIGKEIT → ergibt sich aus der Fähigkeit, unfehlbar zu deduzieren.
2. ZUFALL → ergibt sich aus der Unfähigkeit, unfehlbar zu induzieren.

Paradox und Selbstbezüglichkeit

Ein Paradox ist eine Behauptung, die falsch ist, wenn sie wahr ist, und die wahr ist, wenn sie falsch ist. Paradoxe können dann zustande kommen, wenn eine Feststellung sich auf sich selbst bezieht. Beispiele: 1) »Diese Behauptung ist falsch.« 2) »Ich lüge.« 3) »Bitte ignorieren Sie diese Bemerkung.« 4) »Es ist verboten, etwas zu verbieten.«

Alle diese Feststellungen kommentieren sich selber. In dem Augenblick, wenn Sie eine selbstbezügliche Feststellung machen, werden die Logiker sofort protestieren: »Das können Sie nicht machen!« – »Aber warum denn nicht?« fragen Sie dann vielleicht. Der Logiker: »Weil selbstbezügliche Behauptungen zu Paradoxen führen. Sie passen nicht in logische Systeme!«

Was hat der Logiker eigentlich gegen das Paradox? Die Antwort ist sehr einfach. Logiker arbeiten mit erklärenden Feststellungen, die man als Behauptungen bezeichnet. Vor mehr als 2000 Jahren lehrte Aristoteles, daß eine Behauptung, die sinnvoll sein soll, *entweder falsch oder wahr sein muß*. Jede Behauptung muß diese Bedingung erfüllen, wenn sie in eine wissenschaftliche Doktrin aufgenommen werden soll. Wenn das nicht der Fall ist, dann ist sie inakzeptabel. Ein Paradox macht es unmöglich, den Wahrheitsgehalt einer Behauptung einzuschätzen. Paradoxe Feststellungen sind weder wahr noch falsch.

Sie dürfen jedoch nicht glauben, daß dieser Widerstand gegen das Paradox nur bei den Philosophen anzutreffen ist. Wissenschaftler arbeiten mit Behauptungen, um etwas wissenschaftlich zu erklären. Wissenschaft und Philosophie haben also beide eine Abneigung gegen Paradoxe.

Die etymologischen Wurzeln des Wortes Paradox

Das Wort paradox hat zwei griechische Wurzeln: *Para* bedeutet »außerhalb« und *doxein* »verweisen auf, zeigen, lehren«. Paradox bedeutet also »außerhalb der Lehre«. »Orthodox« (abgeleitet von der griechischen Wurzel *ortho*, was »gerade« oder »richtig« heißt) bedeutet: richtige Lehre oder »innerhalb der Lehre«. Für Tausende von Jahren war die orthodoxe Lehre die Aristotelische. Die ersten, die paradoxe Feststellungen machten, stellten Aristoteles' Lehre in Frage.

Foerster beschreibt sehr humorvoll, wie im 6. Jahrhundert v. Chr. ein Kreter nach Athen kam. Als er mit seinem Boot anlegte, verkündete er: »Ich komme von der Insel Kreta, und alle Kreter sind Lügner.« Dieser berühmte Kreter, Epimenides, verunsicherte die aristotelischen Logiker ganz beträchtlich. »Wenn du aus Kreta kommst und sagst, alle Kreter seien Lügner, dann mußt du gelogen haben. Aha! Aber wenn du gelogen hast, dann hast du die Wahrheit gesagt, weil du gesagt hast, daß alle Kreter lügen. Aber wenn du die Wahrheit gesagt hast, dann mußt du gelogen haben.« Die Aristoteliker erledigten dieses heikle Problem schließlich, indem sie es ignorierten.

Als später das Christentum »Die Lehre« repräsentierte, galt alles, was außerhalb ihrer Doktrin gelehrt wurde, als paradox; diejenigen, die diese Lehre ablehnten, wurden als paradox bezeichnet. An der Wende vom 1. zum 2. Jahrtausend wurde jedoch Aristoteles wiederentdeckt, und erneut hielten Philosophen und Logiker seine Schriften für »Die Lehre«. So erhielt der Terminus paradox seine ursprüngliche Bedeutung zurück. Leute, die in aller Öffentlichkeit Ideen vertraten, die nicht im Rahmen der kirchlichen Doktrin lagen, erhielten einen neuen Namen: Häretiker. Die griechische Wurzel von Häretiker ist *heiresis*, was »Wahlfreiheit« bedeutet. Genau dies verbot die Kirche. Diejenigen, die darauf bestanden, selbst zu wählen, wurden auf dem Scheiterhaufen verbrannt.

Das Paradox des Barbiers

Die Geschichte von dem Barbier verdeutlicht, wie ein Paradox funktioniert. Wie alle Paradoxe enthält sie eine Behauptung, die wahr ist, wenn sie falsch ist, und die falsch ist, wenn sie wahr ist. Die Geschichte lautet so:

In einem kleinen Dorf lebt ein Barbier, der all jene Dorfbewohner rasiert, die sich nicht selber rasieren. Wenn man in diesem Dorf wohnt und sich nicht selber rasiert, dann rasiert einen der Barbier. Wenn man sich selbst rasiert, dann rasiert einen der Barbier natürlich nicht.

Und jetzt kommt die Frage, die zu einem Paradox führt: Soll der Barbier sich selber rasieren? Das logische Vorgehen, um diese Frage zu beantworten, könnte etwa folgendermaßen aussehen: Wenn der Barbier sich selber rasieren soll, wäre er ein »Selbst-Rasierer«, der zu der Klasse gehört, die als »Selbstrasierer« bezeichnet wird. Wenn das der Fall wäre, dann sollte er sich aber *nicht* selber rasieren, da er nur Leute rasiert, die sich *nicht* selber rasieren. Aber wenn er sich nicht selber rasiert, ist er kein Selbstrasierer und müßte sich daher selber rasieren!

Die Folgerung unseres syllogistischen Denkens oszilliert hin und her, während wir versuchen, uns durch das Paradox hindurchzukämpfen. In den vergangenen 2000 Jahren hat das Paradox den Logikern und Philosophen ziemliche Kopfschmerzen bereitet. Für die Aristoteliker stand fest, daß eine sinnvolle Behauptung entweder wahr oder falsch sein muß. Das Paradox widersetzt sich dieser Regel. Was nun? Der Philosoph Bertrand Russell fand mit seiner *Theory of Logical Types* eine interessante Lösung dieses Problems.

Bertrand Russell und das Paradox

Bertrand Russell begann sich mit dem Paradox auseinanderzusetzen, als er in den Schriften von Gottlob Frege auf ein Paradox stieß. Guillen[56] berichtet: »... Ende des 19. Jahrhunderts machten sich die Mathematiker *en masse* daran, auf dem Gebiet der Arithmetik das zu leisten, was Euklid für die Geometrie gelungen war. Man wollte den Wirrwarr arithmetischer Ergebnisse, die man im Verlauf der Jahrhunderte zusammengetragen hatte, ordnen und in einer Art logischem System neu formulieren.« Viele Mathematiker, die alle beteuerten, daß sie dem deduktiven Denken vertrauten, machten sich also ans Werk, aber Gottlob Frege war der erste, der verkündete, er habe es geschafft. Guillen fährt fort: »Er hatte von 1893 bis 1902 daran gearbeitet, aus einigen wenigen Grundannahmen Hunderte von Theoremen der Arithmetik abzuleiten, und das greifbare Ergebnis war eine imposante, zweibändige Abhandlung mit dem Titel *Die Grundgesetze der Arithmetik*. Man kann seine Annahmen – wie die Euklids – in Frage stellen, aber seine Folgerungen hat er gemäß den Regeln des deduktiven Denkens gezogen, die mit denen Aristoteles' übereinstimmten, auch wenn er – formal gesehen – etwas anders vorging.«[57]

Frege wollte gerade den zweiten Band seines Werkes veröffentlichen, als Russell im ersten Band ein Paradox entdeckte, das dem Paradox in der Geschichte mit dem Barbier entsprach. Russells Paradox bezieht sich auf logische Klassen und die logischen Elemente, die in diesen Klassen enthalten sein können. Eine Klasse ist eine logische Zusammenfassung von Objekten, denen eine bestimmte Eigenschaft gemeinsam ist. Wenn man eine Klasse: »Bücher« definiert – alle Bücher in der Vergangenheit, der Gegenwart und der Zukunft –, kann man alle Objekte im Universum vom Logischen her in zwei Klassen unterteilen: solche, die zur Klasse der Bücher gehören, und solche, die nicht dazugehören. Wenn wir eine selbstbezügliche Feststellung zulassen, indem wir fragen, ob diese Klasse ein Buch ist, ergibt sich kein Paradox. Die Klasse der Bücher ist keineswegs selbst ein Buch.

Wenn in einer Behauptung festgestellt wird, daß ein Objekt zu einer bestimmten Klasse gehört und gleichzeitig nicht zu ihr gehört, dann ist das ganz einfach ein Widerspruch. Gemäß den Regeln der aristotelischen Logik würde man diese Behauptung entweder überprüfen und revidieren, um den Widerspruch zu beseitigen, oder aber man würde sie verwerfen.

Wir können aber eine Klasse (oder Menge) auch auf der nächsthöheren logischen Ebene diskutieren. Wenn wir Aussagen (Behauptungen) über die Klassen und nicht über ihre einzelnen Bestandteile treffen, dann können wir von der Klasse der Ideen sprechen und dann fragen, ob unsere Klasse von Büchern dazugehört. Auch in diesem Fall teilt sich unser konstruiertes logisches Universum in zwei Gruppen. Eine Klasse von Ideen ist selber eine Idee; folglich kann sie sich selbst angehören. Daran ist nichts Paradoxes. Wiederum entsteht, wenn wir die Klasse hinsichtlich der Zugehörigkeit zu sich selbst betrachten – also eine Selbstbezüglichkeit herstellen –, kein Paradox.

Auf der dritten Ebene der Abstraktion, einer Klasse von Klassen, wird das Ganze jedoch schon etwas schwieriger. Wenn wir sagen, daß S die Klasse all jener Klassen repräsentiert, die ein Teil ihrer selbst sind, stellt sich die Frage: Wie klassifizieren wir S? Gehört S sich selber an? Ja, sie ist ein Teil ihrer selbst. Auch diesmal hat sich also kein Paradox ergeben; wir haben nicht gegen die Regeln der Logik verstoßen, indem wir eine rückbezügliche Feststellung, d. h. einen Bezug der Klasse auf sich selbst, zugelassen haben.

Jetzt müssen wir für die andere Hälfte des Universums die gleichen Fragen stellen, nämlich für NS, die Klasse all derjenigen Klassen, die nicht sich selbst zuzuordnen sind. Und genau an dieser Stelle ist Russell auf sein Paradox gestoßen. Wenn NS *nicht* zu sich selbst gehört, dann gehört es zu »der Klasse jener Klassen, die NICHT Teil ihrer selbst sind«. Das bedeutet aber, daß sie *ein Teil der Klassen ist, die sehr wohl* sich selbst zuzuordnen sind.

Wenden wir uns wieder unserer Geschichte zu. Russell schrieb also einen kurzen Brief an Frege, in dem er im wesentlichen folgendes sagte: »Lieber Herr Frege, ich habe in ihrem mengentheoretischen Ansatz ein Paradox entdeckt. Überdenken Sie doch noch einmal die Menge aller Mengen, die sich nicht selbst als Element enthalten.« Frege erhielt den Brief, als gerade der zweite Band seines Werkes in den Satz ging. Nachdem er hin und her überlegt hatte, wartete er mit einer phantastischen Lösung auf.

Er veröffentlichte den zweiten Band wie geplant – einschließlich Russells Brief. Guillen schreibt: »In einem Postskriptum zu seinem zweiten Band gesteht Frege niedergeschlagen ein: ›Einem Wissenschaftler kann wohl kaum etwas Unangenehmeres passieren, als daß er die Grundlagen seines Denkens genau in dem Augenblick anzweifeln muß, da er seine Arbeit abgeschlossen hat. In diese mißliche Lage geriet ich durch einen Brief von Mr. Russell, den ich erhielt, als das Buch schon fast fertig gedruckt war.‹«[58] Frege löste das Problem, indem er den Vorschlag machte, daß nun eben die nächste Generation von Logikern das Problem des Paradoxes lösen müsse.

Es war durchaus keine Überraschung, daß Russell selbst diese Frage lösen wollte. Seine Autobiographie enthält einen faszinierenden Bericht darüber. Russell schreibt:

»Zunächst glaubte ich, daß es ziemlich einfach sein würde, den Widerspruch aufzulösen, und daß es sich vielleicht nur um einen kleinen Denkfehler handelte. Allmählich wurde mir jedoch klar, daß das nicht der Fall war. Burali-Forti hatte mittlerweile einen ähnlichen Widerspruch entdeckt, und bei einer logischen Analyse stellte sich heraus, daß eine Ähnlichkeit mit dem alten griechischen Widerspruch bei dem Kreter Epimenides bestand, der behauptet hatte, alle Kreter seien Lügner. Es schien nicht gerade das Angemessenste für einen erwachsenen Mann zu sein, seine Zeit auf solche Belanglosigkeiten zu verschwenden, aber was sollte ich tun? Irgend etwas konnte da nicht stimmen, wenn derlei Widersprüche unvermeidlich waren, sobald man von ganz gewöhnlichen Prämissen ausging. Ob belanglos oder nicht – das Ganze war eine Herausforderung. In der zweiten Hälfte des Jahres 1901 dachte ich noch, daß die Lösung einfach sein würde, aber gegen Ende des Jahres kam ich zu dem Schluß, daß es ein reichlich schwieriges Unterfangen war.«[59]

In den Jahren 1903 und 1904 lebte Russell auf dem Lande. Jeden Morgen ging er zu seinem Schreibtisch und setzte sich hin, vor sich ein unbeschriebenes Blatt Papier; bis mittags schrieb er nichts. Nach dem Mittagessen machte er das gleiche wieder, und so ging das den ganzen Sommer 1903 und das Jahr 1904 hindurch. Es war ihm klar, daß er, einer der klügsten Köpfe in England, nicht in der Lage war, eines der lächerlichsten Probleme der Logik zu lösen. Aber Russell weigerte sich, aufzugeben.[60]

Anfang 1905 glaubt Russell, die Lösung seines Problems gefunden zu haben, nämlich die »Theorie der logischen Typen«. Seine Schlußfolgerung lautete im wesentlichen folgendermaßen: »Die Lösung des Problems ist ganz einfach – ICH WERDE ES NICHT ZULASSEN. ICH VERBIETE ES. Eine Menge kann man nicht als eines ihrer eigenen Elemente betrachten! Folglich sind in einem logischen Diskurs selbstbezügliche Feststellungen nicht zulässig. Kurz gesagt: Eine Menge kann nie Bestandteil dieser Menge sein.«

Diese Theorie der logischen Typen sollte unsinnige, paradoxe Aussagen vermeiden helfen. Watzlawick, Fisch und Weakland meinen dazu: »Beispiele dafür lassen sich leicht finden. So ist die Menschheit die Klasse aller Individuen, ist aber nicht selbst ein Individuum, und es wäre offensichtlich Unsinn, vom einen in Begriffen des anderen zu sprechen.«[61] Eine logische Typisierung soll sich mit diesen Problemen so auseinandersetzen, daß sie fordert, die Ebenen, auf denen wir von bestimmten Phänomenen sprechen, strikt auseinanderhalten. Wenn wir uns der Sprache bedienen wollen, um über Sprache zu reden, müssen wir eine Meta-Sprache verwenden. Und *wenn* wir über Meta-Sprache reden wollen, brauchen wir eine Meta-Meta-Sprache.

Während auf der einen – positiven – Seite die logische Typisierung gewisse Formen sprachlichen Unsinns und Verwirrung verhindert, schafft sie andererseits Probleme, wenn wir den Beobachter verstehen wollen. Sie untermauert das wissenschaftliche Prinzip der Objektivität, indem sie den Beobachter und seine Beobachtungen voneinander trennt! Der Beobachter darf sich selbst nicht in seine Beobachtungen mit einbeziehen. Es wird ihm also verwehrt, selbstbezügliche Feststellungen zu treffen.

Wenn wir Russells Lösung auf das »Barbier-Paradox« anwenden, würde dies folgendermaßen aussehen: Der Barbier darf gar nicht erst die Frage stellen, ob er sich selber rasieren kann, weil diese Frage selbstbezüglich ist! Und damit verstößt sie gegen Russells Regel, wonach man Klassen und deren Elemente nicht durcheinanderbringen darf. Foerster kommentiert: »Aber schließlich und endlich, meine Damen und Herren, hat ja Mr. Bertrand Russell diese Regeln aufgestellt. Es ist sein System der Logik. Und, wie Sie alle wissen, ist Selbstbezüglichkeit ein weit verbreitetes Phänomen. Muß also, nur weil Mr. Russell diese Regeln erfunden hat, dies bedeuten, daß wir es unter keinen Umständen zulassen dürfen, daß jemand sich mit seiner oder ihrer Erfahrung auseinandersetzt? Müssen das beobachtete System und das beobachtende System immer voneinander verschieden sein? Wenn wir zwei Beobachtungssysteme, d. h. zwei menschliche Wesen haben, wie sollen wir dann entscheiden, wer in bezug auf wen das ›Meta-System‹ ist?«

Wie Keenly sehr treffend bemerkt, wäre unsere Erfahrungswelt sehr eingeschränkt und würde zu keinerlei neuen Erkenntnissen führen, wenn wir uns immer Russells Theorie der Typen beugen würden. Bateson, Köstler, Fry, Wynne und andere haben gezeigt, daß Witz, Poesie, Lernen und Kreativität nur möglich sind, wenn *logisch unzulässige Typisierungen* durchgeführt, d. h., wenn verschiedene Ebenen miteinander vermengt werden.[62]

Selbstbezüglichkeit ist ein spezieller Fall eines allgemeineren Begriffs, nämlich der Rückbezüglichkeit. Dieser Begriff ist von zentraler Bedeutung für Foersters Verständnis des Beobachters. ».... die Organisation sensorisch-motorischer Interaktionen und von Interaktionen bei den zentralen Prozessen – nämlich: Gehirnrinde-Kleinhirn-Wirbelsäule; Gehirnrinde-Zwischenhirn-Wirbelsäule etc. – ist zirkulär. In anderen Worten: sie sind rückbezüglich. Die Rückbezüglichkeit wird für uns in dem Augenblick interessant, wenn Veränderungen in den Empfindungen eines lebendigen Wesens sich in seinen Bewegungen ausdrücken, bzw. wenn seine Bewegungen in seine Empfindungen einbezogen werden.« Wie wir in den folgenden Kapiteln noch sehen werden, arbeitet Foerster mit dem rückbezüglichen Errechnen (Komputation), d. h. der Errechnung der Errechnung, um die Wahrnehmung verstehen zu können.

Kausalität

Unsere bevorzugte Methode der Erklärung ist die Kausalität. Im Verlauf der letzten 300 Jahre – eine Ära, die gekennzeichnet war durch eine Überbetonung der klassischen Wissenschaft – fixierte die westliche Zivilisation sich in zunehmendem Maße auf den ausschließlichen Gebrauch der effizienten Kausalität, d. h. auf eine Art der Erklärung, bei der die Ursache der Wirkung *vorausgeht*. Obwohl dies nur eine von verschiedenen Möglichkeiten der Ursächlichkeit ist, hat ihre Tauglichkeit in der klassischen Physik dazu geführt, daß wir sie als unser einziges Erklärungsmodell betrachten. Es passiert oft, daß wir die beobachteten Phänomene nicht verstehen, wenn wir keine effizienten kausalen Erklärungen dafür haben. Beispielsweise schreibt der Anthropologe Carlos Castaneda[63] in seinem Bericht über seine Erfahrungen mit seinem Lehrer Don Juan, daß er und Don Juan oft gemeinsame Spaziergänge unternommen hätten; dabei hätte Don Juan ihn wiederholt auf Dinge hingewiesen, die Carlos sich näher ansehen sollte. »Sieh das an«, oder »Siehst du das?« – aber Carlos konnte es nicht sehen. Verärgert fragte Don Juan schließlich: »Warum schaust du denn nicht hin?« Carlos erwiderte: »Ich schaue ja hin, aber ich kann es nicht sehen.« Schließlich und endlich erkannte Don Juan, wo die Schwierigkeit lag. »Aha«, meinte er, »jetzt verstehe ich. Du siehst nur Dinge, die du erklären kannst. Wenn du etwas nicht erklären kannst, kannst du es auch nicht sehen. Du bist blind für alles, was du nicht erklären kannst.«

Wir schlüpfen unbewußt in eine logische Zwangsjacke, wenn wir zulassen, daß die effiziente Kausalität alle unsere Erklärungsschemata bestimmt. Ein Gegenmittel wäre vielleicht, daß man versucht, die Struktur kausaler Erklärungen und die anderen Möglichkeiten ursächlicher Erklärungen, derer wir uns bedienen können, zu verstehen.

Die triadische Struktur der Kausalität

Wir arbeiten mit kausalen Erklärungen, um Veränderungen, die wir beobachten, zu erklären. Wir beobachten beispielsweise, wie Objekte ihre Position im Raum ändern oder wie chemische Veränderungen stattfinden, wenn sich etwa die Farbe einer Flüssigkeit verändert oder Wasser zu Dampf wird. Wir können Veränderungen auch in Form einer Entwicklung beobachten, etwa wie ein Schößling zu einem Baum heranwächst oder das Kind sich zu einer Persönlichkeit entwickelt.

Eine kausale Erklärung umfaßt dreierlei: eine Ursache, eine Wirkung und eine Regel der Transformation, die man auch als Naturgesetz oder Prinzip bezeichnen könnte.

Betrachten Sie einmal das folgende Beispiel: Ich halte ein Stück Kreide in der Hand. Dann strecke ich meine Finger aus, und die Kreide fällt zu Boden. Ein Physiker, der mir zugesehen hat, wie ich die Kreide fallen ließ, würde wahrscheinlich sagen: »Wir haben hier ein deutliches Beispiel für effiziente Kausalität vor uns, d. h. den Fall, daß die Ursache der Wirkung vorausgeht. Ich zähle die Hauptelemente dieser triadischen Beziehung auf: Die Wirkung – die Kreide ist zu Boden gefallen. Die Ursache – Lynn Segal hat seine Finger ausgestreckt. Die Regel der Transformierung – Schwerkraft!«

Die Populärpsychologie liefert ein weiteres Beispiel für Kausalität. Ein Mann wird von seinem Chef zu Unrecht gerügt; um seinen Job nicht zu verlieren, sagt der Mann nichts, obwohl er innerlich vor Zorn kocht. Diesen Vorfall bezeichnen wir als »die Ursache«. Unser Angestellter kommt abends nach Hause und brüllt ohne ersichtlichen Grund seine Frau und seine Kinder an. Das bezeichnen wir als »die Wirkung«. Wie läßt sich das nun erklären? Der Psychotherapeut würde sagen, daß der Mann die Wut, die er auf seinen Chef hatte, auf seine Frau – eine weit weniger riskante Zielscheibe – überträgt. Folglich ist die Verlagerung von Aggression die *Regel der Transformation*.

Hier ein paar gängige Schlagworte aus der Psychologie, die Psychotherapeuten wie auch Laien als Regeln der Transformation ansehen, wenn sie menschliches Verhalten effizient-kausal erklären wollen: schwach ausgeprägtes Selbstwertgefühl, geringes Selbstvertrauen, mangelndes Vertrauen, aggressive Persönlichkeit, Angst vor Versagen oder der altbewährte (?) Ödipus-Komplex. Beachten Sie, daß alle diese Begriffe eine nicht umkehrbare, eine effiziente Kausalität ausdrücken.

Aristoteles und die Kausalität

Aristoteles war einer der ersten Philosophen, die sich mit Kausalität befaßten. Im VIII. Band seiner *Metaphysik* schreibt er:

> *Ursache* heißt: [1] der Bestandteil einer Sache, aus dem sie entsteht (z. B. das Erz bei der Bildsäule und das Silber bei der Schale), und die Gattungen, zu denen diese Bestandteile gehören; [2] die Gestalt und damit das Urbild (dies ist der Begriff des jeweils zugehörigen Seins) und die Gattungen, zu denen sie gehören (z. B. für die Oktave die Proportion 2:1 und allgemein die Zahl), und die Teile, die im Begriff enthalten sind; [3] das Woher des ersten Anfangs der Veränderung oder der Ruhe (z. B. ist der Ratgeber Ursache, ist auch der Vater Ursache des Kindes und allgemein das Hervorbringende Ursache des Hervorgebrachten und das Verändernde Ursache des Veränderten); [4] das Endziel, d. h. das Weswegen. Zum Beispiel ist die Gesundheit Ursache für das Spazierengehen; denn auf die Frage, warum jemand spazierengehe, antworten wir: damit er gesund werde, und glauben mit die-

ser Antwort die Ursache angegeben zu haben. Dasselbe gilt von allem, was – nachdem etwas anderes den Anstoß zur Bewegung gegeben hat – noch als Mittel zum Endziel auftritt: z. B. sind Ursachen für die Gesundheit auch die Entfettung, die Reinigung, die Arzneien und die ärztlichen Werkzeuge; all dies ist wegen des Endzieles da, unterscheidet sich voneinander aber dadurch, daß es sich teilweise um Werkzeuge und teilweise um Bewirkungen handelt.

In so vielen Bedeutungen etwa spricht man also von Ursache. Da man dies aber tut, so folgt daraus, daß es für ein Identisches mehrere Ursachen gibt, und zwar nicht nur hinzugekommenerweise: z. B. ist für die Bildsäule sowohl die Bildhauerkunst wie das Erz Ursache, und zwar beides in keiner anderen Hinsicht als eben in Hinsicht darauf, daß sie Bildsäule ist, wenn auch jedes in einem anderen Sinne: das eine im Sinne eines Stoffs, das andere im Sinne des Woher der Bewegung. Manche Dinge sind auch wechselseitig Ursachen: z. B. die Arbeit für das Wohlbefinden und das Wohlbefinden für die Arbeit – allerdings nicht beides in demselben Sinne, vielmehr das eine im Sinne eines Endziels, das andere im Sinne der Quelle der Bewegung. Andererseits ist auch ein Identisches zuweilen Ursache von Gegenteilen; denn wenn etwas, sofern es anwesend ist, Ursache für »Dieses« ist, so schreiben wir ihm, sofern es abwesend ist, bisweilen das Gegenteil zu: wir erachten z. B. als Ursache für den Schiffbruch die Abwesenheit des Steuermanns, weil dessen Anwesenheit Ursache für die Erhaltung des Schiffes gewesen wäre; beides aber – die Anwesenheit wie ihre Privation – sind bewegende Ursachen.[64]

Die klassische Wissenschaft hat mit ihrer Betonung der quantitativen Analyse Aristoteles' weitgefaßten Begriff der Kausalität auf die effiziente Ursache reduziert. Rapoport merkt hierzu an: »In aristotelischen Begriffen ausgedrückt, führt dies dazu, daß man ›die finalen Ursachen, die von vorne, vom Ziel her kommen, ignoriert‹, zugunsten ›der effizienten Ursachen, die von hinten her wirken‹.«[65]

Anmerkungen zur finalen Kausalität

Um eine finale Ursache handelt es sich immer dann, wenn die Wirkung der Ursache *vorausgeht*. Die Kybernetiker, die zielgerichtetes Handeln untersuchen, arbeiten vor allem mit der finalen Kausalität.

Sie denken jetzt vielleicht: »Was soll denn das? Wie kann die Wirkung der Ursache vorausgehen?« Foerster erklärt das an folgendem Beispiel: »Nun, damit ich um 9 Uhr hier bin, muß ich um 7.20 Uhr in Pescadero losfahren. Die Wirkung, nämlich daß ich um 7.20 Uhr das Haus verlasse, war verursacht durch meinen Wunsch, um 9 Uhr hier bei Ihnen zu sein. Folglich ist die Wirkung der Ursache vorangegangen.«

Die finale Ursache bietet gewisse Vorteile. Sie macht es überflüssig, den Weg zu berechnen, der notwendig ist, um die gewünschte Wirkung zu erzielen. Man muß nicht alles gleich auf Anhieb richtig machen, sondern hat immer die Möglichkeit, Irrtümer zu korrigieren. Foerster demonstriert das folgendermaßen:

»Ich möchte Mary, der Dame dort in der ersten Reihe, mein Taschentuch geben. Zunächst könnte ich dabei entsprechend der effizienten Kausalität vorgehen und ihr mein Taschentuch *zuwerfen*. Ich müßte folglich die Schubkraft, den Luftwiderstand etc. und die Flugbahn berechnen, denn sobald ich das Taschentuch losgelassen habe, gibt es kein Feedback mehr, keine Möglichkeit, einen Fehler zu korrigieren. [Er wirft das Taschentuch.] Da, sie hat es erwischt. Hervorragend. Aber vergessen Sie nicht, daß ich in dem Augenblick, als ich es losgelassen hatte, nichts weiter tun konnte, als hoffen, daß meine Berechnungen richtig waren.

Es gibt jedoch noch eine andere Möglichkeit; man bezeichnet sie als finale Kausalität, und ich bediene mich ihrer, um sicherzugehen, daß mein Taschentuch auch wirklich bei Mary ankommt. [Er steigt vom Podium herunter und geht durch die Sitzreihen, das Taschentuch in der Hand.] Sie sehen, jetzt brauche ich die Flugbahn nicht zu berechnen. Ich kann mehrere

Wege einschlagen, um zu Mary zu kommen und ihr das Taschentuch zu geben. [Er steht jetzt vor Mary und überreicht ihr sein Taschentuch.] Da mein Verhalten zielgerichtet ist, könnte ich zwischen vielen verschiedenen Wegen wählen. Wenn ich unterwegs auf irgendeine Schwierigkeit stoße, kann ich mich darauf einstellen.«

Malen Sie sich einmal aus, was es bedeuten würde, wenn Fluggesellschaften mit effizienter Kausalität arbeiten würden, um uns zu unserem Bestimmungsort zu bringen. Sie müßten das Ziel avisieren, die Flugbahn berechnen und dann das Flugzeug mit einer Kanone in die Luft katapultieren. Die Aussichten, daß wir unser Ziel erreichen, sind in der Tat ziemlich gering. Finale Kausalität schließt dieses Problem praktisch aus; sie macht es möglich, daß wir unser Ziel fast auf die Minute genau erreichen, denn der Pilot (auf griechisch »Kybernetes«) hat das zukünftige Ziel im Auge und korrigiert jeweils beobachtete Abweichungen.

Foerster kommentiert: »Wann auch immer Sie das Wort ›weil‹ verwenden, sprechen Sie die Sprache der effizienten Kausalität. Wenn Sie hingegen die Worte ›um zu‹ gebrauchen, sprechen Sie die Sprache der finalen Kausalität. Versuchen Sie doch einmal, das Wort ›weil‹ durch ›um zu‹ zu ersetzen. Oder beobachten Sie ganz einfach, unter welchen Umständen Sie welchen Begriff verwenden.

Sie sagen z. B.: ›Tut mir leid, aber ich muß jetzt gehen.‹ Ihr Gesprächspartner fragt: ›Warum mußt du gehen?‹ – ›*Um* Joe *zu* treffen, muß ich jetzt gehen.‹ Das ist ein Beispiel, das die Gebräuchlichkeit, aber auch den Gebrauch der finalen Ursache illustriert: Um später Joe zu treffen (Ursache), gehen Sie jetzt (Folge).«

Zirkuläre Kausalität

Im Verlauf der letzten vierzig Jahre hat die finale Kausalität in wissenschaftlichen Kreisen wieder mehr Bedeutung gewonnen.

Der Grund dafür ist die Entwicklung der Wissenschaft von Information und Kontrolle, der Kybernetik. Sie nimmt einen umfassenderen Standpunkt ein und arbeitet sowohl mit effizienten als auch mit finalen Ursachen, die sie im Begriff des Feedback miteinander kombiniert.

Wenn wir vier Ereignisse haben – a, b, c und d –, können die traditionellen kausalen Argumente zweierlei Form haben: die effiziente Kausalität, wobei a b verursacht, das c verursacht, welches d verursacht; oder aber die finale Kausalität, bei der d – rückwärts wirkend – a verursacht. Die Kybernetik hat gezeigt, daß beide Kausalitäten ins Spiel kommen, wenn d Informationen zu a zurücksendet; Kybernetiker bezeichnen dies als zirkuläre Kausalität: a verursacht b verursacht c verursacht d verursacht a.

Die Kybernetik greift auch die uralte Frage auf: Ist alles im Wandel begriffen oder ist Wandel nur eine Illusion? Die Kybernetik bietet ein Modell der dynamischen Stabilität an. Stabilitätszustände, die man auf der einen Ebene beobachten kann, sind das Ergebnis von Systemveränderungen auf anderen Ebenen. Beispielsweise muß ein Seiltänzer ständig sein Gewicht verlagern (erste Ebene: Veränderung), um sich auf dem Seil halten zu können (zweite Ebene: Stabilität). Der menschliche Körper muß sich beständig verändern, um das chemische Gleichgewicht aufrechtzuerhalten, das notwendig ist, um weiterleben zu können. Dynamische Stabilität beruht auf zirkulärer Kausalität.

Kultur und Kausalität

Foerster erzählt folgende Geschichte, um zu veranschaulichen, wie die jeweilige Kultur und Zivilisation unser Verständnis von Kausalität beeinflussen: »Ich möchte jetzt meine Ausführungen über Kausalität mit ein paar Geschichten beschließen, die zeigen, daß unsere Vorliebe für kausale Erklärungen unser Kulturerbe ist. Viele junge Leute, die sich dem amerikanischen Peacecorps angeschlossen hatten, haben selbst diese Erfahrung gemacht.

Einige meiner jungen Freunde arbeiteten als Lehrer bei den Ibos, einem außergewöhnlich intelligenten Stamm an der Westküste Afrikas. Sie unterrichteten Mathematik und Physik und führten dabei Experimente vor, um den Ibos die *Wahrheiten* der Physik zu demonstrieren. Als die Schüler – alle im Alter von elf bis vierzehn oder fünfzehn – sahen, wie die Lehrer diese Experimente vorführten, waren sie sehr bestürzt. Sie sagten: ›Oh, die Lehrer kennen sich mit ihrem Zeug gar nicht aus. Sie müssen erst Experimente machen, um herauszufinden, wie es sich verhält. Wenn sie sich wirklich auskennen würden, dann würden sie uns einfach etwas über Physik erzählen.‹ In unserer Zivilisation ist das Experiment das Gütesiegel der Wahrheit. Nicht so bei den Ibos: dort ist es die Autorität.«

Er fährt fort:»Meine Frau und ich hatten ein ähnliches Erlebnis mit einem Ibo, als Ignatius, ein junger Student der Agrarwissenschaft, bei uns wohnte. Sie können sich wahrscheinlich den Kulturschock vorstellen, den er erlitt, als er plötzlich in Champaign, Illinois, leben sollte. In jenem ersten September, den er bei uns wohnte, hatte er fürchterliches Heimweh. Sein einziger Trost waren Familienphotos und eine große Schwarzweißphotographie vom Häuptling seines Stammes. Kurz vor den Ferien kamen wir auf die Idee, daß er sich vielleicht über eine Kamera als Weihnachtsgeschenk freuen würde. Er war begeistert. Er besorgte sich Filme und fing an zu photographieren. Ein paar Tage später kam er zu mir und beklagte sich: ›Heinz, ich habe gerade die Bilder abgeholt; die haben mich reingelegt.‹ – ›Reingelegt? Wieso?‹ fragte ich. ›Ich habe einen Farbfilm gekauft, um einige Aufnahmen zu machen, darunter auch ein Bild von unserem Häuptling. Ich habe ein Bild von seinem Bild gemacht. Alle Photos sind etwas geworden, nur das vom Häuptling nicht; es ist schwarzweiß! Aber ich habe doch einen Farbfilm hergenommen. Sein Bild müßte auch in Farbe sein. Die haben mich reingelegt.‹

Ich erklärte: ›Ignatius, das stimmt nicht. Du bist nicht reingelegt worden. Das Bild vom Häuptling wird nie andere Farben haben als schwarz und weiß. Wenn du mit einem Farbfilm ein Bild von einem Schwarzweißphoto machst, dann muß das Bild schwarzweiß werden. – ›Nein‹, erwiderte er. ›Die haben mich reingelegt. Ich habe einen Farbfilm genommen, und das Photo ist schwarzweiß.‹

Ich wußte nicht, was ich sagen sollte. Aber in diesem Augenblick kam, wie der Zufall es wollte, mein Sohn Tommy, ein hervorragender Physiklehrer, ins Zimmer. ›Tommy‹, sagte ich, ›kannst du uns mal helfen?‹ Nachdem ich ihm das Problem geschildert hatte, sagte Tommy: ›Oh, das ist ganz einfach, Ignatius.‹ Und er erklärte ihm die Wechselwirkung von Farbstoffen und Photonen. Als er fertig war, meinte Ignatius: ›Ja, ja, schon gut. Aber, sehen Sie, man hat mich reingelegt! Ich habe Farbfilm verwendet, und das Bild ist schwarzweiß geworden.‹ Vergessen Sie bitte nicht, daß Ignatius durchaus nicht unintelligent war; er war immerhin an der Universität immatrikuliert.

Zum Glück kam gerade in diesem Augenblick ein anderer Gast, John White, ein guter Freund von mir; er hatte als Peacecorps-Volontär in Nigeria gearbeitet. ›John‹, sagte ich, ›kannst du uns vielleicht helfen? Ignatius hat einen Farbfilm gekauft und damit eine Schwarzweißaufnahme photographiert. Er hat dann eine Schwarzweißaufnahme zurückbekommen und glaubt jetzt, daß er hereingelegt worden ist. Kannst du ihm das erklären?‹ John drehte sich zu Ignatius um und sagte mit lauter, gebieterischer Stimme: ›DAS GEHT NICHT!‹ Woraufhin Ignatius erklärte: ›Aha! Jetzt verstehe ich!‹«

Das Konstruieren von Erklärungen

Gregory Bateson verwandte die letzten dreißig Jahre seines Lebens darauf, die zwischenmenschliche Kommunikation zu erforschen; dabei hat er oft beschrieben, wie Sprache den Unterschied zwischen Beschreibungen und Erklärungen verwischt. Gelegentlich präsentiert er seine Ideen in einer Form, die er selbst als »Metalog« bezeichnete – eine fiktive Unterhaltung zwischen einem Vater und seiner Tochter.

Foerster mag Batesons Metalog mit dem Titel »Was ist Instinkt« besonders gerne, und zwar aus zwei Gründen. Erstens weist Bateson hier darauf hin, daß ein Naturgesetz eine Erfindung ist. Zweitens zeigt er, daß eine Hypothese eine Aussage ist, die zwei Klassen von Beschreibungen miteinander verbindet; sie verbindet nicht zwei Arten von Tatsachen miteinander.

Foerster: »Hier haben wir einen Metalog von Bateson, der besonders gut zu unserem Thema paßt: Was ist Instinkt? Bateson beginnt seine Metaloge immer damit, daß die Tochter ihrem Vater eine verzwickte Frage stellt.«

Tochter (T): Daddy, was ist ein Instinkt?
[Foerster (F): Wenn meine Tochter oder mein Sohn mich fragen würden: »Was ist ein Instinkt?«, würde ich natürlich voller Stolz mit irgendeiner Definition aus dem Lexikon aufwarten, beispielsweise: »Ein Instinkt, meine Liebe, ist der angeborene Teil komplexen Verhaltens, der...« Bateson geht jedoch nicht in diese Falle.]
Vater (V): Ein Instinkt, mein Schatz, ist ein erklärendes Prinzip.
[F: Er geht also gar nicht erst auf die inhaltliche Bedeutung ihrer Frage ein, sondern lenkt das Interesse sofort auf die *dialogische* Bedeutung des Gesprächs. Was ist die politische Bedeutung von Sprache? Was passiert, wenn in einem Dialog jemand das *Wort* ›Instinkt‹ verwendet? Welche Auswirkungen hat Sprache auf unser Denken und Verhalten?]
T: Aber was erklärt es?
V: Alles. Zumindest fast alles. Alles, was du erklären willst.
[F: Ich hoffe, Ihnen ist klar, daß etwas, das alles erklärt, gar nichts erklärt. Nun, die Tochter vermutet das ebenfalls. Sie sagt:]
T: Red keinen Unsinn. Es erklärt nicht die Schwerkraft.
V: Nein, aber nur deswegen, weil niemand will, daß es die Schwerkraft erklärt. Wenn man wollte, würde es die Schwer-

kraft erklären! Wir könnten dann ganz einfach sagen, daß der Mond einen Instinkt hat, dessen Stärke im umgekehrten Verhältnis zum Quadrat des Abstandes variiert...
T: Aber das ist doch Unsinn, Daddy.
V: Ja, sicher, aber *du* hast den Instinkt erwähnt, nicht ich.
T: Schon gut – aber was sonst kann dann die Schwerkraft erklären?
V: Nichts, Liebes, weil Schwerkraft ein erklärendes Prinzip ist.
T: Oh, soll das heißen, daß man ein erklärendes Prinzip nicht hernehmen kann, um ein anderes zu erklären? Niemals?
V: Praktisch nie. Das ist es, was Newton meinte, als er sagte: ›Hypotheses non fingo‹.
T: Und was soll das bitte bedeuten?
V: Nun, du weißt doch, was Hypothesen sind. Jede Aussage, die zwei beschreibende Feststellungen miteinander verbindet, ist eine Hypothese. Wenn du *sagst*, daß am 1. Februar Vollmond war und dann wieder am 1. März, und wenn du diese beiden Beobachtungen irgendwie in einen Zusammenhang miteinander bringst, dann ist die Aussage, die sie miteinander verbindet, eine Hypothese.
[Beachten Sie das bitte, meine Damen und Herren. Bateson definiert eine Hypothese als eine Aussage, die zwei ›beschreibende Feststellungen‹ miteinander verbindet. Eine Hypothese verbindet nicht zwei *Tatsachen* miteinander. Er weist also darauf hin, daß wir den Bereich des Deskriptiven näher untersuchen müssen, d. h.: wie wir etwas beschreiben.]
T: Ja. Und jetzt weiter; was ›non‹ bedeutet, das weiß ich. Aber was heißt ›fingo‹?
V: Nun, ›fingo‹ ist das lateinische Wort für ›ich mache‹. Man leitet daraus ein Verbalsubstantiv ab, nämlich ›fictio‹, aus dem wir das Wort ›Fiktion‹ bilden.
T: Daddy, willst du damit sagen, Sir Isaac Newton habe geglaubt, daß alle Hypothesen erfunden werden – wie Geschichten?
V: Ja. Genau das.

T: Hat er denn nicht mit einem Apfel die Schwerkraft entdeckt?
V: Nein, er hat sie *erfunden.*
T: Oh.⁶⁶

Konstruktivisten wie Bateson behaupten, daß sogar etwas anscheinend so Unantastbares wie ein »Naturgesetz« in Frage gestellt werden kann. Foerster weist darauf hin, daß wir den Unterschied zwischen einem *Gesetz* und einem *Naturgesetz* genau beachten sollten. Das eine ist eine gesetzliche Verfügung innerhalb eines sozialen Kontextes; das andere ist ein erklärendes Prinzip. Irrtümlicherweise nehmen wir an, daß beide die gleiche logische Struktur haben. Bei dem »Gesetz-Spiel« gibt es normalerweise drei Gruppen von Mitspielern: die Leute, die die Gesetze machen, die Polizei und die Leute, die die Gesetze befolgen sollen. Wenn man gegen das Gesetz verstößt, kommt man ins Gefängnis. Zumindest sollte das Gesetz so funktionieren. In der Wissenschaft könnten wir sagen, daß die Planeten dem Newtonschen »Gesetz der Schwerkraft« gehorchen. Aber was ist mit diesem niederträchtigen Planeten Merkur? Merkur verstößt gegen Newtons Gravitationsgesetz. Er bewegt sich nicht auf einer Bahn, wie Newton sie vorgeschrieben hätte. Wird Merkur dafür bestraft? Nein. Der, der das Gesetz gemacht hat, Sir Isaac Newton, wird bestraft: an die Stelle seines Gesetzes tritt nun ein anderes, das Albert Einstein aufgestellt hat. Das »Gesetz«, wie es in der Wissenschaft angewandt wird, hat eine ganz andere Funktion als die, die wir mit unserem Gesetzeswesen assoziieren.

Zusammenfassung

In diesem Kapitel haben wir die Beziehungen zwischen Sprache, Denken und unserer Sicht der Realität untersucht. Sprache, die unterhalb der Ebene unseres alltäglichen Bewußtseins operiert, strukturiert unser Denken, indem sie zirkuläre Interaktionsstränge in eingleisige Kausalitätsbeziehungen zerschneidet. Sie nominalisiert Prozesse und verführt uns – ohne daß wir uns dessen bewußt werden – zu gewohnheitsmäßigen Kausalschemata, um die Welt zu erklären. Wenn Paradoxe auftauchen, die an unseren traditionellen Gewohnheiten der Logik und des Denkens rütteln, wollen wir sie beseitigen. Wir sehnen uns nach Gewißheit und halten an dem Glauben fest, daß die Welt mittels einer Wahr-Falsch-Logik verstanden werden kann.

Was aber wäre, wenn – wie Foerster behauptet – Selbstbezüglichkeit tatsächlich der *modus operandi* des menschlichen Organismus wäre? Sollten wir nicht lieber diesen Begriff der Selbstbezüglichkeit beibehalten – und sei es auch nur für kurze Zeit –, um zu sehen, wohin uns das führt? Im folgenden Kapitel will ich Humberto Maturanas System genauer betrachten, das den Beobachter mit seinen Beobachtungen in einen Zusammenhang bringt, indem man sich einer vom Subjekt abhängigen Sprache bedient.

3. Maturana und der Beobachter

Alles, was gesagt wird, sagt ein Beobachter zu einem anderen, der er selbst sein kann.   HUMBERTO MATURANA[67]

Der Beobachter als Ausgangspunkt der Wissenschaft

Der Biologe Humberto Maturana behauptet, daß wissenschaftliche Erklärungen keine »Objekt-Sprache« brauchen: »Wir können Objektivität in Klammern setzen.« Er tritt ausdrücklich dafür ein, daß man Aussagen als subjekt-abhängig definiert und damit einen Zusammenhang zwischen dem Beobachter und seinen Beobachtungen herstellt. Wissenschaftler machen wissenschaftliche Aussagen, um Phänomene zu erklären, die sie beobachtet haben. Der Prozeß, in dessen Verlauf diese Feststellungen gemacht und bewiesen werden, ist die wissenschaftliche Methode. Die wissenschaftliche Methode, deren sich die Beobachter bedienen, erfordert vier Vorgänge der Unterscheidung. Wenn diese Vorgänge kohärent sind, erklärt eine Gemeinschaft von Beobachtern eine wissenschaftliche Erklärung für gültig.[68] Eine wissenschaftliche Prognose sagt, wie alle Prognosen, nicht voraus, was in der objektiven Welt abläuft; sie ist vielmehr eine Vorhersage dessen, was wir erfahren werden. Wir sagen nicht voraus, wo der Mond an einem bestimmten Abend zu welchem Zeitpunkt stehen wird; wir sagen voraus, wo wir den Mond an einem bestimmten Abend zu einer bestimmten Zeit erfahren. Maturana hat eine Methode entwickelt, wie man Erfahrungen mitteilen und darüber sprechen kann.

Verfahren der Unterscheidung

Keeney sagt: »Der grundlegendste Vorgang in der Epistemologie ist die Unterscheidung. Nur dadurch, daß wir ein Muster von einem anderen unterscheiden, sind wir in der Lage, unsere Welt kennenzulernen... Obwohl diese Vorstellung rein intuitiv vielleicht sehr einleuchtend erscheint, wurde sie erst vor kurzem in eine verbindliche Form gebracht, und zwar in der Untersuchung von G. Spencer-Brown, *Laws of Form,* die als eines der grundlegenden Werke für das kybernetische Denken gilt.«[69]
Maturana stellt fest, daß ein wesentlicher Teil wissenschaftlichen Arbeitens darin besteht, die Operationen zu spezifizieren, die notwendig sind, um Beobachtungen zu machen. Er unterscheidet vier Klassen von solchen Operationen, die kohärent sein müssen, um eine wissenschaftliche Erklärung zu beweisen.

1. *Unterscheiden:* Der Beobachter spezifiziert die Unterscheidungsoperationen, die notwendig sind, um das Phänomen zu beobachten, das der Wissenschaftler erklären will. Kurz gesagt, er schreibt das Rezept auf, was ein Beobachter tun muß, um das Phänomen wahrzunehmen.
2. *Aufstellen einer Hypothese:* Der Beobachter stellt eine erklärende Hypothese auf. Die Hypothese ist ein mechanisches System, das dem in 1. beschriebenen System isomorph ist. Der Wissenschaftler stellt die Hypothese auf, daß sein Erklärungssystem, wenn man es für sich selbst operieren läßt, das Phänomen erzeugen wird, das er erklären will.
3. *Errechnen:* Der Beobachter berechnet dann ein weiteres Phänomen, das das System in 2. ebenfalls erzeugen wird, wenn man es sich selbst überläßt.
4. *Erfüllen:* Der Beobachter führt dann einige Operationen durch, um festzustellen, ob er das Phänomen, das er in 3. errechnet hat, beobachten kann. Wenn dieses Phänomen sich beobachten läßt, ist die in 2. aufgestellte Erklärung gültig. Das experimentelle System ist dem Phänomen isomorph.

Als Beispiel führt Maturana Blitze an:

1. *Unterscheiden:* An einem regnerischen Tag wird man unter bestimmten Voraussetzungen Blitze sehen.
2. *Aufstellen einer Hypothese:* Wenn Wolken, die vom Wind dahingetrieben werden, sich aufgrund der Reibung elektrostatisch aufladen, entsteht ein Spannungsunterschied zwischen den Wolken oder zwischen den Wolken und der Erde. Wenn dieser Unterschied der Spannung groß genug ist, springt ein Funke über.
3. *Errechnen:* Wenn man einen Leiter zwischen den Wolken und der Erde installiert, kann man einen Kondensator aufladen. Wenn der Kondensator aufgeladen ist, müßte er eine Glühbirne aufleuchten lassen.
4. *Erfüllen:* Wir lassen einen Drachen fliegen, an dem ein Draht befestigt ist, der am anderen Ende mit einem Kondensator verbunden ist. Der Kondensator wiederum wird an eine Glühbirne angeschlossen. Wenn die Lampe aufleuchtet, ist die Erklärung für eine Gemeinschaft von wissenschaftlichen Beobachtern bewiesen.

»Beachten Sie bitte folgendes«, sagt Maturana[70], »die einzige Bedingung, um zu der Schlußfolgerung (4.) zu kommen, ist, daß eine Kohärenz der Beobachtungen zwischen 1. und 4. besteht. Dazu müssen die Beobachter kohärent sein. Objektivität brauchen Sie nicht. Die wissenschaftliche Methode (1.–4.) ermöglicht es Ihnen zu behaupten, daß Sie eine Erklärung bieten können, die innerhalb einer Gemeinschaft von Beobachtern als erfüllt gelten kann [...]
Es gibt keine Möglichkeit, hier Objektivität ins Spiel zu bringen. Sie spezifizieren Beobachtungsvorgänge, die man durchführen muß, um beobachten zu können. Wissenschaftliche Erklärungen sind nicht subjektiv. Sie sind vom Beobachter abhängig – in einer Gemeinschaft von Beobachtern gültig. Wenn Sie Objektivität beanspruchen, werden Sie in Schwierigkeiten geraten, denn es gibt keine Möglichkeit, sie zu beweisen.

Versucht man es trotzdem, dann führt das lediglich zu einem Wirrwarr, zu ungeheuren sprachlichen Schwierigkeiten. Wir sprechen eine Sprache, die von Objekten auf eine Art und Weise spricht, als seien sie tatsächlich ›da draußen‹ vorhanden, als gäbe es eine Möglichkeit, ihre Existenz zu beweisen – unter Umständen, wo es Ihnen unmöglich ist, dies zu beweisen. Der ganze Bereich der Wahrnehmung ist mit einem riesigen Fragezeichen versehen.«

»Die Schwierigkeit«, sagt Maturana, »ist es, wie man sich sprachlich ausdrücken soll. Ich behaupte nicht, daß es keine Realität gibt. Ich sage lediglich, daß wir nicht das Objekt als Beweis für unsere wissenschaftlichen Aussagen benutzen können. Wir brauchen es nicht, und wir arbeiten in Wirklichkeit auch gar nicht damit! Wir sollten uns nicht zu der Annahme verleiten lassen, wir würden, wenn wir behaupten, daß eine Erklärung wissenschaftlich ist, damit mehr aussagen, als daß wir im Bereich der Beobachter eine Übereinkunft getroffen haben, die diesen Bedingungen (den vier genannten Operationen) genügt, und daß dies etwas mit der menschlichen Erfahrung zu tun hat.«

Maturana definiert einen Beobachter als ein System, dessen Komponenten und Eigenschaften es dem Beobachter erlauben, diejenigen Operationen durchzuführen, die für eine Beobachtung notwendig sind. Der Bereich der möglichen Beobachtungen ist also durch die Eigenschaften des beobachtenden Systems festgelegt.

Einheit

Der Beobachter unterscheidet »Einheiten«. Eine Einheit ist das, was ein Beobachter unterscheiden kann; es kann begrifflicher oder konkreter Art sein. Dieses Buch hier stellt eine Einheit dar; eine Idee ist eine Einheit; ein Beobachter ist eine Einheit. Wir unterscheiden Einheiten mittels der Sprache, und wenn wir wollen, daß auch andere unsere Einheiten unterscheiden können, müssen wir die Operationen der Unterscheidung, die für eine Beobachtung notwendig sind, spezifizieren.

Man sollte an dieser Stelle betonen, daß Maturana Realität ausdrücklich als subjekt-abhängig definiert. Objekte existieren nur für uns als Beobachter, und wenn wir bestimmen wollen, wie andere eine ähnliche Erfahrung machen können, müssen wir genau darlegen, was »wir getan« haben, um beobachten zu können. Objektivität steht nach wie vor in Klammern: (Objektivität). Maturana leugnet die Realität nicht; er lehnt es lediglich ab, eine Sprache zu verwenden, die behauptet, das Objekte der Wahrnehmung unabhängig von den Beobachtern existieren.

Spencer-Brown betont: »Unser Verständnis eines solchen Universums erwächst nicht daraus, daß wir seine gegenwärtige Erscheinungsform entdecken, sondern daraus, daß wir uns in Erinnerung rufen, was wir gemacht haben, um es überhaupt hervorzubringen.«[71]

Folgendes Beispiel könnte dazu beitragen, Maturanas Einstellung zu verdeutlichen. Wenn man einen Wissenschaftler fragt, ob es das Einhorn gibt, wird seine spontane Antwort normalerweise »nein« lauten. Diese Antwort setzt Objektivität voraus. In der Realität gibt es eben nur bestimmte Tierarten. Fragt man hingegen Maturana, ob das Einhorn existiert, wird er die Gegenfrage stellen, welche Operationen durchgeführt werden müssen, um ein solches Einhorn zu beobachten. Wenn Sie nun antworten, daß man in ein Museum gehen und sich dort mittelalterliche Wandteppiche ansehen muß, wird er beipflichten, daß man unter diesen Bedingungen ein Einhorn beobachten kann. Wenn man allerdings in den Zoo geht, wird man kein Einhorn sehen. Der springende Punkt ist, daß er nicht solipsistisch ist. Es ist nicht einfach eine Sache des Konstruierens bestimmter Operationen der Unterscheidung. Vielmehr muß der Wissenschaftler Verfahren der Unterscheidung spezifizieren, die eine »Gemeinschaft« von Beobachtern zufriedenstellen. Wenn man jedoch so argumentiert, wird deutlich, daß das wahrgenommene Objekt einen Beobachter braucht, damit es tatsächlich »ist«.

Komplexe und einfache Einheiten

Einheiten sind entweder einfach oder zusammengesetzt (komplex). Eine einfache Einheit hat keine Einzelkomponenten; sie wird durch ihre Eigenschaften definiert. Wenn der Beobachter eine einfache Einheit unterscheidet, *kann er keine weiteren Unterscheidungen machen bzw. machen wollen,* die die Komponenten der Einheit spezifizieren würden. Die ursprüngliche Vorstellung vom Atom stellte unsere grundlegendste *Konzeption* einer einfachen Einheit in der Natur dar. Einer Einheit, die man nicht als eine komplexe Einheit auffassen und in ihre Einzelelemente zerlegen kann. Mittlerweile gelten die Elementarteilchen als die grundlegenden einfachen Einheiten in der Natur.

Der Beobachter kann eine einfache Einheit zerlegen, indem er ihre Komponenten unterscheidet. Wenn jemand einen Kuchen gebacken hat und Sie ein Stück davon probieren, dann haben Sie zwei Möglichkeiten, dies zu kommentieren. Wenn wir den Kuchen als eine einfache Einheit auffassen, sagen wir, daß er köstlich, locker, würzig ist etc. Wir fassen ihn aber als eine zusammengesetzte Einheit auf, wenn wir über das Rezept reden. Mittels der Sprache zerlegen wir den Kuchen in seine Einzelelemente und unterhalten uns darüber, wie wir diese zusammengestellt haben.

Komplexe Einheiten haben zwei charakteristische Eigenschaften, über die einfache Einheiten nicht verfügen – Organisation und Struktur. Die Organisation einer zusammengesetzten Einheit bezieht sich auf die »invarianten« Beziehungen zwischen den einzelnen Komponenten, die die Einheit definieren und spezifizieren und sie einer bestimmten Klasse zuordnen. Wenn wir ein Objekt erkennen und es benennen, dann bedeutet dies, daß wir seine Organisation erkennen.

Struktur bezieht sich auf die »tatsächlichen« Komponenten und die Beziehungen zwischen den einzelnen Elementen, die es ermöglichen, daß die Organisation der Einheit erhalten bleibt. Ein sehr einleuchtendes Beispiel dafür ist der Mensch. Wenn er wächst und älter wird, kommt es zu strukturellen Veränderungen, aber wir erkennen die Einheit als dieselbe Person. Jedesmal, wenn wir unsere Position im Raum verändern, verändern wir unsere Struktur, behalten aber gleichzeitig unsere Organisation als ein lebendes System. Lebende Systeme sind dynamische Systeme; ihre Struktur unterliegt einem beständigen Wandel, während die Organisation bewahrt bleibt.

Wir sind jedoch nicht nur lebende Systeme; wir sind auch *Personen*, eine andere komplexe Einheit. Das bedeutet, daß wir eine von anderen Lebewesen verschiedene Organisation beibehalten. Im Verlauf unseres Lebens sind wir mehrere solcher Einheiten gleichzeitig. Wir können Student, Freund, Patient oder alle möglichen anderen Einheiten sein und in diese zerlegt werden. Jede einzelne ist anders, und man kann sie mittels der Operationen der Unterscheidung abgrenzen, die notwendig sind, um sie zu beobachten. Beispielsweise wird ein Rockstar, der zum Wehrdienst eingezogen wird, von seinem Ausbilder wahrscheinlich nicht als solcher identifiziert werden. Für den Ausbilder ist er ein Soldat und ein lebendes System. Vom Gesichtspunkt des Stars aus bleibt seine Identität als Berühmtheit vielleicht durchaus intakt. Unterscheidungen sind folglich immer subjekt-abhängig.

Indem wir unseren Sprachgebrauch verändern, machen wir deutlich, was der Beobachter tut, um zu beobachten, und unterstreichen gleichzeitig, daß Beobachtung immer subjekt-abhängig ist. Wissenschaftliche Argumente – oder, in diesem Zusammenhang: alle Argumente – brauchen folglich nicht aufgrund der Annahme bewiesen werden, daß Objekte unabhängig vom Beobachter existieren.

Zusammenfassung

Maturanas System des Sprachgebrauchs stolpert nicht über den Fallstrick Objektivität, d. h. den Versuch herauszufinden, ob etwas »*wirklich* der Fall« ist. Familientherapeuten müssen sich immer wieder mit dieser Frage auseinandersetzen, wenn sie die Systemtheorie auf die dynamischen Prozesse innerhalb der Familie anwenden. Immer wieder taucht die Frage auf: Was ist das System »Familie«? Ist es das Ehepaar, die Kleinfamilie, die Großfamilie? Sollte das System so weit ausgedehnt werden, daß auch die soziale Gemeinschaft oder sogar die Nation mit einbezogen wird? Maturana stellt eindeutig fest, daß es immer der Beobachter ist, der unterscheidet. Die Einheiten, die er spezifiziert, werden mittels der Unterscheidungsoperationen des Beobachters ins Leben gerufen.

4. Das Nervensystem

> *Nicht das Gehirn allein ist für das Denken verantwortlich, obwohl es als Organ notwendig ist, damit Denken sich manifestieren kann. In der Tat ist ein isoliertes Gehirn ein biologisches Unding, genauso bedeutungslos wie ein isoliertes Individuum.* SIR JULIAN HUXLEY[72]

> *Das Neuron: Der Aristokrat unter den Körperstrukuren, mit riesigen Armen, die sich wie Fühlarme eines Oktopusses zu den Provinzen an der Grenze zur äußeren Welt ausstrecken, um auf die ständigen Gefahren von physikalischen und chemischen Kräften zu lauern.*
> SANTIAGO RAMÓN Y CAJAL[73]

In seinen Vorlesungen betrachtet Foerster das Zentralnervensystem unter verschiedenen Gesichtspunkten, die ich hier in folgender Reihenfolge darstellen will: 1) anekdotische und historische Belege für die ununterbrochene Diskussion über die Lokalisierung des menschlichen Bewußtseins – mit anderen Worten, welches Körperorgan für die höheren geistigen Funktionen zuständig ist; 2) die Evolution des »zwischengeschalteten« Bindeglieds, das unser sensorisches mit unserem motorischen System verbindet; 3) Struktur und Funktion des Neurons, des elementaren Bausteins des Nervensystems.

Historischer Überblick

Im Verlauf der vergangenen 2000 Jahre gab es die verschiedensten Auffassungen, welches Körperorgan das Bewußtsein und die höheren geistigen Funktionen bedingt. Die eine Gruppe, die »Cardiozentristen«, siedelte den menschlichen Geist bzw. das Bewußtsein im Herzen an; die andere Gruppe, die »Cephalozentristen«, lokalisierte es im Gehirn.

Foerster meint dazu: »Die meisten von uns feiern eine Art Cardiozentristen-Tag, indem sie Leuten, die sie gerne mögen, herzförmige Pralinenschachteln oder Karten, auf die Herzen gemalt sind, schenken. Aristoteles (384 bis 322 v. Chr.) war ein Cardiozentrist. Er lehrte, das Herz sei der Sitz aller geistigen Tätigkeit, und bemerkte, daß man beim Öffnen eines tierischen oder menschlichen Schädels feststellen wird, daß das Gehirn sich kalt anfühlt. Seiner Ansicht nach war dies der Beweis dafür, daß das Gehirn ein Apparat ist, um das Blut abzukühlen. Ohne das Gehirn – so Aristoteles – würde das Blut sich überhitzen und zu kochen beginnen.«

Die Cephalozentristen, deren erster Vertreter Alkmaion war, ein Priester und Philosoph, behaupteten, daß das Gehirn der Sitz unserer mentalen und emotionalen Aktivitäten sei. Hippokrates (460? bis 370? v. Chr.), der als Begründer der Medizin gilt, und der griechische Arzt Galen (130 bis 200 n. Chr.), der sich um die Gladiatoren kümmerte, vertraten beide die cephalozentristische Auffassung. Galen führte Experimente durch, mit denen er zeigte, daß es zu Lähmungserscheinungen kommt, wenn man einen Druck auf das Gehirn eines Tieres ausübt. Die vorherrschende Einstellung war jedoch die aristotelische.

Noch im 17. Jahrhundert behauptete der Arzt William Harvey (1578 bis 1657), der für seine Untersuchungen des Herz-Kreislauf-Systems berühmt wurde, daß das Herz das Zentrum des geistigen und emotionalen Lebens sei. Harvey glaubte – wie viele seiner Zeitgenossen –, daß das Herz die Antriebskraft des Körpers sei. Er schrieb: »Das Gehirn gilt allgemein als Regent aller Körperteile, dennoch ist die Stellung des Herzens unbestritten; sein Einfluß ist größer. Außerdem haben alle jene Kreaturen, die kein Gehirn haben, ein Herz.«[74]

Im Verlauf des 16. Jahrhunderts entdeckte man das Nervensystem; man hielt es für eine Art Rohrleitungssystem, das den »Lebensgeist«, der für die höheren geistigen Funktionen zuständig ist, mit dem konkreten physischen Körper verbindet. Foerster bezeichnet dieses Modell als die »retikulistische« Vorstellung vom Nervensystem: Die Retikulisten glaubten, das Nervensystem bestehe aus miteinander verbundenen Röhren, die durch den ganzen Körper verteilt sind und deren Funktion es ist, die Lebenskraft des Körpers zu transportieren. Ein berühmter Retikulist, der Philosoph René Descartes (1596 bis 1650), konstruierte das Modell in Abb. 5.

Abb. 5: Lokalisation (F) von Descartes' »Lebensgeist«

Descartes wollte damit das Verhalten eines jungen Mannes erklären, der neben einem Feuer kniet. Dazu Foerster: »Ist das Feuer A dem Fuße B nahe, so besitzen die Feuerteilchen, die sich bekanntlich mit hoher Geschwindigkeit bewegen, die Kraft, in die Haut des Fußes einzudringen, den sie berühren; während sie so den dünnen Faden c bewegen, der am Grund der Zehen und am Nerven befestigt ist, öffnen sie gleichzeitig den Eingang der Pore e, d, an dem dieser Faden endigt, genau so, als würde man am Ende einer Schnur ziehen und damit zur gleichen Zeit eine am anderen Ende befestigte Glocke zum Klingen bringen. Da nun die Pore oder der kleine Abzug d, e offensteht, kann durch sie der Lebensgeist aus der Höhle F entweichen und fortgeleitet werden, ein Teil in die Muskeln, die den Fuß vom Feuer zurückziehen, ein Teil in die Muskeln, die Kopf und Auge dem Fuß zuwenden, und ein Teil in jene Muskeln, die die Hände vorstrecken und den Körper beugen, um den Fuß zu schützen.«[75]

Foerster übersetzt Descartes' Erklärung in eine etwas einfachere Sprache: »Zuerst zieht etwas an der Schnur und bringt die Glocke zum Klingen. Dann öffnet sich die Tür und der Lebensgeist kann hinaus. Er zieht nun seinerseits den Fuß zurück und dreht gleichzeitig den Kopf in Richtung der Irritation. Das läßt fast an Beschreibungen denken, die aus dem Labor eines Behavioristen unserer Tage stammen könnten – nur sprechen die Behavioristen nicht mehr von ›Lebensgeistern‹«.

Der erste, der öffentlich die Einstellung vertrat, daß das Nervensystem aus einzelnen Neuronen besteht, war Santiago Ramón y Cajal, ein brillanter spanischer Künstler und Neuroanatom des 19. Jahrhunderts.

»Cajal wurde 1852 inmitten der Armut von Petilla de Aragon, einem Dorf mit ziegelgedeckten Hütten in den Pyrenäen Nordspaniens, geboren. Er war der älteste Sohn eines strengen Vaters, der den Ackerbau aufgegeben hatte, um Barbier und später Arzt zu werden. Der Junge interessierte sich nicht im geringsten für Wissenschaft; er schwänzte oft die Schule und war recht aufsässig, so daß er gelegentlich wegen seiner Streiche Schwierigkeiten mit den Dorfpolizisten bekam. Andererseits war seine künstlerische Begabung schon früh sehr ausgeprägt, aber sein Vater wollte dieses ›sündige Vergnügen‹ seines Sohnes nicht dulden. Schließlich schleppte Justo Ramón Casasus, als seine Geduld erschöpft war, den Jungen, der eine Zeichnung des Apostels Jakobus in der Hand hielt, zu einem fahrenden Auftragsmaler. ›Was für ein Gekleckse!‹ schnaubte der Maler verächtlich. ›Weder ist das ein Apostel noch hat diese Figur die richtigen Proportionen, und die Faltenwürfe sind auch nicht richtig – und dieses Kind wird nie ein Künstler werden.‹ Triumphierend nahm der Vater Cajal alle Malutensilien weg. Er wünschte sich – wie Cajal in seiner Autobiographie schreibt – sehnlichst, daß sein Sohn ›seine Verrücktheit aufgebe und sich auf den Beruf eines Arztes vorbereite‹.«[76]

Cajal absolvierte in etwa vier Jahren eine medizinische Ausbildung; nach den Abschlußexamen wurde er in das spanische Heer eingezogen und nach Kuba beordert. Nach einer gefährlichen Malariaerkrankung erhielt er ein ärztliches Attest und kehrte an die Universität von Saragossa zurück, wo er Doktor der Medizin wurde.

Es dauerte etwa sieben Jahre, bis er einen Ruf an die Universität Valencia erhielt; dort widmete er sich dann seiner eigentlichen Berufung, der Neuroanatomie. Als er sich 1887 in Madrid aufhielt und dort mit anderen Wissenschaftlern zusammentraf, »die sich mit mikroskopischen Untersuchungen beschäftigten«, erfuhr er durch den Nervenarzt Louis Simarro von einer Methode, wie man mit Hilfe von Silbernitrat Neuronen farblich markieren konnte; der italienische Neuroanatom Camillo Golgi, ein überzeugter Retikulist, hatte diese Technik entwickelt.

»Wie andere Histologen hatte auch Golgi festgestellt, daß die konventionellen Anfärbemittel die meisten Axone und Dendriten nicht sichtbar werden ließen, sondern nur den Zellkern färbten. Golgi tränkte das Gewebe zunächst in Kaliumdichromat und anschließend in Silbernitrat; dadurch wurden die Neuronen, deren Axone nicht durch eine fettige Myelinhülle geschützt waren, der ganzen Länge nach angefärbt. Außerdem wurde auf diese Weise der Wirrwarr miteinander verschlungener Zellen etwas gelichtet, da mysteriöserweise nur etwa eines von hundert Neuronen verfärbt wurde. Es konnte jedoch Tage dauern, bis das Färbemittel in die Zellen eindrang. Und vielleicht weil zwischen den einzelnen Neuronen so subtile Unterschiede bestehen, war diese Methode – zumindest anfänglich – so willkürlich, daß Golgi sie schließlich aufgab. Cajal machte sich nun daran, Golgis Verfahren zu verfeinern, und 1888 gelang ihm der Durchbruch: Er verwendete das Kleinhirn von Vögeln und Säugetieren und konnte beweisen, daß die Nervenzellen in Verästelungen auslaufen, die voneinander unterschieden werden können und – was noch wichtiger ist – nicht mit den Nachbarzellen verschmelzen. Er zeigte, daß beispielsweise bestimmte Nervenzellen gewundene Axonfasern zu den Dendriten benachbarter Neuronen aussenden, die als Purkinje-Zellen bezeichnet werden, sie umwickeln ›wie Efeu oder Lianen die Baumstämme‹, aber nie mit ihnen verschmelzen.«[77]

Unglücklicherweise konnte Cajal das, was er in seinem Mikroskop sah, nicht photographisch festhalten. Die Kunst der Photographie steckte damals noch in den Kinderschuhen. »Um die Einzelheiten des verschlungenen Weges aufzuzeichnen, den eine Nervenfaser durch einen dichten Gewebeausschnitt nimmt, hätte Cajal viele Aufnahmen zusammenkleben müssen, da die Linse nicht den ganzen Ausschnitt gleichzeitig einfangen konnte. Indem er gedanklich aus vielen verschiedenen mikroskopischen Einzelansichten ein klar erkennbares Neuron zusammensetzte, konnte der Künstler Cajal Bilder von Neuronen zeichnen, an die keine Photographie herankam.«[78] Seine künstlerische Begabung wurde so unerläßliche und notwendige Voraussetzung für das Gelingen seines Projekts.

Nachdem er vergeblich versucht hatte, seine Entdeckungen in seiner eigenen Zeitschrift, *Triquarterly Journal of Normal and Pathological Histology*, einer breiteren Öffentlichkeit nahezubringen, präsentierte er im Jahre 1889 seine Ergebnisse dem Kongreß der Deutschen Anatomischen Gesellschaft. Es gelang ihm, Rudolf von Kolliker, einen berühmten Anatomen und überzeugten Retikulisten, zu der Ansicht zu bekehren, die heute als Neuronentheorie bezeichnet wird: Das Nervensystem besteht aus einzelnen, voneinander getrennten Neuronen.

Gegen Ende des 19. Jahrhunderts setzte sich die Theorie Cajals endlich durch. Unter Verwendung seiner Dias und Zeichnungen bewies er endgültig, daß die Nerven keine Röhrensysteme, sondern einzelne Zellen sind, voneinander getrennt durch einen schmalen Spalt, den wir als Synapse bezeichnen. Cajals Untersuchungen waren der Anfang vom Ende der retikulistischen Theorie. Die Entdeckung der Neuronen, die die Ansichten hinsichtlich der Neurophysiologie grundlegend verändert hat, führte zu einem völlig neuen Ansatz in der Erforschung des Nervensystems. David Hubel, ein Neurobiologe mit Harvard-Abschluß, ist der Ansicht, daß Cajals bedeutendste Publikation, *Structure of the Nervous System in Man and Vertebrates*, die 1904 auf spanisch erschien, »die wichtigste Einzelveröffentlichung auf dem Gebiet der Neurobiologie« ist.[79]

Aus Foersters Darstellung kann man folgende Schlüsse ableiten: 1) Modelle der Wahrnehmung spiegeln das vorherrschende wissenschaftliche Denken ihrer Zeit wider; beispielsweise wurde Descartes' dualistische Philosophie mit ihrem Gegensatzpaar Geist – Materie durch seine retikulistische Theorie gestützt. 2) Cajals Entdeckung des Neurons zwang die Wissenschaftler, ihre Theorien des Nervensystems neu zu überdenken.

Die Evolution des Zentralnervensystems

Zu Beginn seiner umfassenden Abhandlung über die Neurophysiologie gibt J. F. Fulton einen kurzen Abriß der evolutionären Entwicklung des Nervensystems. »Wenn man sich diese frühen Entwicklungsstadien genauer ansieht, so bleibt kein Zweifel bestehen, daß die Wechselwirkung zwischen dem sensorischen und dem motorischen System als eine Berechnungsinstanz fungiert, die die Wahrnehmung mit dem entsprechenden Verhalten verbindet.«[80]

Protozoen und primitive Schwämme gehören zu den ersten Lebewesen, die die Fähigkeit hatten, sich zu bewegen. Sie verfügen über das, was man als »unabhängige motorische Einheit« bezeichnet. Ihre Bewegung resultiert aus kleinen Kontraktionen. Abb. 6A zeigt einen solchen Organismus. Das runde, zwiebelförmige Objekt stellt die Muskelfasern dar. Darüber ragt ein kleiner Sensor hinaus, der die Form eines Dreiecks hat.

Wenn der pH-Wert in der unmittelbaren Umgebung des Einzellers zu niedrig (d. h. zu sauer) ist, sendet der Sensor ein Signal aus, das eine Muskelkontraktion auslöst; wenn die Kontraktionseinheiten über die gesamte Oberfläche des Lebewesens verteilt sind, dann führt diese Reaktion zu einer Veränderung der Form des Lebewesens. Beispielsweise bewirken diese Kontraktionen eine Krümmung des Organismus, der seinerseits seine Sinneswahrnehmungen verändert und so die physische Beziehung des Lebewesens zu seiner Umgebung ändert. Sein sensorisches und motorisches Verhalten sind wechselseitig voneinander abhängig.

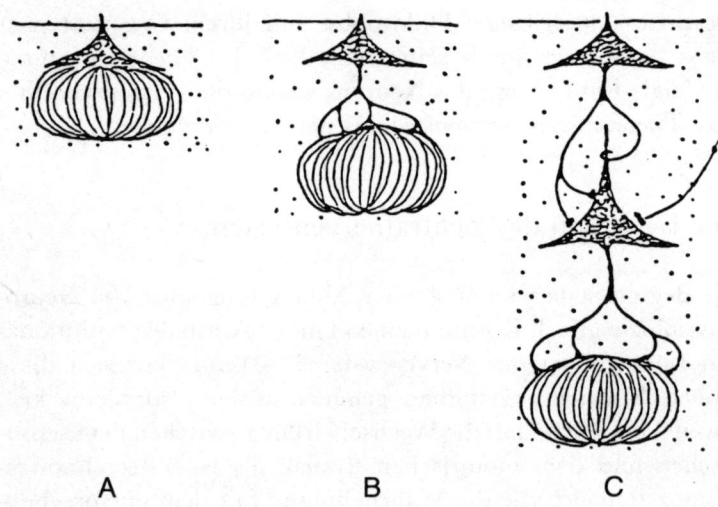

Abb. 6: Evolution des Nervensystems

In einem späteren Entwicklungsstadium trennten sich die motorische und die sensorische Einheit des Lebewesens voneinander: Empfindung hier, Aktion dort. In Abb. 6B sind die Fasern zu erkennen, die das motorische System mit dem sensorischen Apparat verbinden. Dies markiert die Ausbildung eines primitiven Nervensystems. Auf dieser Stufe der Entwicklung – und das ist genauso wichtig – spezialisierten sich die Einzelelemente des Systems. Einige Zellen wurden für die Sinneswahrnehmung, andere für die Bewegung zuständig.

Abb. 6C zeigt einen entscheidenden Fortschritt in der Evolution des Zentralnervensystems. Sensoren und Muskeln des Lebewesens sind durch zwischengeschaltete Nervenzellen verbunden. Diese Bindeglieder bezeichnet man als »Internuncials«: es sind die Boten, die dazwischenliegen. Da diese Internuncials Signale von verschiedenen Erregern integrieren können, stellen sie einen elementaren Computer dar, denn »com-putare« heißt ja nichts anderes als (lat. »com-«) zusammen – (lat. »putare«) denken.

Foerster bezeichnet daher diese Zwischenschaltungen als den »entscheidenden Schritt für die Evolution des komplex organisierten Zentralnervensystems der Säugetiere... Sie stellt im Grunde eine Sinneszelle dar, ist jedoch darauf spezialisiert, nur auf einen universellen ›Wirkstoff‹ anzusprechen, nämlich auf die elektrische Aktivität afferenter Axonen, die in ihrer engeren Umgebung enden... War erst einmal die genetische Anweisung für den Zusammenbau eines zwischengeschalteten Neurons entwickelt, so war es ein leichtes, den genetischen Befehl ›Wiederhole!‹ hinzuzufügen. Von daher ist, wie ich meine, nun einfach zu begreifen, wie diese Neuronen sich rapid vermehrten und weitere vertikale Schichten aufbauten, zwischen denen sich außerdem horizontale Verbindungen ausbildeten – und dabei jene komplex vernetzten Strukturen hervorbrachten, die wir ›Gehirne‹ nennen«.[81]

Die entwicklungsgeschichtliche Betrachtungsweise führt also gewissermaßen zu einem neuen Bild vom Nervensystem. Eine Gruppe von Sensoren (spezialisierte Neuronen) und motorische

Einheiten (Muskeln und Skelett) sind durch ein Netzwerk universaler Sinneszellen (zwischengeschalteter Neuronen) miteinander verbunden; einige von ihnen bezeichnen wir als »Gehirn«. Meistens setzt man »Sinneszellen« mit den äußeren Sensoren des Körpers gleich – mit den Augen, den Ohren etc. Die evolutionäre Perspektive zeigt jedoch, daß das gesamte Nervensystem aus Sensoren besteht und daß ein Großteil von ihnen die Aufgabe hat, Impulse von anderen Nervenaxonen aufzunehmen. Wir sind weitgehend auf unser eigenes System eingestimmt. Das Verhältnis von internen zu externen Sensoren beträgt 100 000 zu 1. Das bedeutet, daß auf jedes Stäbchen oder jeden Zapfen in der Netzhaut des Auges, die die Funktion haben, externe Stimuli (Photonen) wahrzunehmen, 100 000 Reizpunkte kommen, die auf interne Stimuli reagieren.

Genauso bedeutend – wenn nicht noch wichtiger – ist, daß die Verbindung zwischen diesen beiden Systemen zeigt, daß das sensorische und das motorische System nicht unabhängig voneinander arbeiten. Es ist nicht so, daß wir einerseits wahrnehmen, andererseits handeln. Das legt den Schluß nahe, daß das Nervensystem als geschlossenes System funktioniert; auf diesen zentralen Punkt werden wir in Kapitel 7 noch näher zu sprechen kommen.

Die sensomotorische Schließung des Nervensystems führt zu folgenden Thesen:
1) Bewegung → (Änderung der Sinneswahrnehmung), aber nicht notwendigerweise
2) (Änderung der Sinneswahrnehmung) → Bewegung.

Diese Zirkularität erlaubt, den Ursprung des Denkens zu erahnen. Foerster meint dazu:
»Logische Strukturen der Beschreibung ergeben sich aus der logischen Struktur der Bewegung: ›Annäherung‹ und ›Rückzug‹ sind die Vorläufer von ›ja‹ und ›nein‹.«[82]

Von daher läßt sich auch sein Aphorismus: Die Logik der Beschreibung ist die Logik des Beschreibenden, verstehen. Humberto Maturana drückt den gleichen Sachverhalt etwas anders aus: »Die Logik der Beschreibung ist der Logik des beschreibenden Systems isomorph.« Das beschreibende System sind wir.

Diese Einstellung entspricht der Piagets:»... die Wurzeln des logischen Denkens dürfen nicht allein in der Sprache gesucht werden, obwohl sprachliche Koordinationen wichtig sind, sondern müssen allgemeiner in der Koordination von Handlungen gesucht werden...«[83] Piagets Begriff der sensomotorischen Intelligenz ist in Zusammenhang mit der sensomotorischen Schließung innerhalb des Nervensystems zu sehen.

Schließlich stellt Susanne K. Langer in ihrem Buch *Philosophy in a New Key* (Philosophie auf neuem Wege, 1965) ähnliche Beziehungen zwischen Bewegung, Wahrheit und Denken her:

> Der Gebrauch von Zeichen ist »die allerfrüheste Kundgebung von Geist. Er tritt in der biologischen Geschichte gleichzeitig mit dem berühmten ›bedingten Reflex‹ auf, durch welchen ein Begleitumstand eines Reizes die Reizfunktion übernimmt. Der Begleitumstand wird zu einem Anzeichen für die Bedingung, der die Reaktion in Wirklichkeit angemessen ist. Dies ist der wirkliche Ursprung geistigen Seins, denn hier entsteht Irrtum und mithin auch Wahrheit«.[84]

Dazu Foerster:»Wahrheit resultiert aus dem Begriff des Irrtums und nicht umgekehrt. Nur wenn ein Fehler vorhanden ist, ist Wahrheit möglich. Die Wahrheit muß die Wahlmöglichkeit zwischen angemessenem und nicht-angemessenem Verhalten sein. Wenn dies nicht gegeben ist, dann existiert der Begriff der Wahrheit nicht.« Jedes beliebige logische Verfahren, das uns immer Gewißheit gibt, kann uns doch nie die Wahrheit vermitteln.

Die Struktur des Nervensystems

Die elementare Einheit des Nervensystems ist das Neuron, der eigentliche Held des Zentralnervensystems. Abb. 7 zeigt ein pyramidales Neuron aus der Großhirnrinde einer Katze.

Zellkörper

Der große schwarze Fleck in der Mitte, in dem sich der Zellkern befindet, wird als »Perikaryon« bezeichnet. *Karyon* ist das griechische Wort für »Nuß« oder »Kern«, und *peri* bedeutet »herum«. »Perikaryon« bedeutet also: »um den Kern herum«. Es ist das Gewebe, das den Kern des Zellkörpers umgibt.

Dendriten

Aus dem Zellkörper breiten sich wie die Zweige eines Baumes in alle Richtungen die Dendriten aus. Sie transportieren Signale von anderen Neuronen zum Zellkörper. Neuronen können sehr viele Dendriten haben, so daß eine einzelne Zelle Signale von Tausenden anderer Zellen empfangen kann. Diese physikalische Anordnung: viele Eingaben und eine Ausgabe, spielt, wie wir später noch sehen werden, eine wichtige Rolle für die rechnerischen Fähigkeiten des Neurons.

Axon

Wenn man das Axon durch ein Mikroskop betrachtet, stellt es sich als ein glattes Gebilde dar; es transportiert Signale vom Zellkörper zu anderen Neuronen, Drüsen und Muskeln. Eine Nervenzelle kann zahlreiche Dendriten haben, aber ihrem Wesen nach nur ein Axon.

Ausbreitung

Das Axon hat die einzigartige Eigenschaft, daß es ein aktiver Übermittler eines elektrischen Impulses von etwa 80 Millivolt (etwa ein Zehntelvolt) ist. Ein Axon ist *polarisiert,* da sich auf der Innenseite und der Außenseite der halb durchlässigen Zellmembran unterschiedlich viele Ionen von Chlor, Kalium und Natrium befinden. Dieser Unterschied bedingt das »Aktionspotential« der Zelle – ihre Fähigkeit, einen Nervenimpuls zu erzeugen.

»Die genau festgelegte Verteilung von Ionen führt zu einem elektrischen *Ruhepotential* der äußeren positiven Ladung im Vergleich zum Inneren. Wenn man das Ruhepotential reduziert (etwa durch einen entsprechenden Reiz), wird das Axon *depolarisiert;* dies ist eine Bedingung für Erregbarkeit. Wenn das Ruhepotential erhöht wird, bedeutet dies *hyperpolarisieren* oder hemmen. Wird das Axon depolarisiert, dann erfolgt zunächst eine *aktive lokale Reaktion* (d. h. eine Reaktion auf kurze Distanz, die sich nicht ausbreitet). Erreicht jedoch die Depolarisation ein bestimmtes Ausmaß *(Schwellenwert),* so kommt es zu einer anderen Art von Reaktion, zu einem *Nervenimpuls* (Aktionspotential). Das bringt eine zeitlich begrenzte Veränderung der Durchlässigkeit der Membran mit sich, so daß Natrium eindringen und Kalium entweichen kann. Diese lokale elektrische Störung wird kompensiert durch das Einströmen von entsprechenden Ionen aus der Nachbarschaft, die nun selbst durch diesen Abfluß gestört erscheint. Das Spiel der Kompensation wiederholt sich nun für diese Stelle, und so pflanzt sich diese Störung, der »Nervenimpuls« von etwa einem Zehntelvolt (genauer 80 Millivolt), längs des Axons bis zu seinem Ende, der Synapse, fort.[85] Wir kommen auf diesen energetisch hochinteressanten Vorgang noch zurück.

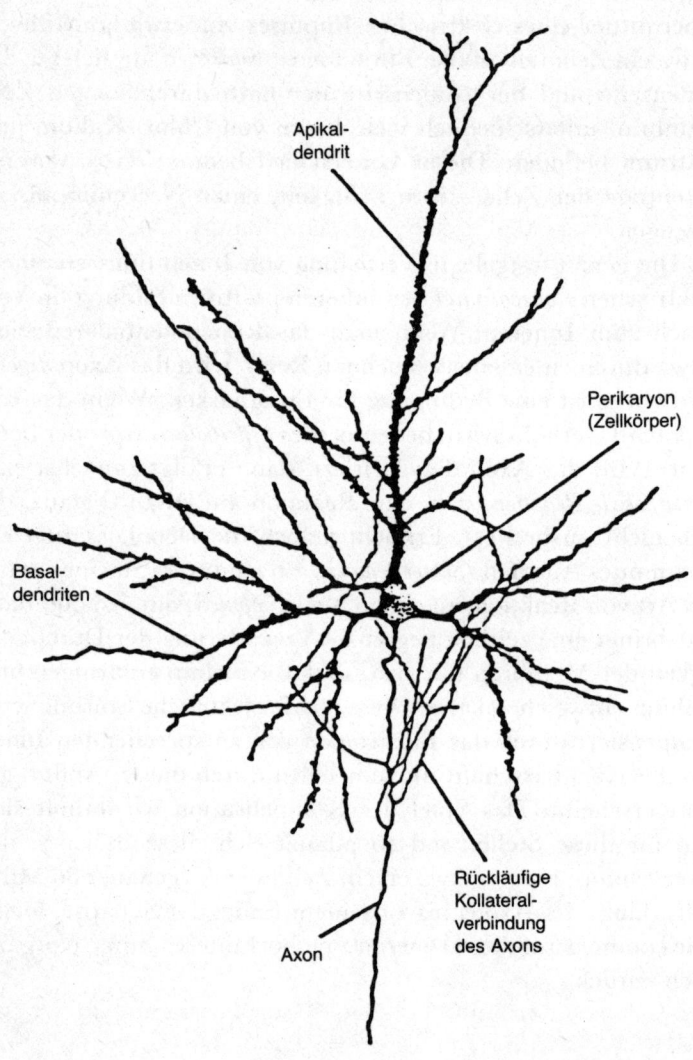

Abb. 7: Kortikale Nervenzelle

Synapse

Neuronen beeinflussen sich gegenseitig über einen Spalt zwischen ihnen, den man als Synapse bezeichent. Eine Synapse stellt also das funktionale Bindeglied zwischen Neuronen dar. In Abb. 8 ist das Axon (Ax), das in einer Verdickung (EB) endet, von dem Dendrit (D) an dessen knospenartigen Vorsprung (sp) durch eine winzige Lücke (sy) getrennt, die man als »synaptischen Spalt« bezeichnet. Die Synapse ermöglicht die Übermittlung eines Signals, das sich entlang des Axons ausbreitet und über die Dendriten auf das nächste Neuron übertragen wird. Verglichen mit der glatten Oberfläche des Axons ist die Oberfläche der Dendriten rauh, eben aufgrund dieser Vorsprünge oder Scheitelpunkte; jeder dieser Vorsprünge verbindet den Dendrit mit einem afferenten Axon, ist also ein »Reizpunkt«.

Übertragung eines Nervenimpulses zwischen Neuronen

Der elektrische Impuls springt nicht von einem Neuron zum anderen über. Die synaptische Verbindung zwischen den Neuronen wird chemisch hergestellt. Zu diesen organischen Verbindungen, den Neurotransmittern, gehören Substanzen wie Norepinephrin (Noradrenalin), Azetylcholin, Dopamin, Epinephrin (Adrenalin), Indolamin und Serotonin. Es konnte nachgewiesen werden, daß diese Stoffe Schlaf, Stimmungen und andere seelische Zustände beeinflussen.

Inhibierende und aktivierende Effekte

Neurotransmitter »führen zu einer Depolarisierung oder zu einer Hyperpolarisierung, indem sie Poren der postsynaptischen Membran ›öffnen‹ bzw. ›schließen‹. Jede Transmittersubstanz (es gibt wohl Dutzende davon) wirkt auf eine gegebene Synapse

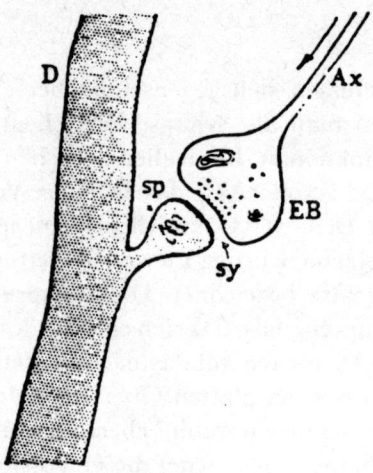

Abb. 8: Neurosynapse

entweder anregend oder hemmend, nie aber beides. Folglich gibt es aktivierende und inhibierende Synapsen...«[86]

Da ein Neuron über seine Dendriten Signale von anderen Nervenzellen erhält, bekommt es zu jedem beliebigen Zeitpunkt eine Kombination von fördernden und hemmenden Reaktionen. Nach heutiger Auffassung führt eine komplexe Funktion der räumlichen Verteilung dieser Eingabewerte zu Hemmung oder Erregung. Entweder feuert das Neuron, oder es feuert nicht. Dies ist das Prinzip des »alles oder nichts«.

Das endokrine System

Obwohl das endokrine System kein Teil des eigentlichen Nervensystems ist, übt es doch einen großen Einfluß auf dieses aus; daher wollen wir es an dieser Stelle kurz beschreiben.

Das endokrine System besteht aus verschiedenen Drüsen, die Hormone in den Blutkreislauf absondern. Dazu gehören die Hypophyse, die Schilddrüse, die Nebenschilddrüse, die Bauchspeicheldrüse und die Nebennierendrüsen. Entsprechend dem jeweiligen Hormon wird eine Zelle entweder »gehemmt« oder »aktiviert«. Einige Hormone wirken nur auf bestimmte Bereiche des Körpers, andere auf das gesamte Gewebe. Das endokrine System spielt eine Rolle für die Homöostase des Körpers und für die Regulierung des Wachstums und der Entwicklung.

Das Nerven- und das Drüsensystem beeinflussen einander wechselseitig. Das eine wirkt auf das andere ein. In unserem Rahmen sind vor allem die Nebennierendrüsen interessant, die die Hormone Epinephrin (Adrenalin) und Norepinephrin (Noradrenalin) produzieren. Im Gehirn wirken diese Substanzen als Neurotransmitter und spielen unmittelbar eine Rolle für das postsynaptische Aktionspotential eines Neurons.

Es gibt also zwei funktionell verknüpfte physiologische Systeme – das Nervensystem und das endokrine System, die eine zweite Art von Schließung innerhalb des Nervensystems darstellen. Eine Aktivität im Nervensystem beeinflußt die Aktivität des endokrinen Systems, das andererseits durch die Produktion von Hormonen oder Neurotransmittern die Aktivitäten des Nervensystems beeinflußt.

Funktionsweise des Nervensystems

Nachdem wir die Komponenten kennen, könnten wir fragen: Welchem Zweck dient dieses System von Axonen und Dendriten? Wir erhalten eine Antwort auf diese Frage, wenn wir ein Axon mit einer feinen elektrischen Sonde, einer Mikropipette, untersuchen, einem Instrument, das klein genug ist, um in ein Axon eindringen zu können. Sobald diese Sonde einmal eingeführt ist und die Meßergebnisse verstärkt und auf einem Voltmeter oder einem Oszilloskop sichtbar gemacht werden, sieht man einen Spannungsunterschied von 80 Millivolt (innen negativ bzw. außen positiv) zwischen der Innenseite und der Außenseite der Membran (Abb. 9).

»Das ist ein phantastisches System«, erklärt Foerster. »Wenn an irgendeiner Stelle das Gleichgewicht gestört wird, kehrt sich die Polarität der Axonmembrane um. Die Innenseite wird positiv und die Außenseite negativ. Alle elektrischen Ladungen in unmittelbarer Nähe der Störung eilen zu dieser Stelle und ver-

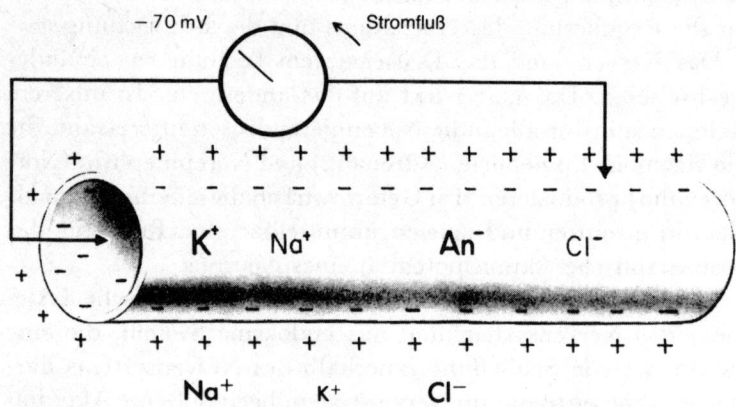

Abb. 9: *Aktionspotential eines Neurons. Das intrazelluläre Potential im Plasma einer gewöhnlichen Nervenzelle »im Zustand der Ruhe« ist in bezug auf das extrazelluläre Potential negativ. In der extrazellulären Flüssigkeit sind hohe Konzentrationen von Natrium (Na^+)-Ionen und Chlorid (Cl^-)-Ionen vorhanden; im Plasma der Nervenzelle sind hohe Konzentrationen von Kalium (K^+)-Ionen und Protein (An^-). Das Membranpotential beträgt etwa -70 bis -90 Millivolt.*

suchen, die Verschiebung der Polarität zu kompensieren. Das führt zu weiteren Störungen, die sich entlang des Axons fortpflanzen.«

Man kann sich diesen Prozeß durch ein Spiel veranschaulichen. Kinder stehen in einer langen Reihe nebeneinander, und jedes von ihnen befolgt diese Spielregel: »Wenn mein unmittelbarer Nachbar in einer tiefen Kniebeuge sich bückt und streckt, dann mache ich dieselbe Übung.«

Ein Beobachter, der in genügender Entfernung vor dieser Kinderschar steht, wird eine Welle von hinunter- und hinaufgehenden Köpfen längs dieser Kinderreihe laufen sehen, nachdem ein »Reiz« ein Kind am Ende der Reihe zu einer Kniebeuge veranlaßt hat. Man beachte, daß die Fortpflanzungsgeschwindigkeit dieser Welle nur von lokalen Eigenschaften wie Reaktionszeit des einzelnen Kindes, Dauer des Sich-Beugens etc. diktiert wird, und daß keine »Materie« längs dieser Kette transportiert, sondern lediglich ein Signal von Punkt zu Punkt weitergegeben wird.

Codierung

Wir kommen jetzt zu einem wesentlichen Punkt in der Beschreibung, wie das Zentralnervensystem funktioniert. Stellen Sie sich einmal eine einzelne auf Druck reagierende Sinneszelle vor. Wir üben einen Druck darauf aus und beobachten die Reaktion. Wenn wir nur einen leichten Druck ausüben, können wir beobachten, wie einige Impulse sich entlang des Axons ausbreiten, etwa einer pro Sekunde. Üben wir jedoch einen stärkeren Druck aus, dann nimmt die Anzahl der Impulse zu. Je größer der Druck, den wir ausüben, desto höher wird die Frequenz des Impulses.

Man kann auf einem Oszilloskop eine solche Kette von Impulsen beobachten. Jede Spitze entspricht einem »Feuern« des Neurons. Wenn wir eine Mikropipette in einen Druckrezeptor einführen und den Output mit einem akustischen Gerät verstärken, dann hört man entweder »p-p-p-p-p-p« oder aber »prrrrrrrr«, je nachdem, wie stark der Druck ist. Die Sprache des Neurons sind die elektrischen Impulse, deren Frequenz sich entsprechend der Stärke der Erregung verändert.

Wir könnten das gleiche auch bei anderen Sinneszellen, etwa einem Wärmerezeptor, beobachten. Auch in diesem Fall würden wir feststellen, daß die Frequenz der Impulse, die sich entlang des Axons ausbreiten, eine Funktion der Temperatur ist. In diesem Fall würde es sich eben um Wärme handeln. Wir sind hier am Kernpunkt der Diskussion angelangt: *Die elektrische Aktivität der Rezeptorzelle – und im Grunde genommen aller Nervenzellen – codiert lediglich die Intensität der Erregung, die sich darin spiegelt, wie oft die Zelle feuert. Sie codiert jedoch nicht die Art und das Wesen der Erregung.* Die Stärke des Nervenimpulses ist immer gleich. Das

Aktionspotential des Neurons – 80 Millivolt – verhält sich nach dem Prinzip: »alles oder nichts«. Es feuert, oder es feuert nicht. Das ist auch der Grund, weshalb die elektrischen Eigenschaften eines Neurons als schalterähnlich oder digital bezeichnet werden. Das ist jedoch ein falscher Sprachgebrauch, denn einerseits ist die Impulsfrequenz der Intensität des Reizes analog, der auf die Sinneszelle ausgeübt wird; andererseits ist das Phänomen »Impulse« diskontinuierlich: es ist da oder nicht. Das Wort »diskontinuierlich« bedeutet jedoch nicht, daß das Neuron »digital« ist. »Digital« und »diskontinuierlich« sind keine synonymen Begriffe.

»Digital« bezieht sich auf die Darstellung von Zahlen. Foerster erklärt: »In einer Digitalziffer wird der Wert einer Ziffer durch ihre Stelle bestimmt. Beispielsweise ist das lateinische numerische System nicht digital; M heißt tausend, C hundert etc. Digital bedeutet, daß eine Zahl einen bestimmten Stellenwert hat; der Wert einer Zahl hängt davon ab, an welcher Stelle sie steht. Die Dezimalzahl 563 bedeutet 5 mal einhundert, denn die 5 steht an der ›Hundert‹-Stelle, plus 6 mal zehn etc. Die Nervenimpulse sind diskontinuierlich, aber die Frequenz des Impulses ist der speziellen Erregung analog. Die Frage, ob das Neuron eine digitale Maschine ist oder nicht, ist also irreführend.«

Zusammenfassung

Um zusammenzufassen, wollen wir noch einmal das dieses Kapitel einleitende Zitat von Huxley in Erinnerung rufen. »Nicht das Gehirn allein ist für das Denken verantwortlich, obwohl es als Organ notwendig ist, damit Denken sich manifestieren kann. In der Tat ist ein isoliertes Gehirn ein biologisches Unding, genauso bedeutungslos wie ein isoliertes Individuum.«[87]

Bei der Mehrzahl der Neuronen, die das Zentralnervensystem bilden – einschließlich derer im Gehirn –, handelt es sich um universelle Sinneszellen, die unseren sensorischen und motorischen Apparat zu einem geschlossenen System verbinden. Wenn wir uns das Ganze etwas genauer ansehen, stellen wir fest, daß die spezialisierten Sinneszellen – die Stäbchen und Zapfen des Auges, die Druckwahrnehmungszellen etc. –, wie alle anderen Neuronen auch, lediglich die Stärke des Reizes codieren, nicht aber seine physikalische Beschaffenheit. Nervenzellen, die nach dem Prinzip des »alles oder nichts« arbeiten, feuern entweder einen 80-Millivolt-Impuls ab, oder sie feuern nicht. Folglich handelt es sich bei dem Nervensystem um ein FM, d. h. um ein frequenz-moduliertes System: die Impulsfrequenz ist der Code.

Es gibt in der Tat nichts in einem einzelnen Neuron oder in einem Verband von Neuronen, das auf die verschiedenen mentalen Funktionen, die man normalerweise als Wahrnehmung bezeichnet, hindeuten würde. Nur wenn wir das sensorische *und* das motorische System des Körpers als Komponenten eines geschlossenen, rekursiv errechnenden Systems auffassen, können wir den Versuch unternehmen, Wahrnehmung zu verstehen. In den Kapiteln 5: Komputation, 6: Biokomputation und 7: Schließung sollen Wahrnehmung und ihre erkenntnistheoretischen Implikationen besprochen werden.

5. Er-Rechnen

> *Unter Er-Rechnen möchte ich jede Operation verstehen, die eine Anordnung von Gegenständen oder ihrer symbolischen Repräsentanten transformiert, modifiziert, ordnet oder um-ordnet.*
>
> HEINZ VON FOERSTER[88]

> *Wenn wir nicht wissen, daß wir nicht wissen, glauben wir zu wissen.*
>
> RONALD D. LAING[89]

Gehirne und Computer

Der nun auch in die deutsche Sprache übernommene Ausdruck »Computer« hat ja eigentlich eine lateinische Wurzel: *com*, das »zusammen« bedeutet, und *putare*, das »betrachten, erwägen« heißt. Ein Computer ist also etwas, das zwei oder mehr Dinge gemeinsam betrachtet. Die der lateinischen entsprechende germanische Wurzel ist »reg«, was zum englischen *reckon* und zum deutschen *rechnen* geführt hat. Rechnen oder Er-Rechnen, um das Konstruktive dieses Prozesses zu betonen, soll hier keineswegs auf das nur Numerische beschränkt bleiben. Übersetzung eines Textes von einer Sprache in eine andere, die Paraphrase eines Satzes etc. wollen wir ebenso als ein Er-Rechnen sehen wie multiplikative, additive, substraktive etc. Operationen an dem Zahlenpaar a, b.

»Aber jetzt«, sagt Foerster, »heißt es vorsichtig sein. Das Errechnen findet im Nervensystem statt. Wir können also sagen, daß das Nervensystem ein Computer bzw. eine Rechenmaschine ist. Dies ist jedoch nur dann korrekt, wenn man den allgemeinen Begriff von Errechnen versteht, sonst läuft man Gefahr anzunehmen, auch das Umgekehrte – jeder Rechner ist ein Gehirn – würde stimmen. Das Gehirn ist ein Computer, aber Computer sind keine Gehirne, auch keine elektrischen Gehirne. Zudem ›simulieren‹ die Computer die Gehirnfunktionen nicht, da wir noch nicht wissen, wie das Gehirn funktioniert.«[90]

Viele denken bei Gehirnen an Computer. Wir können uns nun eine wichtige Frage stellen: Gibt es eine Beziehung zwischen dem Gehirn und dem Computer? Ja und nein. Kein Computer ist ein Gehirn, aber alle Gehirne sind Computer. Die Metaphern der modernen Computersprache haben diejenigen, die sich mit der Erforschung des Gehirns befassen, teilweise zu dem Trugschluß verführt, zwischen Computern und geistigen Prozessen bestehe eine Isomorphie: Computer lösen Probleme, verarbeiten Informationen usw. Computer allerdings haben keine Probleme; *wir* sind es, die Probleme haben. Computer arbeiten nicht mit *Information*. Sie arbeiten mit *Daten* und speichern sie. Die Vermenschlichung von Maschinen hat zu zahlreichen Verwechslungen zwischen Maschinen und dem geführt, was wir nicht verstehen – dem Gehirn. Dies hat viele Forscher dazu verleitet zu denken, Computer seien Gehirne und das Gehirn sei daher genauso strukturiert und funktioniere auf die gleiche Weise wie ein Computer.

Irgendwann werden Computer vielleicht ein Gedächtnis haben. Irgendwann in der Zukunft kann man vielleicht diese menschliche Fähigkeit auf eine Maschine übertragen, aber Voraussetzung dafür ist, daß wir zuerst einmal verstehen, was Gedächtnis ist und wie es funktioniert. Wir verstehen das Gedächtnis nicht – wie könnten wir es also in eine Maschine einbauen? Diesen wichtigen Punkt hat man vielleicht aufgrund des ungenauen Sprachgebrauchs einfach übersehen.

Foerster: »Da wir heute eher in einer Ära der Wissenschaft und Technologie leben und nicht so sehr in einer Zeit des Gefühls und der Emotionen, beziehen sich die vertrauten Beiwörter für unsere Maschinen nicht auf den Charakter, sondern auf den Intellekt. Obwohl es durchaus möglich und vielleicht sogar korrekt ist, von einem ›stolzen IBM 360-50 System‹ zu sprechen, von einem ›mutigen 1800er‹ oder von einem ›schlauen PDP 8‹, habe ich doch noch nie jemand so reden hören. Statt dessen verklären wir das, was uns als intellektuelle Funktion der Maschine erscheint. Wir sprechen von ›Gedächtnis‹; wir sagen, daß diese Maschinen ›Information‹ speichern und abrufen,

›Probleme lösen‹, ›Theoreme beweisen‹ etc. Anscheinend hat man es hier mit recht intelligenten Kerlchen zu tun. Es gibt sogar Versuche, einen A. I. Q., einen ›artifiziellen Intelligenzquotienten‹ zu konstruieren, um diese falsche Vorstellung, die heute noch bei einigen prominenten Behavioristen gang und gäbe ist, mit Effizienz und Autorität in diesen neuen Bereich der ›künstlichen Intelligenz‹ zu übertragen.

In den letzten zehn Jahren ist jedoch etwas Bizarres und zugleich auch Peinliches passiert. Nicht nur haben die Techniker, die mit solchen Systemen arbeiten, allmählich begonnen, tatsächlich daran zu glauben, daß die geistigen Funktionen, deren Bezeichnungen anfangs in bildhaftem Sinne auf einige maschinelle Operationen angewandt wurden, tatsächlich in diesen Maschinen vorhanden sind; selbst einige *Biologen* begannen – eben weil es noch keine umfassende Theorie des Denkens gibt – zu glauben, daß bestimmte maschinelle Operationen, die man unseligerweise nach bestimmten Denkprozessen benannt hat, tatsächlich mit diesen funktional isomorph sind. Beispielsweise haben sie bei ihrer Suche nach der physiologischen Grundsubstanz des Gedächtnisses nach neuralen Mechanismen zu forschen begonnen, die, wie bei Computern, die zeitlichen Konfigurationen (Magnetbänder, Zylinderspeicher, Kernspeicher) oder räumliche Konfigurationen (Hologramme) des elektromagnetischen Felds ›einfrieren‹, damit man sie zu einem späteren Zeitpunkt untersuchen kann.«[91]

Digitale Computer

Um zwischen Gehirnen und Computern unterscheiden zu können, ist es vielleicht ganz nützlich zu wissen, wie Digitalcomputer funktionieren. Rechenmaschinen wurden ursprünglich zu dem Zweck konstruiert, um mühsames und langwieriges Rechnen überflüssig zumachen. 1617 veröffentlichte der schottische Mathematiker John Napier, der die Logarithmen erfunden hat, seine *Robdologia,* in der er eine Methode beschrieb, bei der Stäbchen verwendet wurden, um zu multiplizieren und zu dividieren. Diese Rechenstäbchen, die als »Napiers Knochen« bekannt wurden, waren die Vorläufer des heutigen Rechenschiebers.

Ein weiterer Vorläufer der mit Hochgeschwindigkeit arbeitenden Digitalrechner wurde 1642 von dem Mathematiker Blaise Pascal konstruiert. Pascals Apparat arbeitete mit Rädern und Zahnrädern, mit deren Hilfe das Dezimalsystem dargestellt wurde.

Das Dezimalsystem umfaßt zehn Ziffern, die durch die Symbole 1, 2, 3, 4, 5, 6, 7, 8, 9 und 0 dargestellt werden. Die Basis des Systems ist die Zehn. Das Dezimalsystem ist ein positionelles numerisches System, das heißt, der Wert einer Ziffer ergibt sich aus der Stelle, an der sie steht. Beispielsweise ist die Zahl 531 gleich $(5 \times 10^2) + (3 \times 10^1) + (1 \times 10^0)$. Wir haben also $(5 \times 100) + (3 \times 10) + (1 \times 1)$, und dies ist wiederum gleich 531.

Da Pascals Rechenmaschine auf einem positionellen Zahlensystem beruhte, entsprach ihre Fähigkeit, zu zählen bzw. Zahlen zu dokumentieren (was etwas anderes ist, als mit ihnen zu rechnen), der Funktionsweise des Kilometerzählers eines Autos. Der Kilometerzähler arbeitet mit ineinandergreifenden Zahnrädern, von denen jedes zehn Zähne hat. Die Hinterachse des Autos treibt das Rad des Kilometerzählers an, das ein Zehntel eines Kilometers darstellt. Nach einer vollständigen Umdrehung greift der Zahn dieses Rades in das Kilometerrad, das sich dadurch seinerseits um ein Zehntel weiterdreht. Dies entspricht dem Übertragungsvorgang beim Addieren.

Die Einführung des binären Zahlensystems markiert den Beginn der Entwicklung moderner Digitalcomputer. Anders als das Dezimalsystem, das mit zehn Ziffern arbeitet, kennt das binäre Zahlensystem nur zwei Ziffern: 0 und 1. Außer bei rein mathematischen Operationen können binäre Zahlen auch bei Diagrammen, Buchstaben und Verarbeitungsanweisungen eingesetzt werden. Nebenstehende Tabelle listet Buchstaben und Dezimalzahlen, dargestellt in Binärzahlen, auf:

| Zahlzeichen | | Buchstaben und | Binäre |
Dezimal	Binär	Symbole	Darstellung
1	001	A	0100 0001
2	010	B	0100 0010
3	011	C	0100 0011
4	100	=	0011 1101
5	101	+	0010 1011

Die Binärzahlen ermöglichen es den Technikern und Ingenieuren, die lästigen Räder und Zahnräder durch mechanische Relais zu ersetzen. Das geöffnete Relais stellte eine »o« dar, das geschlossene eine »1«. Elektrisch gesteuerte Relais öffnen und schließen sich schneller als ihre mechanischen Vorläufer; pro Sekunde schalten sie etwa 20mal um. In anderen Worten, ein Computer mit elektromechanischen Relais konnte etwa 20 Rechenoperationen pro Sekunde ausführen.

Um 1945 wurden die elektrischen Relais durch Vakuumröhren ersetzt. Obwohl sie viel Energie benötigten und es daher zu Überhitzungsproblemen kam, wurde dies doch dadurch wettgemacht, daß sich die Vakuumröhren Tausende Male pro Sekunde öffnen und schließen können; dies war natürlich eine beträchtliche Steigerung des Rechenpotentials der Maschine. Die Vakuumröhren (Computer der ersten Generation) wurden dann durch die noch schnelleren und bei Zimmertemperaturen arbeitenden Transistoren abgelöst (Computer der zweiten Generation), die man schon bald in integrierte Schaltkreise einbaute (Computer der dritten Generation) und dann immer kleiner machte, so daß man schließlich Tausende von ihnen auf einen Siliconchip packen kann (Computer der vierten Generation).

Da Computer leider immer noch alle Arbeitsanweisungen *seriell* ausführen müssen, d. h. der Reihe nach und nicht wirklich parallel, wird Geschwindigkeit der einzelnen Operation einer der wichtigsten Faktoren für die Kapazität des Rechners.

Supercomputer, wie etwa der Cray-Rechner, können pro Sekunde eine Milliarde Male umschalten. Ein gewöhnlicher Heimcomputer schaltet zwischen zwei und sechs Millionen Male in der Sekunde. Aber unabhängig davon, wie groß oder wie schnell ein Computer ist, der Hauptbestandteil ist ein einfacher Schalter, der entweder offen oder geschlossen ist.

Außer für die Grundrechnungsarten – Addition, Subtraktion, Multiplikation, Division – sind binäre Zahlen ideal für die Berechnung logischer Funktionen. 1854 stellte George Boole in allgemeinverständlicher Form eine Algebra vor, die Mathematik und Logik miteinander verband. 1938 entwickelte Claude Shannon, der für die Bell-Laboratorien arbeitete, eine Methode, um Booles Algebra praktisch anzuwenden: die Selbstwählschaltung bei Telephonen. In Shannons Nachfolge wandte man dann die Boolesche Algebra auf die Schaltsysteme elektronischer Computer an; die Maschinen konnten jetzt auch logische Operationen durchführen. Jede Boolesche Variable ist entweder richtig oder falsch; der Computer stellt dies durch die Binärziffer 1 oder durch die Binärziffer 0 dar.

Die formale Untersuchung dieser Rechenvorgänge bezeichnet man als Berechnung der Wahrheitswerte von Sätzen (Aussagenlogik). Da uns hier interessiert, wie das Nervensystem logische Funktionen errechnet, werde ich kurz abschweifen und beschreiben, wie logische Funktionen allgemein berechnet werden.

Aussagenlogik

Pospesel sagt: »Ein jeder von uns stellt Tag für Tag Behauptungen auf und wird seinerseits mit den Behauptungen anderer konfrontiert. Es gibt zwei Möglichkeiten, solche Behauptungen zu beurteilen. Die eine ist es zu bestimmen, ob die Prämissen der Aussage wahr oder falsch sind. Man könnte dies als die inhaltliche Beurteilung bezeichnen. Die andere Möglichkeit ist es zu entscheiden, ob sich die Schlußfolgerung zwingend aus den Prämissen ergibt. Wenn wir eine Aussage auf diese Weise bewerten, beurteilen wir ihre Form.«[92] Aufgabe des Logikers ist es, die Form zu beurteilen.

Die Logiker, die sich nach den Lehren des Aristoteles richten, arbeiten mit Aussagen, die entweder als wahr oder als falsch beurteilt werden. Da Logiker sich einzig und allein mit den logischen Beziehungen innerhalb einer oder zwischen mehreren Aussagen befassen, erleichtern sie sich ihre Arbeit, wenn sie die einzelnen Aussagen durch Buchstaben ersetzen. Traditionsgemäß setzt man die Buchstaben »P« oder »Q« an die Stelle von Aussagen. Der Buchstabe »P« kann für irgend etwas ganz Beliebiges stehen: »Ich bin ein Elephant«, »Es regnet«, oder »Der Mond ist aus Käse«.

Behauptungen stellt man ausgehend von logischen Verbindungen auf, mit deren Hilfe wir Einzelaussagen miteinander verknüpfen. Auch wenn uns logische Funktionen manchmal etwas seltsam vorkommen, verwenden wir sie doch fortwährend in der natürlichen Sprache. Beispiel: »Diese Packung wird nach Gewicht, nicht nach Volumen verkauft... Wenn es beim Öffnen der Packung so aussieht, als sei sie nicht voll, dann nur, weil sich der Inhalt während des Transports gesetzt hat.« Oder: »Wenn die Bank heute noch geöffnet hat und mein Konto nicht überzogen ist, kann ich Ihnen das Geld auszahlen.« Schließlich eine Zeitungsüberschrift: »Die Ausgangssperre bleibt auf unbegrenzte Zeit in Kraft, bis die gewalttätigen Auseinandersetzungen aufhören.«[93]

Sehen Sie sich einmal folgende Liste an:

und	*Negation*	*oder*
aber	nicht	oder
jedoch	ist nicht	entweder ... oder
außerdem	es ist falsch	
obwohl	nicht wahr	
dennoch	ist nicht	
wenngleich		

Logische Funktionen werden errechnet. Foerster: »Um Ihnen eine Vorstellung davon zu geben, was eigentlich Gegenstand der orthodoxen Logik ist, möchte ich Ihnen jetzt zeigen, wie ein Logiker logische Funktionen *errechnet;* dabei werde ich mich auf eine einzige Aussage beschränken, die ich ›P‹ nenne. Mit einer Aussage kann man genau vier logische Funktionen berechnen: 1) Bejahung, 2) Verneinung, 3) Tautologie und 4) Kontradiktion. Ich beginne mit der Affirmation:

1) *Bejahung*

Ich kann P bestätigen; ich kann sagen: ›P trifft zu.‹ Wenn P wahr ist, dann ist auch ›P trifft zu‹ wahr (›W‹); ist jedoch P falsch, dann ist auch ›P trifft zu‹ falsch (›F‹).

P	Ja (P)
W	W
F	F

2) *Verneinung*

Ich kann die Behauptung P aber auch negieren. Man sagt dann »non-P« und kennzeichnet dies mit einem Querstrich über dem Buchstaben $\overline{P}$. Wenn P wahr ist, dann ist $\overline{P}$ falsch. Und wenn P falsch ist, ist $\overline{P}$ wahr. Wenn die Aussage P dafür steht, daß es regnet, dann steht $\overline{P}$ dafür, daß es nicht regnet. Es regnet entweder, oder es regnet nicht.

P	$\overline{P}$
W	F
F	W

3) *Tautologie*

Bestimmte Behauptungen, sogenannte Tautologien, sind immer *wahr*. Betrachten Sie beispielsweise den Satz: ›Die Sonne scheint, oder die Sonne scheint nicht.‹ Diese Aussage ist wahr, unabhängig davon, ob die Sonne scheint oder nicht.

P	P oder $\bar{P}$
W	W
F	W

Eine Tautologie sagt daher überhaupt nichts aus, denn sie ist unabhängig von dem, was der Fall ist. Man darf aber nie außer acht lassen, daß all dies auf rein logischer Ebene stattfindet. Wenn jemand im Gespräch vor anderen zu Ihnen sagt: ›Du bist ein Dieb, oder du bist kein Dieb‹, dann kann das sehr wohl einen Einfluß auf Ihr Leben haben. Man muß also den Zusammenhang berücksichtigen, in dem solches gesagt wird, damit man den Sinn erkennt.

4) *Kontradiktion*

Umgekehrt gibt es bestimmte Aussagen, sogenannte Kontradiktionen, die immer falsch sind. Wir beginnen mit der Aussage P: ›Die Sonne scheint.‹ Nun die Kontradiktion: ›Die Sonne scheint, und die Sonne scheint nicht.‹ Diese Aussage ist immer falsch, unabhängig davon, in welcher Phase die Sonne ist.

P	P & $\bar{P}$
W	F
F	F

Bejahung, Verneinung, Tautologie und Kontradiktion sind die einzigen logischen Funktionen, die man mit Hilfe einer einzelnen

Aussage herstellen kann. Wir können jedoch auch mit zwei oder mehr Aussagen arbeiten. Es hat sich eingebürgert, diese zweite Aussage ›Q‹ zu nennen. Wir haben jetzt also die beiden Sätze P und Q.

Es gibt 16 Möglichkeiten, zwei Aussagen miteinander zu kombinieren und so 16 logische Funktionen herzustellen (Tab. 1). Betrachten wir einmal die logische Funktion ›und‹, Nummer 8 in der Tabelle (geschrieben P&Q). Beide Aussagen, P und Q, haben je zwei Wahrheitswerte: wahr oder falsch. Das bedeutet, daß es vier Kombinationsmöglichkeiten für P und Q gibt: WW; FW; WF; FF. Mehr Kombinationen sind nicht möglich. Wir

pq	pv p̄ & qv q̄	2 pvq	3 p+q	4 q	5 q→p	6 p	7 p=q	8 p&q	9 p̄vq̄	p&q̄ v p̄&q	11 p̄	12 p̄&q	13 q̄	14 p&q̄	15 p̄&q̄	p&p̄ v q&q̄
WW	W	W	W	W	W	W	W	W	F	F	F	F	F	F	F	F
FW	W	W	W	W	F	F	W	F	W	W	W	W	F	F	F	F
WF	W	W	F	F	W	W	F	F	W	W	F	F	W	W	F	F
FF	W	F	W	F	W	F	W	F	W	F	W	F	W	F	W	F

Tabelle 1: Die Errechnung logischer Funktionen bei zwei Behauptungen

können nun fragen, wann die logische Funktion ›und‹ wahr oder falsch ist. Vom Logischen her ist ›und‹ dann – und nur dann – wahr, wenn die Aussage P wahr ist und die Aussage Q wahr ist. Aus unserer Liste von vier möglichen Kombinationen berechnet also nur eine Kombination ein wahres ›und‹, nämlich dann – und nur dann –, wenn beide Aussagen, P und Q, wahr sind.

Wenn wir uns die logische Funktion ›oder‹ ansehen, dann zeigt Spalte 2 der Tabelle, daß drei der vier Kombiantionen ein wahres ›oder‹ ergeben. Sehen wir uns beispielsweise folgende Aussage an: ›Wenn Bob oder Joe zu der Versammlung kommen, werden wir beschlußfähig sein.‹ Wenn Bob kommt, sind wir beschlußfähig. Wenn Joe kommt, sind wir beschlußfähig, und wenn sie beide zu der Versammlung kommen, sind wir ebenfalls beschlußfähig. Drei von vier Möglichkeiten sind wahr.

Logische Funktionen sind also Rechenanweisungen. Logische Funktionen führen zu komplexeren Aussagen. Das wird schon deutlich, wenn man nur mit zwei Aussagen arbeitet, deren Kombination zu 16 verschiedenen Aussagen führt.«

Da wir es mit einem zweiwertigen logischen System zu tun haben, nämlich wahr oder falsch, kann man das Berechnen logischer Funktionen in einen Computer einbauen. Logische Schaltkreise in einem Computer, sogenannte »Gatter«, erhalten zwei oder mehr Input-Signale und geben ein Output-Signal ab. Diese Gatter ermöglichen es den Programmierern, Anweisungen für Entscheidungen zu schreiben.

Ein Gatter mit zwei Inputs kann die oben erwähnten 16 logischen Funktionen errechnen. Der Computer verwendet die Binärziffer 1, um »wahr«, und die Binärziffer »0«, um »falsch« darzustellen. Man weist den Computer also an, daß in dem Fall, wenn – und nur wenn – beide Inputs P und Q 1 sind, auch der Output eine 1 ist. Wenn einer von beiden oder beide eine 0 sind, dann ist der Output ebenfalls eine 0.

Die Anzahl der logischen Funktionen ist eine zu der Anzahl der Aussagen *exponentielle Exponentialgröße*. Wenn man beispielsweise drei Aussagen hat, sind 256 logische Funktionen möglich. Hat man vier Aussagen, ergibt dies 65 536 logische Funktionen. Die Formel dafür lautet: $(2)^{2^N}$. Bei drei Aussagen haben wir also 2 hoch (2 in der dritten Potenz) = 2^8 = 256.

Aus Tab. 2 ist zu ersehen, daß die Anzahl der logischen Funktionen ungeheuer schnell größer wird. Mit einer großen Anzahl von Aussagen zu arbeiten ist außerordentlich schwierig. In Kapitel 6 (Biokomputation) werden wir uns mit Nervennetzwerken befassen, bei denen im Durchschnitt auf tausend Inputs eine Ausgabe kommt. Wenn wir jeden Input von einem anderen Neuron als eine Aussage betrachten, dann ist die Zahl der errechneten logischen Funktionen transastronomisch.

Wir kommen nun zu einer äußerst wichtigen Frage: Welche Art von Wahrheiten beweisen Logiker eigentlich? Foerster: »Bis jetzt war meine Darstellung der Wahrheitswert-Tabellen unkompliziert. Sie läßt jedoch eine Kernfrage außer acht: ›Unter

# von Propositionen		# von logischen Funktionen
1	=	4
2	=	16
3	=	256
4	=	65 536
5	=	4 294 967 304
6	=	18 446 744 073 709 551 616

Tabelle 2: Doppelte exponentielle Zunahme der Anzahl logischer Funktionen

welchen Voraussetzungen kann ich herausfinden, ob eine Antwort wahr oder falsch ist?‹ Das ist ein sehr schwieriges Problem der Erkenntnistheorie, aber es gibt eine sehr einfache Antwort auf diese Frage.

Lesen Sie die Einleitung zu irgendeinem beliebigen Buch über Logik, und Sie werden mit Sicherheit auf den Satz stoßen: ›Wenn Sie wissen wollen, ob eine Aussage wahr oder falsch ist, dann FRAGEN SIE NICHT EINEN LOGIKER.‹ Logiker befassen sich lediglich damit, was geschieht, wenn man Aussagen miteinander verknüpft, von denen man annimmt, daß sie wahr oder falsch sind – nicht aber damit, ob diese Aussagen wahr oder falsch sind.«

Näheres zum Digitalcomputer

Boole setzte numerische Operationen in Wahrheitswerte um. Der Computer kann zwei Werte miteinander vergleichen und entscheiden, ob sie gleich groß sind oder ob der eine größer ist als der andere. Jede dieser Berechnungen ergibt einen bestimmten Wahrheitswert.

Programmierer haben die Boolesche Algebra benutzt, um dem Computer Anweisungen zu geben, daß dieser Entscheidungen trifft. Alle hypothetischen Sätze, unabhängig davon, wie komplex sie miteinander verknüpft sind, führen im Endeffekt folgende Operation durch: »Wenn..., dann tue...« In anderen Worten: Wenn die Hypothese wahr ist, dann führe Anweisung A aus; wenn sie falsch ist, dann führe statt dessen Anweisung B aus.

Beispiele: 1) Ein Computer einer Highschool kann programmiert werden, den Ausbildungsstand der Studenten zu überprüfen: »Wenn ein Student die Note 3 oder schlechter hat, dann schicke seinen Eltern einen Vordruck, der sie darüber informiert.« 2) Ein Computer in einer Fabrik kann folgendermaßen programmiert werden: »Wenn Samstag ist und die Maschine B in Betrieb ist, dann löse den Alarm im Büro des Ingenieurs aus.« 3) Man kann auch ein Sub-Programm entwerfen, das dem Computer praktisch folgendes sagt: »Wenn der Benutzer das Wort A-U-F-H-Ö-R-E-N eintippt, dann schalte ab.«

Wir wollen uns das letzte Beispiel etwas genauer anschauen, da es zeigt, was Computer im Grunde nicht können – sie können die natürliche Sprache nicht verstehen. Der Programmierer hat einen Code in das Programm eingefügt, der die Buchstaben A-U-F-H-Ö-R-E-N repräsentiert. Er oder sie hat zudem eine Schleife in das Programm eingebaut, so daß jedesmal, wenn Sie die Tastatur betätigen, um Daten einzugeben, der Computer diese Daten überprüft und nachsieht, ob sie mit dem Code für A-U-F-H-Ö-R-E-N übereinstimmen. Stimmen sie überein, dann schaltet die Maschine ab. Stimmen sie jedoch nicht überein, dann führt die Maschine weitere Anweisungen durch. Dieses Vergleichen erfolgt mittels einer einfachen Subtraktion. Wenn die Antwort 0 ist, wird die Binärziffer 1 in ein Zählwerk eingegeben, um Gleichheit zu signalisieren. Aber die Maschine weiß nicht, was die Buchstaben bedeuten.

Vielen Leuten gefällt es gar nicht, daß die Möglichkeiten von Computern bei der Entschlüsselung von Buchstaben oder Wörtern so begrenzt sind. Das Programm überprüft die Schreibweise, indem er die Wörter, die der Benutzer eingibt, mit einer Reihe von Wörtern vergleicht, die in einer Art Wörterbuch aufgeführt sind. Wenn das eingetippte Wort mit keinem in dieser

Liste aufgeführten übereinstimmt, dann registriert der Computer dieses Wort als einen möglichen Irrtum. Er wird *keinen* Fehler finden, wenn Sie statt des Satzes »Ich wohne in einem grünen Haus« den Satz »Ich wohne in einer grünen Maus« eintippen.

Digitalcomputer haben uns das mühsame Kopfrechnen abgenommen und können nützliche Aufgaben übernehmen. Beispielsweise hat ein Computer das Schreiben dieses Buches sehr erleichtert. Allerdings sollte man nicht außer acht lassen, was John K. Stevens in der April-Ausgabe 1985 der Zeitschrift *Byte* schreibt:

> »Auch wenn die moderne digitale Hardware wirklich beeindruckend ist, so ist es doch offensichtlich, daß die Funktionsgeschwindigkeit der menschlichen Netzhaut unerreicht bleibt. Denn um 10 Millisekunden (ms) eines Arbeitsvorganges in nur einer einzigen Nervenzelle der Netzhaut zu simulieren, müßten etwa 500 simultane, nicht-lineare Differentialgleichungen 100mal gelöst werden; mit einem Cray-Supercomputer würde dies mindestens einige Minuten dauern. Wenn man nun bedenkt, daß es 10 Millionen oder mehr solcher Zellen gibt, die sich wechselseitig beeinflussen, so würde Cray mindestens 100 Jahre brauchen, um zu simulieren, was sich im Auge in jeder Sekunde viele Male abspielt.«[94]

Semantische Komputation

Wie Foerster betont, ist unser umfassendes Verständnis logisch-mathematischer Berechnungen der Grund für die erfolgreiche Entwicklung der Hochgeschwindigkeits-Digitalcomputer: »Die Struktur der semantischen Beziehungen, verkörpert in der funktionalen und anatomischen Struktur unseres Gehirns, die uns dazu bringt, mittels Sprache und Verhalten auf andere zu reagieren und mit ihnen zu kommunizieren, wird allerdings erst seit neuerer Zeit untersucht, so daß man sie allmählich zu verstehen beginnt. Ich bin jedesmal aufs neue verblüfft, auf welch geheimnisvolle Weise es möglich ist, daß Jim, ein Freund von Joe, wenn er das Geräusch hört, das entsteht, wenn man die schwarzen Zeichen ANN IST DIE SCHWESTER VON JOE laut liest – oder diese Zeichen sieht –, weiß, daß Ann die Schwester von Joe ist und *de facto* seine ganze Einstellung der Welt gegenüber ändert, entsprechend seiner neuen Einsicht bezüglich der Verwandtschaftsbeziehungen der Einzelelemente in dieser Welt.«[95]

Wir führen laufend semantische Berechnungen durch, nehmen sie aber nur selten als solche wahr. Foerster: »So spreche ich zum Beispiel von Errechnen, wenn ich die drei Buchstaben A, B und C einfach umstelle, so daß der letzte an die erste Stelle tritt: C, A, B. Ebenso bezeichne ich mit Errechnen diejenige Operation, durch welche die Kommas zwischen den Buchstaben verschwinden – CAB; das gleiche gilt für die semantische Umwandlung, die im Englischen von CAB zu TAXI führt, usw.«[96]

Semantische Komputation hilft uns, Probleme zu verstehen und zu lösen. Foerster veranschaulicht diesen Begriff anhand eines amüsanten Puzzles, das Weston untersucht hat.[97] Weston analysierte die Beziehungsstruktur semantischer Rätsel, und zwar vor allem solcher, die man als »Smith-Robinson-Jones-Variante« kennt. Bei dieser Art von Puzzle folgt auf ganz offensichtlich zusammenhanglose Aussagen eine Reihe von Fragen, die – wenn man von der ursprünglichen Form des Rätsels ausgeht – unmöglich zu beantworten scheinen. Betrachten Sie sich einmal folgendes Beispiel:

> Drei Männer bedienen einen Zug – Smith, Robinson und Jones. Sie haben die Funktionen eines Mechanikers, eines Heizers und eines Bremsers (allerdings nicht notwendigerweise in dieser Reihenfolge). In diesem Zug fahren drei Geschäftsleute mit, die genauso heißen: Mr. Smith, Mr. Robinson und Mr. Jones. Folgende Fakten sind gegeben: 1) Mr. Robinson lebt in Detroit. 2) Der Bremser wohnt auf halbem

Wege zwischen Chicago und Detroit. 3) Mr. Jones verdient genau 2000 $ pro Jahr. 4) Smith hat den Heizer im Billard geschlagen. 5) Der unmittelbare Nachbar des Bremsers ist einer der Passagiere, der dreimal soviel verdient wie der Bremser, der pro Jahr 1000 $ erhält. 6) Der Fahrgast, der genauso heißt wie der Bremser, lebt in Chicago.[98]

Wir sollen jetzt einige Fragen etwa dieser Art beantworten: »Wie heißt der Mechaniker? Wohnt der Fahrgast, der genauso heißt wie der Heizer, in einer Gegend östlich von Mr. Jones?« Ohne einen großen Computer und das entsprechende mathematische Hintergrundwissen sind die Fragen dieses Rätsels kaum zu beantworten. Man kann die Beziehungen nur sehr schwer errechnen. Wenn man jedoch die Fakten »neu formuliert«, kann man diese Beziehungen graphisch darstellen; jetzt besteht eine Aussicht, die Fragen lösen zu können. Sehen Sie sich Abb. 10 an.

Graphische Relationen zu analysieren ist viel einfacher, als sich mit dem Puzzle in seiner ursprünglichen verbalen Form herumzuplagen, da man jetzt alle Beziehungen gleichzeitig vor sich hat. Jede Linie steht für eine Reihe von Fakten. Die erste Linie stellt die Eisenbahner dar; die zweite steht für ihre jeweilige Tätigkeit; die dritte Linie repräsentiert die Fahrgäste; die vierte die Städte, in denen sie wohnen; die fünfte das jeweilige Einkommen. Mit Hilfe ausgeklügelter Algorithmen kann man das Smith-Robinson-Jones-Problem lösen.

Logische Maschinen

Wenn man die Konzeption einer Maschine auf menschliches Verhalten überträgt, besteht die Gefahr, daß die Individuen sozusagen beiseite geschoben werden. Es erweckt den Eindruck von etwas Kaltem, Unmenschlichem, das kaum einen oder überhaupt keinen Wert hat für den Versuch, andere Menschen zu verstehen. Der englische Psychiater und Kybernetiker Ross

Ashby sieht das jedoch anders. Er vertritt die Ansicht, daß es einer der wichtigsten Beiträge der Kybernetik ist, Begriffe zu

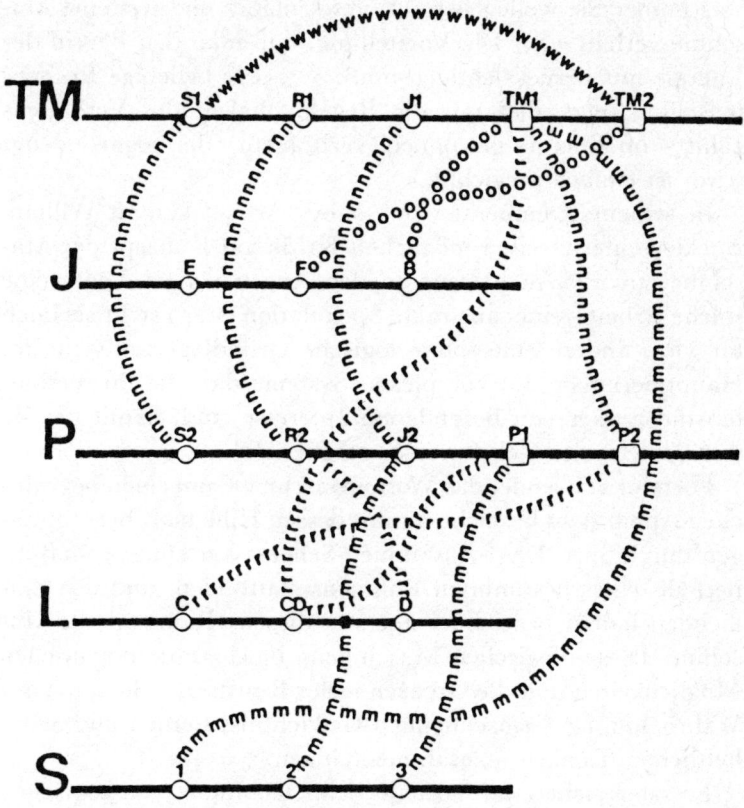

Abb. 10: Semantische Relationsstruktur: das »Smith, Robinson and Jones«-Problem

formulieren, die man auf physische wie auch auf begriffliche Systeme anwenden kann. Er stellt fest: »Es ist meiner Meinung nach eine der wesentlichsten Errungenschaften der letzten zehn Jahre [die 1950er], daß wir endlich die Hauptmerkmale der ›Maschine als solcher‹ identifiziert haben.«[99] Man mußte zwei Vorurteile überwinden, damit dieser Fortschritt möglich wurde: 1.) die Vorstellung, die Maschine müsse aus konkreter Materie bestehen: »... es lassen sich mühelos genügend Beispiele aufzählen, die zeigen, was die wesentliche Frage ist: ob sich nämlich ein System, das aus Winkeln oder aus Ektoplasma oder aus was immer Sie wollen besteht, gesetzmäßig und wie eine Maschine verhält.« 2.) Die Vorstellung, daß man den Begriff der Energie mit berücksichtigen muß: »... jede beliebige Rechenmaschine zeigt, daß nur die Regelmäßigkeit des Verhaltens zählt – ob Energie gewonnen, verbraucht oder sogar erzeugt wird, ist einfach unwichtig.«

In seinem Kommentar zu Ashbys Artikel kommt William Buckley einer zweiten möglichen Kritik am Konzept der Maschine zuvor: »Auch wenn in den Augen einiger Leute eine solche Arbeit ›reine‹ abstrakte Spekulation ist, so stellt sie doch für viele andere eine solide logische Grundlage für viele der Hauptmerkmale der komplexen Systeme dar, die für Verhaltenstheoretiker von besonderem Interesse sind; damit hat sie den Schleier des Geheimnisses gelüftet.«[100]

Foerster verwendet das Wort »Maschine«, um einen begrifflichen Apparat zu bezeichnen, mit dessen Hilfe man Berechnungen durchführt. Das »Zusammen-Sehen« von Dingen muß innerhalb eines bestimmten Rahmens stattfinden, und der Einfachheit halber bezeichnet Foerster diesen »Rahmen« als Maschine. Diese »logischen Maschinen« machen die potentiellen Möglichkeiten und die Grenzen vieler Begriffe deutlich, die mit Wahrnehmung – einschließlich Gedächtnis, Lernen und ganzheitlichem Denken – zusammenhängen.

Foerster sieht zwei Vorteile beim Gebrauch von logischen Maschinen im Sinne eines begrifflichen Hilfsmittels: 1) Maschinen »ermöglichen die direkteste Methode, die externen Variablen eines Systems, d. h. Reiz, Reaktion, Eingabe (Input), Ausgabe (Output), Ursache und Wirkung, mit den internen Zuständen und Operationen des Systems in Beziehung zu setzen. 2) Die formale Interpretation wird völlig offengelassen und kann auf das Lebewesen als ganzes oder aber auf Zellverbände innerhalb des Lebewesens, oder aber auch auf Einzelzellen und ihr Verhalten angewandt werden.«[101]

Triviale Maschinen

Foerster: »Ich möchte Ihnen einige reizende Maschinen vorstellen, die in der Tat großen Spaß machen, wenn Sie sich die Zeit nehmen, mit ihnen zu spielen. Zunächst einmal will ich Ihnen etwas vorstellen, das ich als ›triviale Maschine‹ bezeichne. Ein sehr verläßliches Ding. Immer wenn Sie es einschalten, verhält es sich auf vorhersehbare Weise. Die meisten mechanischen Geräte und Apparate, mit denen wir tagtäglich zu tun haben, sind triviale Maschinen. Ein Lichtschalter beispielsweise ist eine solche triviale Maschine. Wenn Sie den Schalter nach oben knipsen, geht das Licht an; knipsen Sie ihn nach unten, dann geht das Licht wieder aus. Vorausgesetzt, daß der Schalter nicht kaputt ist, funktioniert er immer auf die gleiche Weise. Sein Verhalten ist hundertprozentig voraussagbar. Wir wollen uns jetzt folgende Maschine ansehen (Abb. 11), um herauszufinden, wie sie funktioniert.« Eine triviale Maschine besteht aus drei Teilen: einem Input, dargestellt durch den Buchstaben X; einer Transfer- oder Übertragungsfunktion, dargestellt durch den Buchstaben F, und einem Output, dargestellt durch den Buchstaben Y. Nehmen wir einen Lichtschalter. Die Übertragungsfunktion ermöglicht es, daß Elektrizität durch den Stromkreislauf fließt. Der Output ist, daß der Glühfaden sich erhitzt und wir Licht wahrnehmen. Jetzt betrachten wir eine triviale Maschine mit vier Inputs, z. B. α, β, γ, δ, und zwei Outputs ϑ, ι. Die Funktionstabelle 3 zeigt, welche Ein- und Ausgaben erlaubt sind.

In Spalte X sind die vier zulässigen Inputs der Maschine aufgelistet: Alpha, Beta, Gamma und Delta. Spalte Y gibt den bei einem bestimmten Input erlaubten Output an. Wenn man beispielsweise der Maschine ein Alpha eingibt, dann antwortet die Maschine mit »0«. Bei einem Input »Beta« liefert sie den Output »1«. Gibt man ein Gamma ein, dann erhält man 0, und wenn Sie ihr ein Delta geben, ist der Output »1«. Es ist dies eine sehr einfache Maschine. Sie ist *vollkommen determiniert und vollkommen vorhersehbar*. (Die Symbole sind willkürlich; man könnte genausogut die Buchstaben A, B, C und D einsetzen – es wäre immer noch die gleiche Maschine.)

Man kann diese Maschinen etwas »menschlicher« machen, indem man einen Stimmensimulator an sie anschließt; jedesmal wenn der Output 1 ist, sagt sie »auf Wiedersehen«, und jedesmal wenn der Output 0 ist, sagt sie »guten Tag«. Wenn Sie also

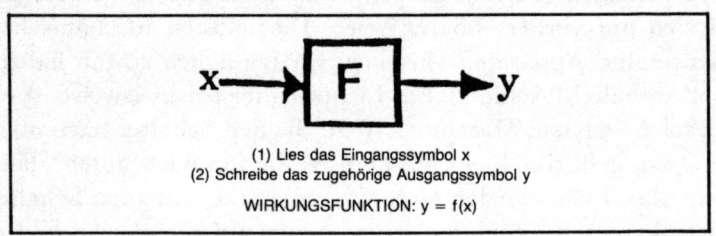

Abb. 11: Triviale Maschine

ein Beta eingeben, sagt sie »auf Wiedersehen«; geben Sie ihr hingegen ein Gamma, dann sagt sie »guten Tag«. Gibt man ihr ein Delta, dann sagt sie »auf Wiedersehen«, und bei einem Input von Alpha sagt sie wiederum »guten Tag«. Gibt man ihr dann wieder ein Delta, kommt erneut »auf Wiedersehen«, usw., usw. ... Das Verhalten der Maschine ist absolut nachvollziehbar und absolut vorhersehbar! Unabhängig davon, wie oft oder

X : Y
Alpha : 0
Beta : 1
Delta : 1
Gamma : 0

Tabelle 3: Funktionen einer trivialen Maschine

in welcher Reihenfolge man dieser trivialen Maschine eine der zulässigen Eingaben gibt, es ist eindeutig voraussagbar, ob sie »guten Tag« oder aber »auf Wiedersehen« sagen wird.

Triviale Maschinen und logische Verfahren

Bei der trivialen Maschine handelt es sich um ein prototypisches Modell für Vorhersagbarkeit und Gewißheit. Die primitive Maschine sagt: »Jedesmal wenn du mir den gleichen Input gibst, liefere ich dir den gleichen Output.« Primitive Maschinen arbeiten also unabhängig von ihrer Vergangenheit.
Und genau das erwarten wir von einer kausalen Erklärung. Immer wenn wir dieselbe Ursache (den Input) haben, wollen wir die gleiche Wirkung (den Output). Die kausale Regel der Transformation, die auf die Ursache einwirkt, um die Wirkung hervorzurufen, entspricht der Übertragungsfunktion der Maschine.
Deduktive Schlußweisen sind triviale Maschinen. Nehmen Sie das klassische Beispiel:

$$\frac{\text{Alle Menschen sind sterblich}}{\text{Sokrates ist ein Mensch}}$$
$$\text{Sokrates ist sterblich}$$

Aus den beiden Prämissen, dem Obersatz (terminus major) »Alle Menschen sind sterblich« und dem Untersatz (terminus minor) »Sokrates ist ein Mensch«, ergibt sich zwingend der Schluß: »Sokrates ist sterblich«, unabhängig davon, ob in der Tat alle Menschen sterblich sind oder ob Sokrates ein Mensch ist, usw. Es ist leicht einzusehen, daß der Obersatz die Rolle der Übertragungsfunktion übernimmt, der Untersatz den Input, und der Schluß den Output dieser trivialen Maschine darstellt. Dazu bemerkt Foerster: »Nehmen Sie die soeben erwähnte Maschine, die ›Alle-Menschen-sind-sterblich‹-triviale Maschine. Wen immer Sie als Input nehmen, er kommt als Leiche heraus.«
Er fährt fort: »Nehmen Sie einmal an, Sie läuten jedesmal, wenn Sie Ihren Hund füttern, eine Glocke. Schon nach kurzer Zeit wird er speicheln, sooft die Glocke ertönt, auch wenn er gar nichts zu fressen bekommt. Es sieht nun so aus, daß wir die Ausdrücke Ursache und Wirkung auf solche Abläufe anwenden

könnten. Die Glocke ist die Ursache, der Speichel ist die Wirkung und der Hund ist die Regel der Transformation.

Wenn man mit lebenden Organismen umgeht, muß man aber äußerst vorsichtig sein, was man als Ursache und was man als Wirkung bezeichnet. Beispielsweise führte der berühmte russische Wissenschaftler Pawlow sehr genau und gewissenhaft Buch über seine Experimente mit konditionierten Reflexen. Vor kurzem hat ein polnischer Wissenschaftler den Versuch unternommen, Pawlows Untersuchungen zu wiederholen. Wie Pawlow betätigte er eine Glocke, wenn er den Hund fütterte, und schon bald fing der Hund an zu speicheln, sooft er die Glocke hörte, auch wenn er nichts zu fressen bekam. Beim abschließenden Experiment entfernte der Wissenschaftler jedoch den Klöppel der Glocke und schwenkte sie lautlos vor dem Hund hin und her: Der Hund speichelte. Das Läuten der Glocke war also für Pawlow ein Reiz, nicht aber für den Hund!«

Wir müssen daher sehr vorsichtig sein, wenn es darum geht, Reize für Lebewesen zu definieren.

Nicht-triviale Maschinen

»Und jetzt hören Sie mir bitte genau zu. Wir werden gleich das Reich der nicht-trivialen Maschinen betreten. Das sind ausgesprochen knifflige Dinger«, fährt Foerster fort. »Wenn Gehorsam das Markenzeichen der trivialen Maschine ist, dann ist Ungehorsam das der nicht-trivialen Maschine. Dennoch ist, wie wir noch sehen werden, auch die nicht-triviale Maschine gehorsam, nur folgt sie einer anderen Stimme. Man könnte vielleicht sagen, daß sie auf ihre innere Stimme hört.«

Nicht-triviale Maschinen haben etwas, das man als ihren *inneren Zustand* bezeichnet (in Abb. 12 durch den Buchstaben Z dargestellt), und genau dies unterscheidet sie von der trivialen Maschine. Der innere Zustand einer nicht-trivialen Maschine ändert sich jedesmal, wenn die Maschine einen Output berechnet. Die Maschine ist rückbezüglich; immer wenn sie eine Operation durchführt, ändert sie ihre Regel der Transformation.

Die Abbildung wird etwas verständlicher, wenn Sie sich die beiden Tabellen A und B unter dem Diagramm ansehen. Sie stellen das Verhalten der Maschine in ihren zwei internen Zuständen dar. Die beiden Spalten X und Y bezeichnen die zulässigen Inputs und Outputs. Neben Spalte Y sehen Sie eine dritte Spalte, Z', die den nächsten internen Zustand der Maschine darstellt.

Nehmen Sie einmal an, daß die Maschine darüber hinaus an einen Stimmensimulator angeschlossen ist, der den Output der Maschine (0 oder 1) in »guten Tag« oder »auf Wiedersehen« umwandelt.

Die Maschine befindet sich in einem inneren Zustand A. Wir fangen damit an, daß wir ein Alpha eingeben; sie sagt darauf »guten Tag« (0). Jetzt müssen wir in Spalte Z' nachsehen, ob der interne Zustand sich geändert hat. Z' gibt an, daß die Maschine den inneren Zustand A beibehalten hat.

Als nächstes geben wir ein Beta ein, und sie sagt »auf Wiedersehen« (1). Die Z'-Spalte weist die Maschine an, den inneren Zustand A beizubehalten.

Jetzt geben wir ihr ein Gamma, und sie sagt »auf Wiedersehen« (1). Spalte Z' zeigt, daß die Maschine nun ihren internen Zustand geändert hat. Wir brauchen jetzt Tabelle B, um zu sehen, wie sich die Maschine nun verhalten wird.

Wir geben ein Alpha ein; die Maschine sagt zu unserem Erstaunen »auf Wiedersehen« (1), kehrt aber wieder in den internen Zustand A zurück.

Stellen Sie sich vor, Sie wollen herausfinden, wie diese Maschine funktioniert, indem Sie mit ihr experimentieren. Sie wissen, daß es vier zulässige Inputs gibt, die zu zwei Outputs führen, nämlich »guten Tag« und »auf Wiedersehen«. Sie sollen nun herausfinden, nach welchen Gesetzmäßigkeiten die Maschine operiert, indem Sie beobachten, wie sie sich verhält. Höchstwahrscheinlich gehen Sie davon aus, daß diese Maschine wie alle anderen Maschinen ist – eine triviale Maschine.

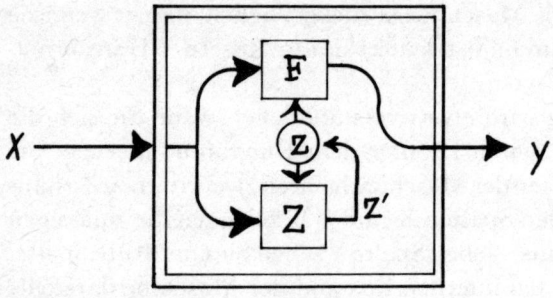

Wirkungsfunktion   y = F(x,z)
Zustandsfunktion   z' = Z(x,z)

I   *Lies* das Input-Symbol x!
II *Vergleiche* x mit z (= interner Zustand der Maschine)!
III *Schreibe* das entsprechende Output-Symbol y!
IV *Verwandle* den internen Zustand z in den neuen Zustand z'!
V   *Wiederhole* diese Sequenz mit einem neuen Input-Zustand x'!

A		B	
x	y z'	x	y z'
α	0 A	α	1 A
β	1 A	β	0 B
γ	1 B	γ	0 B
δ	0 B	δ	1 B

Abb. 12: Nicht-triviale Maschine

Nach einigen Versuchen sagt die Maschine – wenn sie sich in dem inneren Zustand B befindet und Sie ihr ein Gamma eingeben – »guten Tag«. Sie denken jetzt wahrscheinlich: »Was ist denn mit dir los? Gerade eben noch habe ich dir ein Gamma gegeben, und du hast ›auf Wiedersehen‹ gesagt.«

»In Ordnung«, sagen Sie, »ich gebe dir ein Beta.« Und Sie geben ihr ein Beta, und sie sagt: »guten Tag«. Das ist genau dieselbe Antwort, die sie vor ein paar Minuten gegeben hat. Sie geben ihr also ein Gamma, und sie sagt »auf Wiedersehen«. Sie sagen sich: »Aha, ich glaube, ich weiß jetzt, wie die Maschine funktioniert.« Sie versuchen es also mit allen möglichen Inputs und hoffen, ein Muster oder eine Regel zu entdecken, die das Verhalten der Maschine bestimmt. Binnen kürzester Zeit sind Sie völlig verwirrt, weil die Maschine nie das tut, was Sie eigentlich von ihr erwarten. Ihr innerer Zustand verändert sich laufend und arbeitet, um es einmal so auszudrücken, entsprechend einer anderen Psychologie.

Die Maschine verletzt unsere »trivialen« Vorstellungen von Kausalität. Wir gehen davon aus, daß ein determiniertes System kalkulierbar sein muß. Nicht-triviale Maschinen erschüttern diesen Glauben. Diese Maschinen legen ein so kompliziertes Verhalten an den Tag, daß wir schlicht und einfach *nicht* vorhersagen *können*, was sie als nächstes tun wird, obwohl die Maschine absolut determiniert ist und einwandfrei funktioniert. Nicht-triviale Maschinen sind auch insofern einzigartig, als sie in der Gegenwart arbeiten. Ihre Erfahrung macht sie zu einer anderen Maschine.

Nicht-triviale Maschinen haben ein äußerst komplexes Repertoire von Verhaltensweisen. Das Problem ist nun, die Anzahl aller möglichen nicht-trivialen Maschinen zu bestimmen, wenn die Anzahl der Inputs und Outputs gegeben ist. Halten wir an nur zwei Outputs fest (0 und 1), dann gibt die Tabelle 4 die Anzahl, N, der möglichen nicht-trivialen Maschinen, die man mit 2, 4 und 8 Eingaben konstruieren kann.

Die Maschine, mit der wir gearbeitet haben, hatte 4 Inputs. Wenn wir uns die Spalte N der zweiten Reihe ansehen, stoßen wir auf die Zahl 6×10^{76}. Diese unvorstellbar große Zahl, eine Sechs mit 76 Nullen, bezeichnet die Anzahl der möglichen Maschinen, die man untersuchen müßte, um die Regeln des Verhaltens unserer Maschine festzustellen.

Foerster: »Diejenigen von Ihnen, die sich ein bißchen mit Astronomie oder Kosmologie auskennen, erinnern sich vielleicht daran, daß Eddington die Gesamtzahl der im Universum vorhandenen Elementarteilchen auf 10^{72} schätzte. Die Zahlen

Anzahl der Inputs	N
2	65 536
4	6×10^{76}
8	10^{4932}

Tabelle 4: Anzahl N der unterscheidbaren nicht-trivialen Maschinen, die nur zwei unterscheidbare Ausgaben (0,1), und jeweils 2,4,8 verschiedene Inputs haben.

bei nicht-trivialen Maschinen sind tausendmal größer als nach Eddingtons Schätzung. Das bedeutet: Wenn Sie jede Zustandsfunktion auf ein Elementarteilchen schreiben wollten, dann bräuchten Sie dazu eintausend Universen. Und dabei haben wir noch nicht einmal die größeren Maschinen in unserer Tabelle berücksichtigt. Es liegt fast jenseits unseres Vorstellungsvermögens, zu begreifen, wie schnell die Möglichkeiten zunehmen.«

Der erste, der sich konsequent über eine nicht-triviale Maschine Gedanken machte, war der englische Mathematiker Alan Turing. Er arbeitete im Zweiten Weltkrieg in der Abteilung des britischen Nachrichtendienstes, deren Aufgabe die Entschlüsselung des Codes des deutschen Heeres war. Turing fand heraus, daß der deutsche Code wie eine triviale Maschine funktionierte. Obwohl er anfangs schwierig zu knacken war, würde die Decodierung einfach sein, sobald man erst einmal die Regel der Transformation entdeckt hatte.

Turing war entschlossen, den britischen Code absolut sicher zu machen; zu diesem Zweck entwickelte er einen Geheimcode, der wie eine nicht-triviale Maschine funktionierte. Er veränderte ständig die Regeln der Transformation, so daß die Deutschen praktisch keine Chance hatten, ihn zu dechiffrieren.

»Es ist durchaus nicht verwunderlich, daß nicht-triviale Maschinen sehr unbeliebt sind«, meint Foerster. »Die Tatsache, daß ihr Verhalten nicht voraussagbar ist, macht sie äußerst lästig. Es kann in der Tat ein wahrer Alptraum sein, wenn man mit etwas umgehen muß, das unberechenbar ist. Wir ziehen es vor, mit Dingen zu tun zu haben, die kalkulierbar sind. Von unserem Auto erwarten wir, daß es richtig anspringt und bremst und in die Richtung fährt, in die wir es steuern. Wenn unsere Maschinen sich danebenbenehmen, wenn sie nicht kalkulierbar sind, mögen wir sie nicht.

Die Behavioristen – vor allem die Anhänger von Skinners Theorien – sind Experten darin, ihre Versuchstiere zu ›trivialisieren‹, indem sie sie auf kalkulierbare Wesenheiten reduzieren. Manchmal werden diese Tiere in einem solchen Maße zu trivialen Kreaturen gemacht, daß sie eingehen. Das allerdings ist ein wenig zu vorhersehbar, selbst für Skinner-Anhänger.«

Nicht-triviale Maschinen sagen auch etwas über die Zeit aus. Sie operieren im Hier und Jetzt. Der gleiche Zeitbegriff taucht in den Schriften des Zen-Buddhismus und anderen fernöstlichen Religionen auf, die die Vorstellung des *einen* in sich ruhenden und unveränderlichen Selbst in Frage stellen. Diese Religionen vertreten die Auffassung, daß wir verschiedene Ichs haben und daß unsere innere Erfahrung ganz neuartig und intensiv wird, wenn wir lernen, diese verschiedenen Ichs zu erleben.

Innere Bilder und der Homunculus

Foerster: »Gestatten Sie mir, da wir gerade bei diesem Thema sind, den Begriff des inneren Bildes aufzugreifen. Es handelt sich hierbei um nur allzu vertraute Tricks, das Gedächtnis zu erklären. Sie werden immer wieder feststellen, daß Psychologen, Neurologen und andere Gehirnforscher oft mit solchen Begriffen arbeiten.«

Er fährt fort: »Begriffe wie Gedächtnis, Kartographie des Gehirns und Engramme legen den Schluß nahe, daß wir uns innerlich Bilder von unseren Erfahrungen machen, die wir dann als Richtschnur für unser künftiges Verhalten verwenden. In den Augen der Anhänger dieser Theorie fabriziere ich jetzt, in diesem Augenblick, Darstellungen von diesem Podium, der Tafel und von all den bezaubernden Leuten, die hier in dem Saal sind.

Um mich morgen an diese Szene erinnern zu können, muß ich auf diese inneren Darstellungen zurückgreifen. Kartographieren ist das gleiche. Diese Leute vertreten die Ansicht, daß Lebewesen Karten von ihrer Umgebung zeichnen und sie dann benutzen, um sich in der Welt zurechtzufinden.

Aber, meine Damen und Herren, diese Theorien sind völlig sinnlos! Wenn ich mir ein inneres Bild von irgend etwas, beispielsweise von diesem Podium hier mache, dann würde das bedeuten, daß in meinem Gehirn ein kleines Podium ist. Zumindest ein Bild von einem Podium. Das aber bedeutet, daß es irgend etwas oder irgend jemand geben muß, der es ansehen und mich von seinem Vorhandensein in Kenntnis setzen kann, sobald ich mein Gedächtnis benutze.

Und nun kommen wir zu einer wohlbekannten Theorie – dem Begriff des Homunculus. Alle Theorien einer inneren Bilderwelt erfordern logischerweise irgend etwas in uns, das diese Bilder sehen und uns berichten kann, was sie darstellen. Dieses Etwas wird im allgemeinen als Homunculus bezeichnet. Homunculus bedeutet ›kleiner Mensch‹, ein kleines Männchen also, ein winzig kleines Männchen, das sich etwas ansieht. Der Homunculus ist also derjenige, der weiß, ob in meinem Kopf ein Bild dieses Podiums vorhanden ist. Es ist der Homunculus, der mir die entsprechenden Daten mitteilt.

Aber jetzt erhebt sich eine wichtige Frage: Wie funktioniert dieser Homunculus eigentlich? Hat er ein Gedächtnis? Wenn der Homunculus ein Musikpodium sieht, dann muß er doch ebenfalls ein Bild des Podiums im Kopf haben. Bedeutet dies, daß der Homunculus seinerseits ein winziges Männchen in seinem Kopf hat? Wohin führt das? Die Homunculi werden uns bald zu den Ohren rauskommen! Außerdem – wenn wir wissen, wie der Homunculus funktioniert, dann wissen wir auch, wie *wir* funktionieren. Und wenn wir das wissen, brauchen wir den Homunculus nicht. Wir können ihn vergessen, eliminieren. Dafür gibt es ein ganz spezielles Instrument, das genau für solch einen Zweck erfunden wurde, nämlich das ›Ockhamsche Rasiermesser‹. Es schneidet alle überflüssigen logischen Behauptungen weg. Ein sauberer Schnitt mit der Ockhamschen Klinge, und wir sind den Homunculus, die Landkarten und all die inneren Bilder los.

Selbst auf die Gefahr hin, daß ich Sie etwas verwirre, möchte ich noch einige andere Punkte hervorheben. Der Begriff ›Gedächtnis‹ ist in einem Gespräch oder als Kürzel für etwas recht brauchbar. Beispielsweise sage ich: ›Ich kann mich nicht erinnern‹, oder: ›Ich habe ein schlechtes Gedächtnis.‹ Ich verwende die Worte ›Gedächtnis‹ oder ›erinnern‹ jedoch nicht in dem Sinn, als sei ich nicht in der Lage, einen *Zugang zu Bildern einer früheren Erfahrung zu haben.* Das ist der wesentliche Punkt, auf den ich Sie hinweisen möchte.

Wir kennen die Engramm-Theorie, die der Nobelpreisträger Sir John Eccles entwickelt hat. Sir John hat fast sein ganzes Leben darauf verwandt, das Engramm – eine lokalisierte Funktion – zu finden, und natürlich hat er es nie gefunden. Gegen Ende seiner Karriere meinte er scherzhaft, allmählich beginne er daran zu zweifeln, ob Lernen und Gedächtnis überhaupt existieren. Wir kennen auch die Hologramm-Theorie des Stanford-Professors Karl Pribram. Bei einem Hologramm handelt es sich um ein Bild, das mittels eines hochkomplizierten photographischen Verfahrens hergestellt wird. Laserstrahlen erzeugen Interferenzmuster, die auf einer speziellen photographischen Platte festgehalten werden. Holographie ist eigentlich faszinierend, vor allem wegen ihrer ganzheitlichen Aspekte, aber das Hologramm kann uns nicht dabei helfen, das Gedächtnis zu verstehen. Ich hätte lieber ein Loch [›hole‹] als ein Hologramm in meinem Kopf. Und ich will Ihnen auch sagen, warum.

Wenn ich Hologramme in meinem Kopf hätte, wäre ich nicht mehr in der Lage, zu denken. Hologramme können nicht denken. Sie sind nichts weiter als Photographien. Außerdem würde ich dann auch einen Homunculus brauchen, der sie sich ansieht, sowie ungeheuer viel Platz, um sie zu speichern. Wie Sie sehen, vermittelt ein Hologramm Ihnen lediglich ein Bild davon, was in diesem Augenblick, hier und jetzt, geschieht. Beispielsweise könnte ich, wie ich so hier stehe, in etwa einer Millisekunde ein Hologramm von dem machen, was ich gerade sehe.

Wie Sie festgestellt haben, bin ich auf die andere Seite des Podiums gegangen. Folglich bräuchte ich zusätzliche Hologramme. Binnen kürzester Zeit wäre mein Kopf so vollgestopft mit Hologrammen, daß nichts anderes mehr Platz hätte. Und wo soll ich dann meinen Homunculus hintun? Und selbst wenn ich ihn irgendwo unterbringen könnte – in Sekundenschnelle würde er den Überblick verlieren. Der bräuchte seinen eigenen IBM-Computer, und wo soll ich denn den nun hinstellen? Überall wären doch Hologramme. Hologramme tragen also nicht zum Verständnis von Beobachtungssystemen bei.«

Trivialisieren von Menschen

Foerster fährt fort: »Wir neigen dazu, alles – einschließlich unserer Mitmenschen – zu trivialisieren. Kinder sind anfangs nicht-triviale Maschinen; man weiß nie, was ein Kind als nächstes tun wird. Wenn Sie zu ihm sagen: ›Wieviel ist zwei mal zwei?‹ antwortet es vielleicht: ›Grün.‹ – ›Nein‹, sagen Sie. ›Du sollst vier sagen!‹ Wir trivialisieren das Kind. Wir erfinden Schulen und Prüfungen, um festzustellen, wie gut Sie trivialisiert worden sind. Ein perfektes Zeugnis läßt auf perfekte Trivialisierung schließen. Wäre es nicht besser, wenn die Schulen bei ihren Prüfungen eher den Einfallsreichtum und die Vielfältigkeit fördern würden?

Man könnte beispielsweise sagen, daß Napoleon sieben Jahre nach der Unabhängigkeitserklärung geboren wurde.

Müssen wir denn immer antworten, daß er im Jahre 1769 das Licht der Welt erblickte?«

Eine formale Untersuchung nicht-trivialer Maschinen – man bezeichnet dies als die Theorie der Maschinen mit endlichen Zuständen – ist ein holistischer Ansatz, um Systeme zu untersuchen. Die nicht-triviale Maschine wird jedesmal eine neue Maschine oder ein neues System, wenn sich ihr interner Zustand verändert.

Foerster behauptet, daß Menschen nicht-triviale Maschinen sind. Wir sind rückbezügliche Lebewesen, die als Reaktion auf das eigene Verhalten ihren inneren Zustand ändern. Untersuchungen an Maschinen mit einer endlichen Anzahl von Zuständen stützen also die Auffassung, daß wir immer als ganzheitliches System funktionieren, und zwar in der *Gegenwart*. »Ich kann mich sehr wohl an die Vergangenheit erinnern«, meint Foerster, »aber ich habe keinen unmittelbaren Zugang zu ihr. Die Vergangenheit ist vorbei, meine Damen und Herren. Ich bin vorne auf dem Podium gestanden, aber jetzt bin ich nicht mehr dort. Ich stehe jetzt hinten auf dem Podium. Ich bin jetzt ein anderer als derjenige, der vor ein paar Sekunden zu Ihnen gesprochen hat. Es ist ein ganz anderer Heinz von Foerster, den Sie jetzt vor sich sehen. Der, den Sie noch vor einem Augenblick gesehen haben, ist nicht mehr da. Wir alle funktionieren so. Wir verhalten uns als Ganzheiten.«

Triviale versus nicht-triviale Maschinen

Foerster: »Die triviale Maschine ist die Hauptstütze, sie ist *das* Paradigma, das unseren Ausgangsbedingungen in fast allen Forschungsbereichen zugrunde liegt.«

Was jetzt folgt, ist eine unvollständige Liste von Erklärungsschemata, die ganz genauso wie eine triviale Maschine funktionieren:

Eingabe	Übertragungsfunktion	Ausgabe
1. Ursache	Naturgesetz	Wirkung
2. Stimulus	Zentralnervensystem	Reaktion
3. Motivation	Charakter	Handlungen
4. Ziel	System	Verhalten
5. Untersatz (2. Prämisse)	Obersatz (1. Prämisse)	Schlußfolgerungen
6. Unabhängige Variable	Funktion	Abhängige Variable

Foerster fährt fort: »Diese trivialen Maschinen haben folgende Eigenschaften:

1) Sie sind berechenbar und voraussagbar.
2) Sie sind von ihrer Vergangenheit unabhängig. Was auch immer in der Vergangenheit geschehen ist, es hat keinen Einfluß auf die Gegenwart.
3) Sie sind synthetisch bestimmbar. Man kann sie zusammensetzen. Man kann sie synthetisch herstellen.
4) Sie sind analytisch bestimmbar. Wenn man herausfinden will, wie sie funktionieren, gibt man ihnen Inputs, beobachtet ihre Outputs und schreibt die Transfer- oder Übertragungsfunktion nieder.

Ganz anders die nicht-triviale Maschine:

1) Sie ist synthetisch bestimmbar, das heißt, Sie können eine nicht-triviale Maschine zusammenbauen, genauso wie Sie dies bei einer trivialen Maschine machen können. Beispielsweise schreiben Sie eine Übertragungstabelle nieder.
2) Anders als die primitive Maschine ist sie *von ihrer Vergangenheit abhängig*. Was sie tut, ist bedingt durch ihre »Erfahrung«, ihre Geschichte.
3) Sie ist analytisch *nicht bestimmbar;* man kann nicht ausrech-

nen, was die Maschine macht, indem man sie studiert, eben weil sie zu komplex ist.
4) Sie ist daher nicht voraussagbar.

Wenn man den Begriff ›Realität‹ hier ins Spiel bringen will, dann bildet die nicht-triviale Maschine die Realität nach, mit der wir es zu tun haben. Die triviale Maschine ist nur eine Hoffnung, eine Zauberformel, wie wir uns wünschen, daß die Dinge seien. Und vielleicht noch bedeutsamer ist, daß wir die Dinge – die ja meistens nicht-trivial sind – trivialisieren. Wir trivialisieren komplexe Systeme, damit wir ihr Verhalten vorhersagen und sie erklären können.«

Zusammenfassung

Errechnen bedeutet, Dinge zusammen-zu-sehen. Wir errechnen in vielen Bereichen: im Bereich der Sinneswahrnehmungen, im mathematisch-logischen Bereich und im semantischen Bereich.

Hochgeschwindigkeits-Digitalcomputer können pro Sekunde Millionen von Rechenoperationen durchführen. Auch das Gehirn führt Berechnungen durch. Man muß aber aufpassen. Man kann zwar sagen, daß alle Gehirne Computer sind, aber man darf nicht der Versuchung erliegen zu sagen, daß Computer Gehirne sind. Bis jetzt haben Computer weder »Gedächtnis« noch »Intelligenz«. Irgendwann können möglicherweise diese Fähigkeiten des Menschen, die mit den eben genannten Begriffen symbolisiert werden, in Computer eingebaut werden. Aber wenn wir dieses Ziel wirklich erreichen wollen, dann müssen wir uns erst einmal klarmachen, daß wir bislang noch nicht einmal verstehen, wie unser eigenes Gedächtnis oder unsere Intelligenz funktionieren. Darüber hinaus wird unsere Fähigkeit verringert, zu verstehen, wie das Gehirn funktioniert, wenn wir irrtümlicherweise annehmen, daß die Metaphern, mit denen man die Fähigkeiten einer Rechenmaschine umschreibt –

etwa der Begriff »Gedächtnis« –, irgend etwas darüber aussagen, wie das Gehirn arbeitet. Gehirne haben keine Datenbank. Schließlich geben uns die trivialen und die nicht-trivialen Maschinen ein sehr nützliches begriffliches Instrumentarium an die Hand, um die Ähnlichkeiten der meisten Erklärungsschemata zu verstehen, die wir errechnen, um unsere Erfahrung zu erklären. Die triviale Maschine ist der Inbegriff unserer Sehnsucht nach Gewißheit.

6. Biokomputation

> *Wenn man bedenkt, daß zehn Millionen oder noch mehr Netzhautzellen auf komplizierte Weise interagieren, dann würde ein Cray (ein Computertyp) hundert Jahre brauchen, um zu simulieren, was in Ihrem Auge pro Sekunde viele Male vor sich geht.* JOHN K. STEVENS[102]

Nun können wir uns mit dem Problem des Errechnens im Nervensystem befassen. Wie schon in Kapitel 4 erwähnt, markieren die zwischengeschalteten Nervenzellen den Beginn des Errechnens im Zentralnervensystem. Zwischengeschaltete Neuronen, die von universellen oder nicht-spezialisierten Sensoren umgeben sind, empfangen zahlreiche Inputs, liefern jedoch nur einen einzigen Output, einen Impuls von 80 Millivolt.

Errechnen bedeutet, zwei oder mehr Dinge miteinander zu vergleichen: wenn wir etwas errechnen, stellen wir Beziehungen her. Errechnen findet auf neurologischer Ebene statt. Jedes Neuron erhält Impulse von Hunderttausenden anderer Neuronen und führt dann einen komplizierten Rechenvorgang durch, d. h., es errechnet eine Beziehung, mit dem Ergebnis, daß es entweder feuert oder nicht. Wenn es feuert, überträgt es das Resultat seiner komplexen Berechnung in Form eines elektrischen Impulses auf das nächste Neuron. Dieser Impuls beeinflußt, zusammen mit den Impulsen von anderen Neuronen, das Zielneuron, indem er dessen Potential, zu feuern, entweder hemmt oder fördert.

Dazu Foerster: »Wenn Sie sich diese Beschreibung einmal etwas genauer ansehen, werden Sie zu folgenden Schlußfolgerungen kommen: Ein aktivierender Impuls bedeutet soviel wie ›ja‹; ein inhibierender Impuls bedeutet soviel wie ›nein‹. Und an was erinnert dies? Wenn Sie Logiker sind, werden Sie sagen: ›Aha! Das System ähnelt den Operationen in der Aussagenlogik. Jedes präsynaptische Neuron entspricht einer Behauptung. Wenn es einen aktivierenden Impuls aussendet, ist sein Wahrheitswert ›wahr‹. Wenn es einen inhibierenden Impuls aussendet, ist sein Wahrheitswert ›falsch‹. Das System kann logische Funktionen berechnen.«

Nervennetze

Ausgehend von diesen Vorstellungen entwickelten in den 1940er Jahren Warren S. McCulloch und Walter H. Pitts eine formale Theorie, um die rechnerischen Fähigkeiten miteinander verbundener Neuronen zu untersuchen. Dabei bestanden die Nervennetze aus »formalen Neuronen«.

Abbildung 13 zeigt ein formales Neuron. Das eigentliche Neuron ist das Dreieck mit dem vertikalen Fortsatz, der nach oben gerichtet ist; er symbolisiert das Perikaryon (Zellkörper). Jede Linie, die eine Schleife um die Spitze des Dreiecks beschreibt, stellt eine inhibierende Synapse dar. Die knopfartigen Objekte auf der rechten bzw. linken Seite des Dreiecks, genannt Endknöpfe, symbolisieren aktivierende Synapsen. Jedes Neuron erhält außerdem einen bestimmten Schwellenwert, symbolisiert durch den griechischen Buchstaben Theta – Θ.

Das Theta eines Neurons gibt an, wie viele aktivierende Impulse notwendig sind, damit es diesen Schwellenwert überschreiten und feuern kann. Wenn ein Neuron einen Schwellenwert 0 hat, feuert es immer. Ist der Schwellenwert gleich 1, das heißt, es hat ein Theta 1, dann braucht es zumindest *einen* aktivierenden Impuls, um zu feuern. Wenn das Theta gleich 3 ist, braucht es drei aktivierende Eingaben, um zu feuern, etc.

McCulloch und Pitts stellten folgende Hypothesen über ihre formalen Neuronen auf:

1) »Die Aktivität des Neurons ist ein Prozeß des ›alles oder nichts‹.« [Das Neuron feuert oder feuert nicht.]
2) »Eine bestimmte, festgelegte Anzahl von Synapsen muß innerhalb der Periode der latenten Addition erregt werden, damit ein Neuron jederzeit aktiviert werden kann.

Diese Anzahl ist unabhängig von der vorangegangenen Aktivität und der Position des Neurons.«[103]

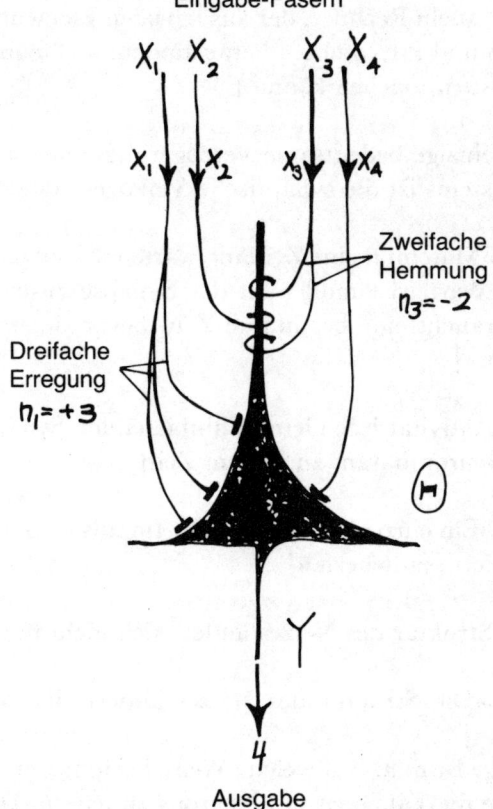

Abb. 13: Symbolische Darstellung eines formalen Neurons von McCulloch

[Dazu Foerster: »Zwei Punkte sind hier besonders hervorzuheben. 1) Innerhalb einer bestimmten Zeit muß eine bestimmte Anzahl afferenter Impulse eintreffen, damit das Neuron erregt wird. Folglich müssen die Impulse (fast) *gleichzeitig* eintreffen, wenn das Neuron feuern soll.« (Eine »Periode latenter Addition« ist ein Zeitausschnitt, in dem simultanes Rechnen stattfinden kann, wahrscheinlich einige Millisekunden.) 2) »Das formale Neuron von McCulloch und Pitts ist eine triviale Maschine: es ist von seiner Geschichte unabhängig. Was in der Vergangenheit geschehen ist, beeinflußt nicht, wie es sich in der Gegenwart verhält. Es ist ein Rechner, der aus trivialen Elementen besteht. McCulloch und Pitts wollten herausfinden, was man mit einem solchen System machen kann.«]

3) »Die einzige bedeutsame Verzögerung innerhalb des Nervensystems ist die synaptische Verzögerung.«

[Foerster: »Man muß eine Zeitlang warten, bis etwas geschieht, und diese Wartefrist muß man der Synapse zuschreiben: die Synapse braucht eine bestimmte Zeit, bevor sie einen Impuls übermittelt.«]

4) »Die Aktivität irgendeiner inhibierenden Synapse hindert das Neuron daran, zu diesem Zeitpunkt zu feuern.«

[Foerster: »Ein einziger inhibierender Impuls kann das Neuron daran hindern, zu feuern.«]

5) »Die Struktur des Netzes ändert sich nicht mit der Zeit.«

[Foerster: »Die Struktur des Netzes ändert sich nicht durch Erfahrung.«]

Die Frage ist nun: Auf welche Weise beeinflussen inhibierende Impulse die Fähigkeit des Neurons zu feuern. Die Antwort ist einfach: Inhibierende Impulse erhöhen den Schwellenwert. Nehmen wir an, ein Neuron hat ein Theta von 1 und erhält zwei Impulse, einen aktivierenden und einen inhibierenden. Wenn nun der inhibierende Impuls feuert, erhöht dies das Theta des Neurons zeitweise auf 2. Wenn der aktivierende und der inhibierende Impuls gleichzeitig feuern und das Theta des Neurons gleich 1 ist, dann feuert das Neuron *nicht*.

Errechnung logischer Funktionen

Das einfache Element in Abbildung 14 kann mehrere logische Funktionen errechnen. Die Abbildung zeigt ein Neuron mit zwei aktivierenden Fasern (A und B). Unter Berücksichtigung des Schwellenwerts des Neurons, seines Theta (Θ), können wir untersuchen, unter welchen Bedingungen es feuert, d. h., welche logischen Funktionen es errechnet. Eine Liste dieser Möglichkeiten zeigt die Tabelle zu Abbildung 14.

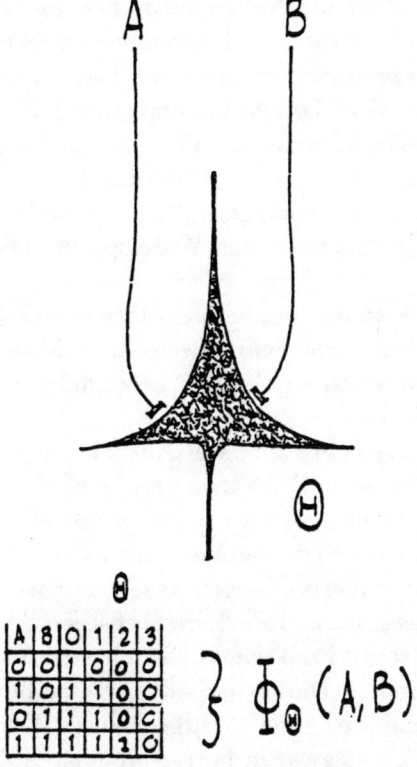

Abb. 14: *Das Errechnen von vier logischen Funktionen mit einem formalen Neuron von McCulloch*

Die Spalten A und B geben genau die vier Möglichkeiten des Aktivitätsschemas der Fasern A und B an. Die Spalten 0 bis 3 stellen vier verschiedene Schwellenwerte für dieses Neuron dar. Beispielsweise können wir in Spalte 1 ablesen, daß das Neuron, wenn es ein Theta von 0 hat, immer feuert; wenn das Theta gleich 1 ist, feuert es in drei von vier Fällen; bei einem Theta von 2 feuert das Neuron nur in einem von vier Fällen, wenn nämlich A und B gleichzeitig feuern. Wenn schließlich das Theta gleich 3 ist, feuert das Neuron überhaupt nicht.

Wir können nun fragen, welche logischen Funktionen das Neuron errechnet. Um dies herauszufinden, brauchen wir uns lediglich die Einsen und Nullen anzusehen, die wahr und falsch repräsentieren. Aus Spalte 0 können wir ersehen, daß – wie in den Wahrheitswerttabellen im letzten Kapitel – alle vier Möglichkeiten wahr sind. Das Neuron mit einem Theta 0 errechnet also eine Tautologie. Wenn das Theta gleich 1 ist, errechnet das Neuron ein logisches »oder«. Wenn das Theta gleich 2 ist, errechnet dieses System ein logisches »und«, und wenn das Theta gleich 3 ist, errechnet es einen Widerspruch. Dieser ist immer falsch.

Man sollte auch nicht außer acht lassen, daß die Nullen und Einsen eine willkürliche Schreibweise sind. Man könnte genausogut wahr mit 0 und falsch mit 1 bezeichnen. Das spielt überhaupt keine Rolle.

Tabelle 5 zeigt – bis auf zwei Ausnahmen – alle logischen Funktionen mit zwei Eingaben, die ein einzelnes formales McCulloch-Neuron berechnen kann, wenn alle Möglichkeiten dieses Elements bei Verwendung verschiedener Schwellenwerte und synaptischer Verbindungen ausgenutzt werden. Zur Verdeutlichung zeigt diese Tabelle in sechs verschiedenen »Sprachen« alle logischen Funktionen, die mit zwei Aussagen errechnet werden können. Die erste Spalte ist eine numerische Darstellung (dekadisch) von Wittgensteins Wahrheitsfunktion (zweite Spalte), und zwar in Form von binären Ziffern, die von oben nach unten, statt von links nach rechts, zu lesen sind. Die dritte Spalte zeigt das entsprechende Element mit seinen synaptischen Verbindungen und dem passenden Schwellenwert. Die vierte Spalte enthält das entsprechende logische Symbol, während die fünfte Spalte schließlich die logische Funktion im Sprachgebrauch wiedergibt.[104]

Dazu Foerster: »Die Formalisierung von McCulloch und Pitts ist *eine* Möglichkeit, die Errechnung im Nervensystem zu *betrachten*. Jede Formalisierung erlaubt es dem jeweiligen Beobachter, das Nervensystem auf seine Weise zu sehen. Jedesmal wenn man es unter einem anderen Gesichtspunkt betrachtet, sieht man einen anderen Rechenmechanismus. Das bedeutet jedoch nicht, daß sich das Nervensystem auch dementsprechend verhält. Vielmehr können Sie, entsprechend der jeweiligen Formalisierung, bestimmte Phänomene interpretieren. Leider ist dies eine etwas unpopuläre Auffassung, da jeder es gerne hätte, wenn die eigene Formalisierung alles erklären könnte.«

Errechnung von Invarianten

Wenn wir einen sich bewegenden Gegenstand betrachten, verändert sich sein Bild auf unserer Netzhaut, aber wir nehmen den Gegenstand als unveränderlich, als eine »Invariante« wahr. Ein hölzerner Würfel beispielsweise, den man sich aus verschiedenen Blickwinkeln ansieht, wird immer als derselbe Würfel wahrgenommen. Obwohl die Projektionen auf der Netzhaut sich verändern, nehmen wir ihn als unveränderlich wahr. Wir bezeichnen diese Invarianz als seine »Würfelhaftigkeit«. Invarianz ist das Ergebnis einer Errechnung im Nervensystem.

»Damit Sie sich die Errechnung von Form besser vorstellen können«, so Foerster, »stellen Sie sich ein zweischichtiges Netzwerk wie in Abbildung 15 vor. Die obere Schicht stellt Sinneszellen dar, die in diesem Fall auf ›Licht‹ reagieren. Jeder Rezeptor (obere Schicht) ist mit drei Neuronen in der unteren (errechnenden) Schicht verbunden. Zwei aktivierende Synapsen (zwei der vier nach unten reichenden Fasern) sind mit dem Neuron direkt darunter verbunden. (Diese Verbindung ist

#	A B	Nervennetz A B Θ = Schwellenwert	Logisches Symbol	Bezeichnung
0	0 0 0 1 1 0 1 1	θ=3	$(A\cdot\bar{A})\cdot(B\cdot\bar{B})$	Widerspruch (immer falsch)
1	1 0 0 0	θ=0	$\bar{A}\cdot\bar{B}$	Weder A noch B
2	0 1 0 0	θ=2	$A\cdot\bar{B}$	Nur A
3	1 1 0 0	θ=-1	$\bar{B}$	Nicht B
4	0 0 1 0	θ=2	$\bar{A}\cdot B$	Nur B
5	0 1 0 1	θ=-1	$\bar{A}$	Nicht A
6	0 1 1 0	(b)	$(A\cdot\bar{B})\vee(B\cdot\bar{A})$	Entweder A oder B (ausschließendes ›oder‹)
7	1 1 1 0	θ=-1	$\bar{A}\vee\bar{B}$	Nicht beide, A und B
8	0 0 0 1	θ=2	$A\cdot B$	A und B
9	1 0 0 1	(a)	$(A\cdot B)\vee(\bar{A}\cdot\bar{B})$ $A\rightleftarrows B$	A ist äquivalent B
10	0 1 0 1	θ=1	A	A
11	1 1 0 1	θ=0	$B\rightarrow A$	B impliziert A
12	0 0 1 1	θ=1	B	B
13	1 0 1 1	θ=0	$A\rightarrow B$	A impliziert B
14	0 1 1 1	θ=1	$A\vee B$	A oder B (einschließendes ›oder‹)
15	1 1 1 1	θ=0	$(A\vee\bar{A})\cdot(B\vee\bar{B})$	Tautologie (immer wahr)

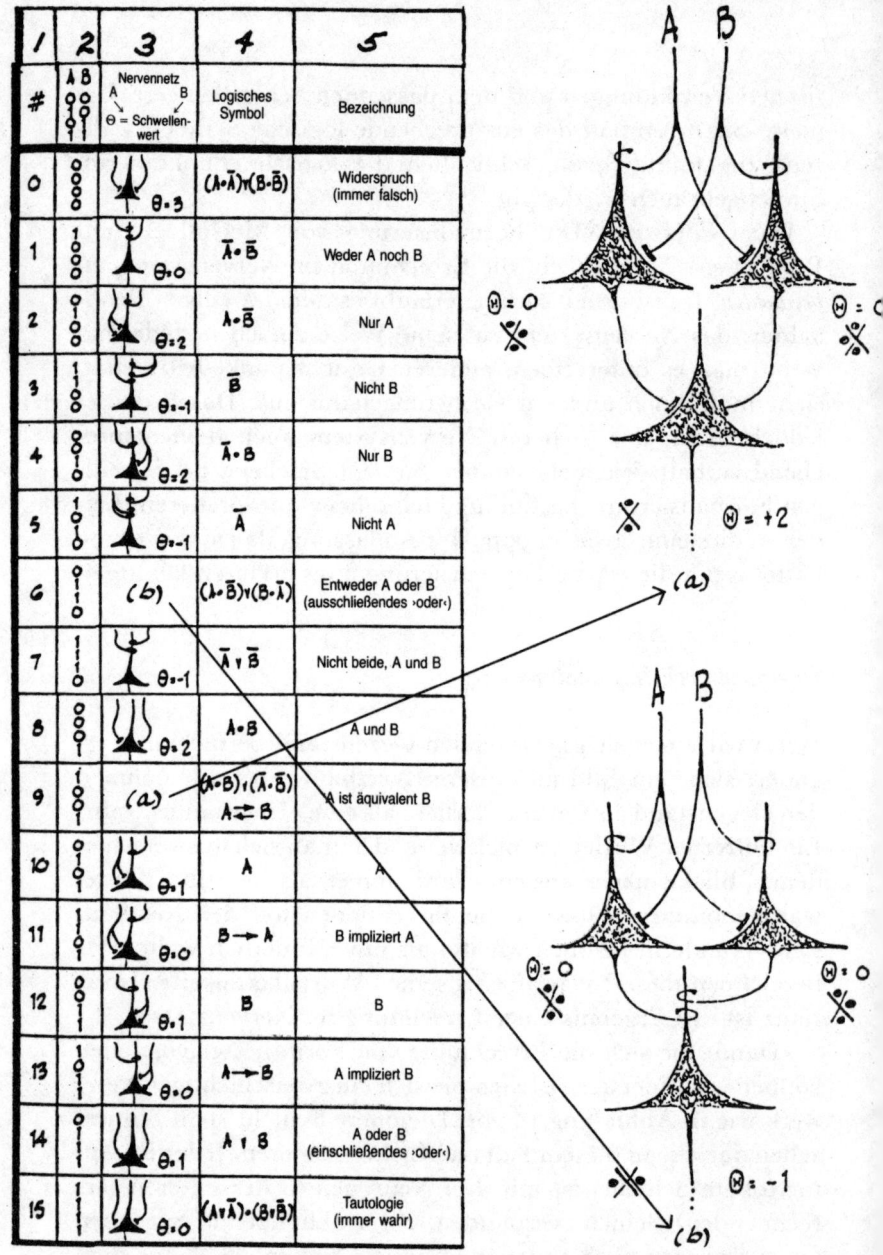

Tabelle 5: Errechnen von allen 16 logischen Funktionen mit zwei Eingängen mit formalen McCulloch-Neuronen

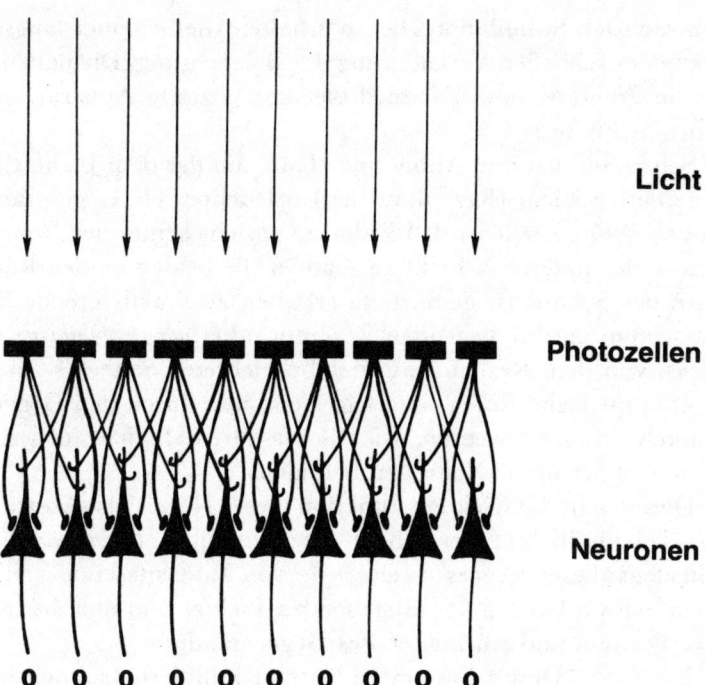

Abb. 15: Doppelschichtiges periodisches Nervennetz mit seitlicher Hemmung, gleichförmig beleuchtet

durch die den Zellkörper berührenden Knöpfe symbolisiert.) Jede der inhibierenden Fasern des Neurons ist jedoch mit den zwei seitlich darunterliegenden Neuronen verbunden, das eine auf der linken, das andere auf der rechten Seite. (Diese Verbindung wird durch die Fasern symbolisiert, die sich um den oberen Teil des Zellkörpers schlingen.)

Die errechnende Schicht (die untere Schicht von Zellen) reagiert nicht, wenn die Rezeptorschicht (die obere Schicht von Zellen) gleichmäßig beleuchtet wird, da die beiden erregenden Reize auf dem Rechenneuron durch die hemmenden Signale, die von den seitlichen Rezeptoren kommen, kompensiert werden. Diese Null-Antwort bleibt unter der stärksten und schwächsten Stimulation ebenso erhalten wie bei einer langsamen oder schnellen Veränderung der Beleuchtung. Die naheliegende Frage ist nun: ›Wozu dieser komplizierte Apparat, der dann nichts tut?‹

Sehen Sie sich nun Abbildung 16 an, auf der dem Licht, das die obere Schicht (Rezeptorzellen) beleuchtet, ein Gegenstand in den Weg gestellt wird. Wiederum spricht keines der Neuronen in der unteren Schicht an – außer die beiden an den Rändern des Schattens, denn diese erhalten zwei aktivierende Signale vom darüberliegenden Rezeptor, aber *nur ein inhibierendes Signal* von dem Rezeptor auf der beleuchteten Seite. Es spielt überhaupt keine Rolle, wie viele Neuronen durch den Gegenstand verdunkelt werden; wichtig ist nur, daß sich auf jeder Seite des Schattens Neuronen befinden.

Dies macht die wichtige Funktion dieses Netzes als ›Abstraktor‹ verständlich: Es errechnet jede räumliche *Veränderung* im Blickfeld dieses ›Auges‹, *unabhängig* von Intensität und zeitlichen Schwankungen des umgebenden Lichtes und unabhängig von Position und Ausmaßen des Gegenstandes.«[105]

Foerster: »Dieses System ist ›lateral inhibiert‹ (seitlich gehemmt). Dies ist ein zentraler Begriff, der in der Literatur zur Neurophysiologie immer wieder auftaucht. Forscher wie Maturana und Eccles behaupten, daß das ganze Nervensystem aus nichts anderem bestünde als aus lateraler Inhibition. Wir haben also Aktivierung im Zentrum, Hemmung auf den Seiten. Dieses System schärft unseren Sinn für Veränderung. Diese physiologische Gegebenheit ermöglicht es uns, ›Unterschiede‹ oder ›Veränderungen‹ wahrzunehmen. Das System unterscheidet also, und genau das macht den Unterschied.

Veränderung wahrzunehmen ist hinsichtlich der Evolution von großer Bedeutung. Eine Eidechse beispielsweise, die sich nicht bewegt, sieht nichts. Alle Rezeptoren des post-retinalen Netzes erhalten ebenso viele aktivierende wie hemmende Impulse. Wenn sich in ihrem Gesichtsfeld nichts bewegt, ist die einzige Möglichkeit für sie, zu sehen, den Kopf schnell auf- und abzubewegen.«

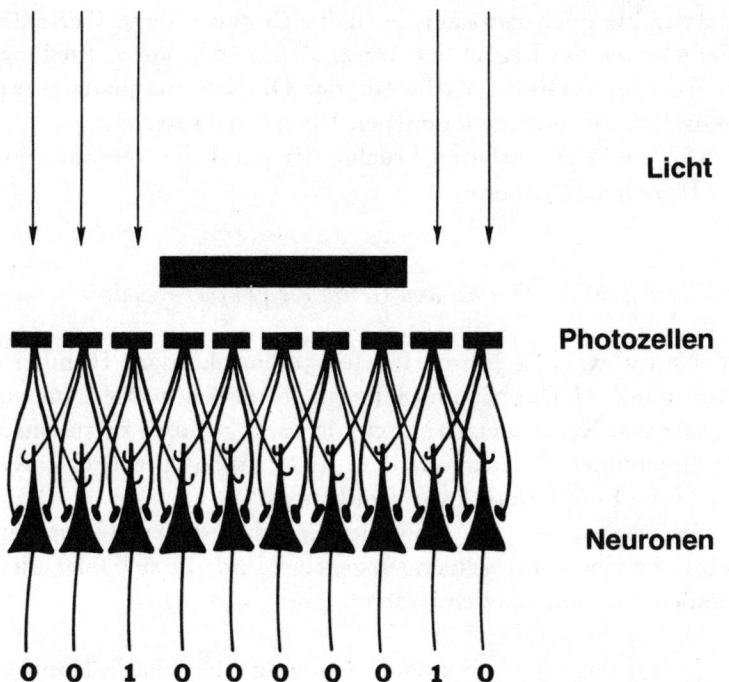

Abb. 16: Doppelschichtiges periodisches Nervennetz mit seitlicher Hemmung, teilweise beschattet

Das oben besprochene Netz registriert auch die Anzahl der »Schattenwerfer«, unabhängig von ihrer Position und Größe. Angenommen, es sind drei Gegenstände im »Gesichtsfeld« dieses Netzes, dann werden jeweils die beiden Randrezeptoren eines Schattens – und nur diese – aktiviert, so daß die Summe der ausgesandten Signale geteilt durch zwei der Anzahl der Gegenstände im Blickfeld entspricht.

Dazu Foerster: »Bitte zu beachten, daß hier ›Zählen‹ keine sequentielle, sondern eine simultane Affäre ist: das Netz sieht die ›Dreiheit‹, oder wenn es sich um zweihundertdreiundzwanzig Objekte handelt, die ›Zweihundertdreiundzwanzigheit‹ in der Anordnung der Gegenstände oder in der ›Gestalt‹ dieser Anordnung.

Ich bitte auch zu beachten, daß sich durch diese Weise der Errechnung der Begriff der *Anzahl* als eine von Form, Stellung, Beleuchtung, Größe, Farbe etc. der Objekte unabhängige Eigenschaft der wahrgenommenen Vielfalt herausschält.

Das sind die kostbaren Früchte der parallelen Organisation biologischer Rechner.«

Was das Auge des Frosches dem Gehirn des Frosches erzählt

Vor etwa zwanzig Jahren führten Jerome Lettvin, Humberto Maturana, McCulloch und Pitts eine bemerkenswerte Untersuchung von Nervennetzen durch, deren Ergebnisse sie in einem faszinierenden Bericht mit dem Titel »What the Frog's Eye Tells the Frog's Brain« veröffentlichten.[106]

Sie zeigten, wie das Auge des Frosches seinem Gehirn erzählt, ob vier Voraussetzungen gegeben sind, die sich folgendermaßen zusammenfassen lassen:

1) Hat das Objekt der Wahrnehmung eine scharfe Kante?
2) Ist das Objekt rund?
3) Wenn das Objekt rund ist, wie rund ist es?
4) Sind die Ränder des Objekts stark gekrümmt?

Sie argumentierten, daß alles, was klein, rund und schwarz ist, ein Käfer sein könnte, also etwas, das der Frosch fressen könnte. Das Netz entdeckt also einen Käfer. Es erzählt dem Frosch auch, ob große Schatten fallen, etwa von den Flügeln eines Vogels. Auf diese Weise warnt es ihn vor unmittelbar drohender Gefahr. Die errechnende Software ist also als »biologische Hardware« in das System eingebaut.

McCulloch und Pitts

Warren McCulloch, ein Philosoph und Neurophysiologe, und Walter Pitts, ein Mathematiker und Neurophysiologe, machten ihre erste formale Untersuchung von Nervennetzen 1943. Ihre wegweisende Studie wurde unter dem Titel »A Logical Calculus of the Ideas Immanent in Nervous Activity« im *Bulletin of Mathematical Biophysics* veröffentlicht.[107] McCulloch und Pitts zeigten, daß jedes Verhalten, das man eindeutig und klar mit einer begrenzten Anzahl von Wörtern beschreiben kann, von einem Nervennetz errechnet werden kann. Jeder eindeutigen Beschreibung von Verhalten konnten sie ein entsprechendes Nervennetz zuordnen.

Foerster: »Als ihre Studie veröffentlicht wurde, sagte jeder, der sich für das Gehirn und Wahrnehmung interessierte: ›Das ist es. Das ist die Antwort. Jetzt wissen wir, was sich im Nervensystem abspielt. Wenn man ein bestimmtes Verhalten beschreiben kann, dann kann man auch ein geeignetes Nervennetz konstruieren, um es zu erklären. Folglich können wir auch die umgekehrte Schlußfolgerung ziehen: Da ein bestimmtes Verhalten gegeben ist, muß es auch entsprechende Nervennetze im Zentralnervensystem geben, die das Verhalten errechnen.‹«

Der Mathematiker John von Neumann kommentierte die Formalisierung von McCulloch und Pitts im Jahre 1951 folgendermaßen: »Es ist oft behauptet worden, die Aktivitäten und Funktionen des menschlichen Nervensystems seien so kompliziert, daß kein gewöhnlicher Mechanismus sie durchführen könne... Das Ergebnis der Untersuchungen von McCulloch und Pitts hat damit Schluß gemacht. Es beweist, daß alles, was vollständig und eindeutig in Worte gefaßt werden kann, *ipso facto* von einem passenden Nervennetzwerk realisiert werden kann.«[108]

Das Problem eindeutiger Beschreibungen

Die Formalisierung von McCulloch und Pitts steht und fällt mit »eindeutigen« Beschreibungen. Das Problem ist nur – es ist unmöglich, »eindeutige Aussagen« zu machen.

Dazu Foerster: »Jede Behauptung, Äußerung oder Beschreibung ist von ihrem Wesen her mehrdeutig. Mehrdeutigkeit spielt immer eine Rolle, wenn Sie eine Auseinandersetzung mit einem Freund oder einem Feind haben. Die Schwierigkeit besteht darin, etwas zu sagen, das der andere versteht. Wir verwenden den Begriff ›Mißverständnis‹, um unsere Differenzen mit anderen Leuten zu erklären. Meine Damen und Herren, ich würde sagen, daß dies nur selten der Fall ist. Wenn wir einander nur mißverständen, wäre alles viel einfacher. Nein. Wir *glauben,* daß wir einander ›in Wirklichkeit‹ doch verstehen. Das ist das Problem!«

Des weiteren merkt Foerster an: »Mehrdeutigkeit zeigt sich auch, wenn man einen Satz in eine andere Sprache übersetzt und ihn dann wieder rückübersetzt.« Beispielsweise ergibt der Satz »Out of sight, out of mind = Aus den Augen, aus dem Sinn«, ins Chinesische übersetzt und wieder rückübersetzt: »Blind moron = blinder Trottel«.

Mehrdeutigkeit ist zweifelsohne der schwache Punkt der McCulloch-Pitts-Theorie. Aber es gibt eine ganz einfache Lösung für dieses Problem. Ignorieren Sie es! McCulloch und Pitts haben gezeigt, daß sie ein Nervennetz konstruieren können, das jedes nur denkbare eindeutig bestimmbare Verhalten erzeugen (errechnen) kann. Wir haben also Übereinstimmung von zwei Formalisierungen – das Netz und die Sprache. Sprache ist ganz offensichtlich immer mehrdeutig. Unser Ziel ist es jedoch zu verstehen, wie das Nervensystem funktioniert, und nicht, zwei Formalisierungen in Übereinstimmung zu bringen.

Zwei weitere interessante Punkte

1) Foerster: »Die chemische Zusammensetzung der ›Transmittersubstanzen‹, die den synaptischen Spalt ausfüllen, ist entscheidend für die Wirkung, die ein ankommender Impuls auf das Neuron ausüben kann: Unter bestimmten Umständen kann der Impuls einen ›inhibitorischen Effekt‹ haben (Aufhebung eines anderen gleichzeitig ankommenden Impulses), unter anderen einen ›Bahnungseffekt‹ (Verstärkung eines anderen Impulses, der das Neuron aktiviert). Der synaptische Spalt kann folglich als die ›Mikroumwelt‹ einer sensiblen Spitze, nämlich des Dendritenasts, angesehen werden, und mit dieser Interpretation vor Augen können wir die Sensitivität des Zentralnervensystems gegenüber Veränderungen der *inneren* Umwelt (der Gesamtsumme aller Mikroumwelten) mit seiner Sensitivität gegenüber Veränderungen der *äußeren* Umwelt (das heißt aller sensorischen Rezeptoren) vergleichen. Da es lediglich einige 100 Millionen sensorische Rezeptoren und etwa 10 000 Milliarden Synapsen in unserem Nervensystem gibt, sind wir gegenüber Veränderungen in unserer inneren Umwelt 100 000mal stärker empfindlich als gegenüber Veränderungen in unserer äußeren Umwelt.«

2) In Kapitel 5 wurde das exponentiale Exponentialverhältnis zwischen der Anzahl von Aussagen und der Anzahl logischer Funktionen, die man damit errechnen kann, beschrieben. Mit zwei Aussagen kann man 16 Funktionen errechnen; mit drei Aussagen 256 etc. Die Dendriten eines jeden Neurons stellen zahlreiche synaptische Verbindungen zu anderen Neuronen her. Das durchschnittliche Neuron hat tausend bis zehntausend synaptische Verbindungen. Eine einzige Purkinje-Zelle hat ungefähr eine Million Synapsen. Es verarbeitet daher rund eine Million Aussagen, und die Anzahl der möglichen Funktionen wird trans-astronomisch!

Zusammenfassung

1. Die Aktivität einer Nervenzelle wird von zwei fundamentalen Prozessen beherrscht: der eine ist elektrischer, der andere chemischer Natur. Üblicherweise identifiziert man den über die afferenten Axone anderer Neuronen eintreffenden Strom von Impulsen als die Eingabe für das rechnende Neuron. Die chemische Beschaffenheit der Transmittersubstanzen innerhalb der jeweiligen synaptischen Spalten wird im allgemeinen für den *modus operandi* der Synapse, die Gesamtheit der synaptischen Zustände für den *modus operandi* des Neurons verantwortlich gemacht. Wie hier schon vorweggenommen werden soll, ist die chemische Beschaffenheit der in den synaptischen Spalt entlassenen Steroide von der stark innervierten Hypophyse bestimmt, deren Aktivität wiederum vom Zentralnervensystem (ZNS) diktiert wird. Die Operationen des ZNS sind also von den Resultaten seiner Operationen abhängig: das ZNS ist eine nicht-triviale Maschine.

2. Im Gegensatz zur Architektur der in Gebrauch befindlichen großen Rechner, deren Operationen durch ein vorbestimmtes Programm Schritt um Schritt ablaufen, erlaubt die parallele Architektur des ZNS, Milliarden von Operationen gleichzeitig durchzuführen. Obwohl die Elementaroperation im Biocomputer (synaptische Verzögerung) etwa eine Million mal länger dauert als die in einem kommerziellen Rechner, ermöglicht der Parallelismus des ZNS, zum Beispiel der Gottesanbeterin *(mantis religiosa)*, nicht nur den Unterschied zwischen einer echten und einer von uns ununterscheidbaren künstlichen Fliege in einer Zehntelsekunde zu errechnen, sondern auch, sich im ersten Fall in der nächsten Zehntelsekunde zielsicher ihr Frühstück aus der Luft zu fangen, im zweiten Fall aber, ohne mit der Wimper zu zucken, das künstliche Insekt gelangweilt vorbeifliegen zu lassen.

Selbst mit heute vorhandenen größten und schnellsten Rechnern kann Ähnliches nicht gemacht werden.

3. Benützt man für die Beschreibung der Rechenprozesse des ZNS Ausdrücke aus dem Fachbereich der elektronischen Rechner, dann entspricht die jeweilige Vernetzungsstruktur des ZNS, zusammen mit der Totalität der synaptischen Übertragungsfunktionen, dem »Programm« des Biocomputers, das durch die Resultate der Errechnungen in jedem Moment neu »geschrieben« wird. Wie im nächsten Kapitel »Schließung« gezeigt wird, sind jedoch beim Biocomputer die Begriffe »Input« und »Output« verwischt, denn Wahrnehmen und Handeln sind wechselseitig voneinander abhängig.

In der nun folgenden Besprechung des Begriffs der »Schließung« wollen wir uns mit einem der schwierigsten Begriffe in Foersters und Maturanas Erkenntnistheorie befassen, nämlich mit dem Postulat der neuralen und hormonalen Schließung. Es sei jedoch hier schon vorweggenommen, daß die postulierte funktionelle und organisatorische Geschlossenheit der Sensomotorik keineswegs ausschließt, den lebenden Organismus als ein thermodynamisch offenes System zu betrachten. Ja, es läßt sich zeigen, daß es gerade der durch den Organismus fließende Energiestrom die Möglichkeit seiner organisatorischen Geschlossenheit garantiert.

7. Schließung

> *Einerseits vollzieht sich unsere Kognition in dem biologischen Substrat unseres Körpers. Andererseits sind unsere Beschreibungen durchaus imstande, Selbstbeschreibungen auf unbegrenzt vielen Ebenen zu liefern. Dank des Nervensystems überlagern sich diese beiden Weisen der Schließung und bilden dadurch jene Erfahrung, die uns am vertrautesten und gleichzeitig am unfaßbarsten ist: Uns selbst.*
>
> FRANCISCO VARELA[109]

Schließung in verschiedenen Bereichen

Den Begriff der Schließung gibt es in den verschiedensten Bereichen, einschließlich Thermodynamik, Mathematik, Biologie und allgemeine Systemtheorie.

Thermodynamisch geschlossene Systeme

In einem thermodynamisch geschlossenen System kann Energie weder aufgenommen werden noch entweichen. Sie haben eine »adiabatische« Hülle, die für Wärme, Energie und Strahlung undurchlässig ist. Lebende Organismen jedoch sind thermodynamisch offen; Energie gelangt in Form von Nahrung, Wärme, Strahlung in den Körper und wird dann als Arbeit, Wärme, Exkremente wieder ausgeschieden.

Algebraisch geschlossene Systeme

In einem geschlossenen algebraischen System muß jegliche Rechenoperation Elemente hervorbringen, die zu der dem System eigentümlichen Gruppe von Elementen gehören. Nehmen wir einmal an, die Elemente des Systems sind natürliche Zahlen (positive, ganze Zahlen), und betrachten wir einmal die Addition, 5 plus 6 ergibt 11, eine natürliche Zahl. Wenn man zwei Zahlen miteinander multipliziert, ist das Ergebnis ebenfalls eine natürliche Zahl. Von einem algebraischen System, in dem 1) die Elemente natürliche Zahlen, und 2) die Operationen Addition und Multiplikation sind, sagt man, das System ist »algebraisch geschlossen«.

Wenn man jedoch 5 von 3 subtrahiert, wird es problematisch, weil diese Operation eine Zahl ergibt, die nicht unter den Elementen vorhanden ist. Wenn also Subtraktion ins Spiel kommt, handelt es sich nicht mehr um ein geschlossenes System. Um die Geschlossenheit des Systems aufrechtzuerhalten und trotzdem 5 von 3 subtrahieren zu können, müssen wir neue Zahlen erfinden: die negativen Zahlen. Jetzt kann man Subtraktionen durchführen, und das System bleibt geschlossen.

Division schafft neue Probleme. Wenn das System geschlossen bleiben soll, müssen zu den Elementen dann auch Bruchzahlen gehören. Historisch betrachtet, ist das die Art und Weise, wie neue Zahlen erfunden wurden. Als das Bedürfnis nach neuen mathematischen Operationen entstand, mußten neue Zahlen erfunden werden, um das System geschlossen zu halten.

Watzlawick führt hierzu aus: »Für die griechischen Mathematiker waren Zahlen konkrete, reale, wahrnehmbare Größen, die ihrerseits Eigenschaften ebenso realer Objekte darstellten. Somit war die Geometrie gleichbedeutend mit Messen, die Arithmetik mit Zählen. In seinem Kapitel ›Vom Sinn der Zahlen‹ zeigt Oswald Spengler, daß nicht nur die Null als Zahlbegriff für die antiken Mathematiker undenkbar war, sondern daß auch negative Größen keinen Platz in der Wirklichkeit der klassischen Welt hatten... Die Auffassung, daß die Zahlen Größen ausdrücken, blieb zwei Jahrtausende lang unangefochten...«[110]

Systemische Schließung

Foerster: »In einer Besprechung systemischer Schließung wird Ihnen die begriffliche Ähnlichkeit mit einer algebraischen

Schließung nicht entgehen. Ich schlage vor, anhand der folgenden vier Punkte vorzugehen: zunächst eine kurze Beschreibung; dann eine begriffliche Analyse; drittens biologische und philosophische Konsequenzen des Begriffs der Schließung: Autopoesis, Autonomie und Verantwortung; schließlich möchte ich Sie mit einem Formalismus, der ›Theorie der rekursiven Funktionen‹, bekanntmachen, der uns wie ein Guckloch das andererseits schwer erfaßbare Verhalten geschlossener Systeme beobachten und verstehen läßt.«

Eine Wesenheit ist systemisch geschlossen, wenn die Wechselwirkung der diese Wesenheit bestimmenden Elemente jene Operationen sind, die genau diese Elemente produzieren. Lassen Sie mich das anhand eines »autokatalytischen Brüters«, der ein einfaches, aber dennoch einigermaßen subtiles System darstellt, erklären.

Ein autokatalytischer Brüter (Abbildung 17) funktioniert folgendermaßen: Nehmen wir an, das System enthält zwei chemische Elemente, A und B, die chemisch nicht miteinander reagieren. Wir wollen aber, daß sie sich miteinander verbinden, um die Verbindung AB zu erhalten. Mit einem Trick kann man die beiden Elemente dazu bringen, daß sie sich miteinander verbinden, und zwar, indem man den Katalysator C einbringt, der sich mit A verbindet, so daß AC entsteht. AC seinerseits kann jetzt mit B reagieren, so daß eine neue Verbindung entsteht, nämlich ABC. Dann löst sich der Katalysator von dem Element ABC, als wolle er sagen: »Ich habe meine Pflicht getan, ich kann jetzt gehen«, und AB bleibt übrig. Die Verbindung AB mag selbst nicht stabil sein und nach einiger Zeit in die ursprünglichen Komponenten A und B zerfallen. Damit kann das Spiel von neuem anfangen: das ist Autokatalyse.

Dazu Foerster: »Dieses System ist chemisch und systemisch geschlossen. Die Elemente sind an der Herstellung ihrer selbst beteiligt. Läuft in lebenden Organismen der gleiche Prozeß ab? Einige chilenische Philosophen, die mit Autokatalyse vertraut sind, bejahen dies: ›Wenn wir die Organisation eines lebenden Systems betrachten, dann sehen wir die Komponenten – wie

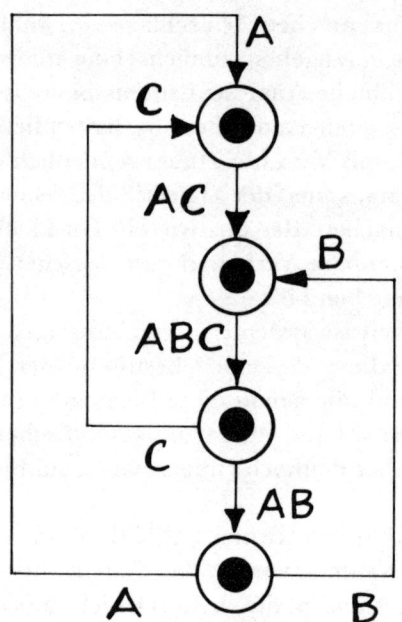

Abb. 17: Autokatalytischer Reaktor

DNS, die Peptide, die Peptidketten etc. – in ihrer Wechselwirkung sich selber erzeugen.‹ Diesen Prozeß bezeichnen sie als *Autopoiesis:* ein System, das sich selbst zusammenbaut, erzeugt und erfindet.«

Autopoiesis

Der Begriff »Autopoiesis« wurde von den drei chilenischen Neurophilosophen Varela, Maturana und Uribe geprägt. Autopoiesis geht auf zwei griechische Wörter zurück: *auto* (selbst) und *poiesis* (»ein Machen«, herstellen, Dichtung). Das Wort bezeichnet etwas, das sich selbst produziert. In Kapitel 3 wurde Maturanas Definition einer Einheit als etwas, das über Struktur und Organisation verfügt, vorgestellt. Organisation verleiht der

Einheit ihre Klassenidentität; die Struktur kann sich verändern, solange nur die Organisation aufrechterhalten bleibt. Maturana definiert Autopoiesis als die »Organisation« lebender Systeme. Autopoiesis bezeichnet also spezifische Interaktionsprozesse zwischen Einzelkomponenten, die das Substrat produzieren, das aus diesen Komponenten besteht. Andrew definiert Autopoiesis als »die Fähigkeit, daß lebende Systeme ihre eigene Organisation entwickeln und aufrechterhalten, wobei die Organisation, die entwickelt und aufrechterhalten wird, mit dem identisch ist, was die Entwicklung und Aufrechterhaltung durchführt.«[111] Varela beschreibt eine autopoietische Maschine als »ein homöostatisches (oder besser: relations-statisches) System, das seine eigene Organisation (definiert als ein Netzwerk von Beziehungen) als eine fundamentale Invariante hat«.[112] Keeney erklärt dazu: »Varela sagt, daß eine organisatorische Schließung, die höchste Form von Feedback, sich von einem einfachen Feedback dadurch unterscheidet, daß ›letzterer einen ihm äußerlichen Bezugspunkt braucht, der bei organisatorischer Schließung nie vorhanden ist‹. Ein organisatorisch geschlossenes System ist ein Netzwerk von miteinander verbundenen Rückkopplungsschleifen, das in sich geschlossen ist und keine Eingänge oder Ausgänge von einer äußeren Umgebung besitzt. Statt dessen liefert es sich ständig seinen eigenen Feedback, wie die Schlange, die sich selbst in den Schwanz beißt.«[113]

»Bitte beachten Sie«, sagt Foerster, »daß diese Definition von Leben nicht die Reproduktion von Leben beinhaltet. Sie lehnt die Vorstellung ab, daß Reproduktion notwendig sei, um lebende Systeme zu definieren. Wir alle sind in diesem Augenblick höchst lebendig, aber niemand von uns reproduziert sich jetzt gerade. Das ist unsere Autopoiesis. Maturana, Varela und Uribe würden sagen, daß Reproduktion von Leben eine Begleiterscheinung des Lebens ist. Um uns als Art zu entwickeln, müssen wir uns reproduzieren, aber das ist eine andere Sache. Reproduktion ist also nicht die notwendige Bedingung, um Leben zu identifizieren. Wenn wir die Implikationen der Autopoiesis

konsequent durchdenken, könnte das unsere Einstellung gegenüber vielen Problemen, etwa dem Recht auf Leben, verändern.«
Foerster fährt fort: »Autopoietische Systeme sind autonom. Sie bestimmen ihre Operationen selbst. Wenn sie das nicht tun, zerfallen und sterben sie. Autonomie bedeutet ›Selbstregelung, sich seine eigenen Gesetze machen‹. Als lebende Systeme sind Sie alle autonom; Sie sind verantwortlich für Ihr Verhalten, für das, was Sie sagen und tun. Verantwortlichkeit, Autonomie und Autopoiesis gehören zusammen.

Natürlich könnte jetzt jemand einwenden: ›Aber, um Himmels willen, was soll man denn tun, wenn man gezwungen wird, gegen seinen Willen zu handeln? Die Leute, die über Macht verfügen, können einen zwingen, bestimmte Dinge zu tun.‹ Die Neurophilosophen aus Chile würden antworten: ›Nein, meine Damen und Herren, Macht ist nicht der Grund für das Verhalten anderer. Macht ist die Folge, Unterwerfung die Ursache. Beispielsweise könnte Ihnen jemand eine Pistole gegen die Schläfe drücken und Sie auffordern, ihm Ihr Geld zu geben, aber Sie sind nicht verpflichtet, dies zu tun. Es kann durchaus sein, daß er Sie dann erschießt, aber das ist eine andere Sache. Selbst wenn Ihnen jemand die Pistole gegen die Schläfe drückt, haben Sie immer noch die Freiheit, autonom zu handeln.‹ Wenn man in Chile lebt, kann dies, bei den gegenwärtigen politischen Gegebenheiten, allerdings sehr schwierig sein.

Das ist mein philosophischer Bezug zu dem Begriff der Schließung. Lebende Systeme sind autopoietisch geschlossene Systeme. Folglich erschaffen sie sich selbst. Sie sind autonom!«

Die Schließung des Zentralnervensystems

Wenn ein Beobachter sagt, das Nervensystem habe unabhängige sensorische und motorische Subsysteme, die mit der Umwelt interagieren, dann hat er die begriffliche Organisation des Nervensystems nicht verstanden. Wie Maturana anmerkt, ist das Nervensystem »... ein geschlossenes neurales Netzwerk interagierender Neuronen... alle Veränderungen der relativen Aktivität der Neuronen führen zu anderen Veränderungen der relativen Aktivität der Neuronen... Ein geschlossenes neurales Netzwerk hat keine Oberflächen für Input und Output, die für seine Organisation kennzeichnend wären... bei einem geschlossenen System existieren Innen und Außen nur für einen Beobachter, der es betrachtet, nicht für das System selbst... Die Umgebung, in der der Beobachter steht, wirkt lediglich als eingreifendes Element, aufgrund dessen die Effektor- und sensorischen Neuronen interagieren und so die Zirkularität des Nervensystems herstellen.«[114]

Die Theorie der neurologischen Schließung ist schwierig zu verstehen. Wir glauben, das Nervensystem sei ein offenes System, das Reize von der Umgebung erhält. Wenn jedoch, wie Foerster und Maturana behaupten, das Nervensystem ein geschlossenes System ist, dann ist es ein »input-loses« System. Das bedeutet, daß sein Output zu seinem eigenen Input wird. Sobald dieses System einmal in Gang gesetzt ist, kommt nichts hinein oder heraus.

Foerster: »Man könnte argumentieren, daß die Aussage, ein System habe keinen Input, Unsinn sei. Die Frage ist jedoch: Welcher Sprache soll man sich bedienen? Der erste, der sich mit neurologisch geschlossenen Systemen auseinandergesetzt hat, war Ross Ashby. Seine ersten Experimente, die von seinen Schülern wiederholt wurden und jetzt in Paris von Forschern durchgeführt werden, denen riesige Computer zur Verfügung stehen, hatten zum Ziel, eingabe-lose, geschlossene Systeme zu untersuchen. Es stellt sich also die folgende Frage: Was ist ein ›Ohne-Input-System‹? Wenn Sie ein System haben und irgend etwas als eine Ausgabe definieren und dann diese Ausgabe zur Eingabe machen, dann haben Sie ein ›Ohne-Input-System‹. Dies ist der Ausgangspunkt der rekursiven Funktionstheorie.

Ashby konstruierte ein System mit logischen Elementen, die logische Funktionen, F, errechnen. Jedes dieser Elemente hatte zwei Inputs, X und Y, und einen Output, Z. Z wirkte auch auf F zurück und veränderte dadurch seinen Operationsmodus. Jedes Element war also eine nicht-triviale Maschine.

In den Anfängen seiner Versuche benützte Ashby nur 20 Elementarrechner, ging aber bald auf Systeme mit 100, ja sogar bis zu 1000 Elementen über. Verbindungen zwischen den n Ausgaben jedes Elementes mit den 2n Eingaben wurde durch das Los bestimmt, indem man für jede Ausgabe aus einer Urne je zwei Nummern zog, die den numerierten Eingaben entsprachen. Auf diese Weise erhält man ein verbindungsmäßig geschlossenes Netz. Man muß jetzt noch einen Anfangszustand wählen, z. B. alle Ausgabewerte der Elementarrechner seien Null, dann kann man das System rechnerisch sich selbst überlassen. Energetisch werden die Elementarrechner natürlich elektrisch von außen gespeist.

Das Erstaunliche, das sich schon bei den frühesten Experimenten zeigte, war, daß nach einer Anlaufzeit von ein paar Tagen, die eine zusammenhanglose Reihe von Nullen und Einsen produzierte, sich stabile Periodizitäten entwickelten, beispielsweise 0111001. Einer von Ashbys Studenten beobachtete, daß ein bestimmtes geschlossenes System Perioden entwickelte, deren Länge Primzahlen M_p (sogenannte Mersenne-Primzahlen) von der Form

$$M_p = 2^p - 1$$

entsprach, wo auch p eine Primzahl sein muß (z. B. $M_7 = 127$). Mit unserer Kenntnis der rekursiven Funktionen verstehen wir dieses Verhalten heute besser. Aber damals waren das höchst unerwartete und wunderbare Ergebnisse.«

Wenn wir das Nervensystem als ein geschlossenes System auffassen, wie Maturana und Foerster dies tun, dann bekommen wir eine ganz andere Einstellung dem gegenüber, was wir von unserer Umwelt aufnehmen und was nicht. Wenn wir unser eigenes Verhalten oder das anderer betrachten, scheint Verhalten in bezug auf die Umwelt zielgerichtet zu sein. Wir glauben, daß wir oder andere mit einem unabhängigen sensorischen System Daten (Inputs) sammeln, diese mit Hilfe des Gehirns auswerten und dann entsprechende Handlungen ausführen (Output).

Stellen Sie sich einen Hund vor, der aus einem Hinterhof zu entkommen versucht. Da er im Zaun keine Lücke findet, befreit er sich, indem er ein Loch unter dem Zaun buddelt und hinausschlüpft. Ein Beobachter wird jetzt wahrscheinlich glauben, daß der Hund zielgerichtet handelt. Diese Interpretation impliziert, daß der Hund über ein offenes Nervensystem verfügt und Informationen aus seiner Umgebung sammelt. Wenn wir jedoch das gleiche Verhalten unter der Annahme betrachten, daß der Hund ein geschlossenes Nervensystem hat, werden wir die Sache ganz anders sehen. Der Zaun erscheint uns nun als eine Störung (und nicht als Eingabe), die die Operationen im Nervensystem des Hundes verändert. Im Computerjargon würde man den Zaun als Störung eines Parameters bezeichnen. Maturana bringt folgendes Beispiel von einem Piloten, der seine Maschine im Instrumentenflug steuert:

> Stellen wir uns einmal vor, was bei einem Instrumentenflug geschieht. Der Pilot ist von der Außenwelt isoliert (er kann nichts sehen). Das einzige, was er machen kann, ist, die Instrumente der Maschine zu bedienen. Wenn der Pilot sicher landet, beglückwünschen ihn seine Frau und seine Freunde: »Was für eine phantastische Landung du da hingekriegt hast; wir hatten uns schon Sorgen wegen des dichten Nebels gemacht.« Der Pilot wird jedoch erstaunt fragen: »Flug? Landung? Was meint ihr eigentlich? Ich bin weder geflogen noch gelandet. Ich habe lediglich bestimmte Dinge im Flugzeug reguliert, um bestimmte Angaben auf den Instrumenten zu erhalten.«[115]

Kommen wir noch einmal auf das Beispiel eines geschlossenen algebraischen Systems zurück. Seine Elemente sind die natürlichen Zahlen, und es kennt nur eine Operation: Addition. Im Sinne Maturanas beschreibt dies die Organisation des Systems. Wenn es als geschlossenes System »leben« soll, muß jede Veränderung in seiner Struktur so geartet sein, daß die Organisation aufrechterhalten bleibt. Nun stellt sich die Frage: Was geschieht, wenn wir die Operation Multiplikation hinzunehmen? Das ist eine strukturelle Veränderung, bei der die Organisation des Systems, seine Geschlossenheit, bewahrt bleibt. Wenn wir statt zu addieren jetzt multiplizieren, geschieht jedoch mit den Zahlen 2 und 3 etwas ganz anderes: Wir erhalten jetzt 6. Die Frage ist nun: Ist diese Veränderung die Folge einer Eingabe oder einer Störung? Maturana und Foerster würden sagen, daß es sich um eine Störung handelt. Die Veränderung tritt ein, weil wir die Operation innerhalb des Systems verändert haben.

Die doppelte Schließung im Nervensystem

Im Zentralnervensystem gibt es zwei Schließungen – eine sensomotorische Schließung und eine synaptisch-endokrine Schließung. Wie sich der Leser wahrscheinlich erinnert, ist das endokrine System an der Erzeugung von Neurotransmittern beteiligt.

Dazu Foerster: »Sie können sich wahrscheinlich vorstellen, was passiert, wenn irgend etwas die Erzeugung von Neurotransmittern beeinflußt. Diese Substanzen ermöglichen die Übermittlung von Nervenimpulsen vom Axon zu den Dendriten. Schon die kleinste Veränderung der Neurotransmitter kann einen großen Einfluß darauf haben, wie die Neuronen funktionieren.

Die Neurotransmittersubstanzen, die sich in den Synapsen befinden, werden vom endokrinen System produziert. Die Nebennierendrüsen erzeugen Steroide und ergießen sie in den Blutkreislauf, der sie durch das ganze System verteilt.

Man kann einige Analogien zwischen der Kommunikationstheorie und dem Nervensystem aufstellen. Erstens gibt es eine ›gezielte‹ Kommunikation, nämlich die Übertragung von elektrischen Impulsen zwischen Neuronen. Zweitens gibt es eine ›wahlweise‹ Kommunikation über das endokrine System, dessen Botschaften umfangreiche Neuronengruppen gleichzeitig erreichen. Diese chemischen Botschaften sind breit gestreut, so daß bestimmte Neuronen sie sich sozusagen aussuchen können.

Das endokrine System kontrolliert also die synaptische Transmission. Und was kontrolliert das endokrine System? Es wird von der Hypophyse, der wichtigsten Drüse überhaupt, kontrolliert.

Ich will Sie jetzt nicht mit Einzelheiten der Neuroendokrinologie langweilen. Sie finden darüber genügend in der entsprechenden Literatur. Meine Absicht ist es, die gegenseitige Abhängigkeit zwischen dem Zentralnervensystem und dem endokrinen System hervorzuheben. Um die Wichtigkeit dieser Beziehung zu verdeutlichen, habe ich folgendes Diagramm aufgezeichnet, auf dem die beiden Systeme in ihrem funktionellen Zusammenhang dargestellt sind. Betrachten Sie sich bitte einmal Abbildung 18.

Die schwarzen Quadrate (N) stellen Bündel von Neuronen dar, die synaptisch miteinander verbunden sind. In den Zwischenräumen zwischen den schwarzen Quadraten ist eine dünne schwarze Linie zu sehen, die von anderen Linien gekreuzt wird; dies bezeichnet den synaptischen Spalt. Die Linie auf der linken Seite der Abbildung (SS) repräsentiert die sensorische Oberfläche des Organismus, die Gesamtheit seiner Sensoren. Die Linie auf der rechten Seite (MS) bezeichnet das motorische System des Organismus. Die kleine, rechteckige Fläche mit Punkten, ganz unten, repräsentiert die Hypophyse, die Hauptdrüse, die das gesamte endokrine System reguliert.

Horizontal verlaufende Nervenimpulse (von links nach rechts) gelangen schließlich zu der motorischen Oberfläche (MS) und wirken auf sie ein; deren Veränderungen (Bewegungen) wiederum werden sofort von der sensorischen Oberfläche (SS) registriert; die Pfeile bezeichnen diese Abläufe. Nervenimpulse, die vertikal verlaufen (von oben nach unten), stimulieren die Neurohypophyse (NP), die Steroide in den Blutkreislauf ausschüttet; diese Steroide erreichen schließlich die synaptische Spalte und verändern dadurch den *modus operandi* aller synaptischen Verbindungen. Dies wiederum beeinflußt den *modus operandi* des gesamten Systems.

Das System ist also doppelt geschlossen: über den sensomotorischen Kreis und über den synapto-endokrinen Kreis.«[116]

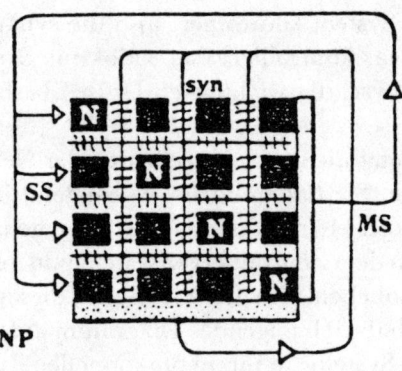

Abb. 18: Neuraler Signalfluß von der sensiblen Oberfläche (linke Begrenzung, S), über Nervenbündel (schwarze Quadrate, N) und synaptische Spalte (Zwischenräume, syn) zu Muskelfasern (rechte Begrenzung, M) einerseits, deren Aktivität die Reizverteilung der sensiblen Oberfläche verändert, und Neurohypophyse (untere Begrenzung, NP) andererseits, deren Aktivität die Zusammensetzung der Steroide in den synaptischen Spalten und damit die Funktionsverteilung aller Nervenbündel moduliert

»Interpretiert man in diesem Schema die Kantenlänge eines Quadrates mit der Anzahl der Reizpunkte im zugehörigen Nervenbündel, dann hätten wir das ganze System aus $10^5 \times 10^5$ Quadraten bestehend skizzieren müssen, um dem vorher erwähnten Übergewicht der inneren gegenüber der äußeren sensiblen Oberfläche Genüge zu tun. Ein Quadrat müßte dann durch einen Punkt mit einem Durchmesser von etwa 1 µ dargestellt werden, sollte das Bild nicht größer werden als das hier wiedergegebene.

Um diesem funktionellen Schema auch geometrisch Rechnung zu tragen, können wir die rechtwinklig zueinander fließenden Signalkreise durch Wicklung um eine vertikale und horizontale Achse schließen. Eine ebene Figur, die nach zwei rechtwinkligen Achsen gewickelt wird, ist aber ein Torus. Abbildung 19 zeigt eine vollständige Schematisierung des Gedankens der doppelten Schließung des Signalstroms. Die vordere Naht entspricht dem motorisch-sensorischen synaptischen Spalt, die horizontale Naht der Neurohypophyse.

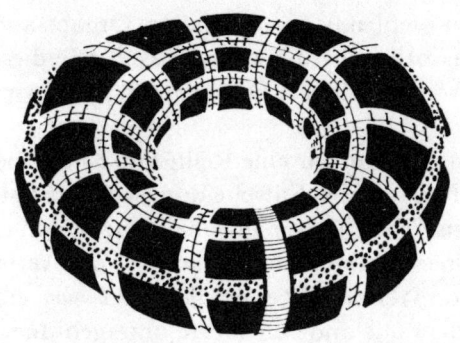

Abb. 19: Doppelte Schließung der nervösen und hormonalen Kausalkette. Horizontale punktierte Naht (Äquator): Neurohypophyse. Vertikale gestrichelte Naht (Meridian): motorisch-sensorischer »synaptischer Spalt«

Dieses Minimalschema der Ur-Organisation eines nervösen Lebewesens hilft vielleicht auch das Problem zu sehen, das entsteht, wenn wir die Vorgänge des Er-Rechnens einer Realität ohne die Zuhilfenahme eines Beobachters, der vorgibt, zwei Seiten zu kennen, lediglich aufgrund rekursiver Rechenoperationen innerhalb des Organismus ableiten wollen, kurz gesagt: wenn wir eine geschlossene Theorie des Beobachters entwickeln und für diese Theorie nicht sofort wieder einen Beobachter zweiter Ordnung – usw. – zu Hilfe rufen wollen.

Als Leitfaden für die Erforschung dieses Problems möge der folgende Satz dienen:

Das Postulat der epistemischen Homöostase:
›Das Nervensystem als Ganzes ist so organisiert (organisiert sich so), daß es eine stabile Realität errechnet.‹«

McCulloch und die Heterarchie der Werte

Foerster fährt fort: »Diese Torus-Struktur hängt mit einer interessanten Ansicht zusammen, die Warren McCulloch in seiner Abhandlung *A Heterarchy of Values Determined by the Topology of Nervous Nets*[117] dargelegt hat. McCulloch wollte wissen, was für ein Verhalten wohl mit der zirkulären Organisation des Nervensystems assoziiert ist. Er wollte wissen, wie diese Organisation unser Wertverhalten bestimmt, d. h., wie wir uns jeweils entscheiden.

Er fragte sich: wenn wir eine Reihe von Entscheidungen treffen sollen, ist dann jeder Entscheidungskontext festgelegt, oder treffen wir unsere Wahl, wie allgemein angenommen wird, entsprechend einer bestimmten Hierarchie von Werten? In einer Hierarchie von Werten gibt es ein *summum bonum,* einen letztgültigen Wert, dem alle anderen Werte untergeordnet sind.

›Heterarchie‹ geht auf die griechischen Wörter *heteros,* was ›der andere‹ bedeutet, und *archein,* was ›herrschen, regieren‹ bedeutet, zurück. Heterarchie bedeutet also: die Regel oder Herrschaft des anderen. In einer Heterarchie ist die Regulierung bzw. Herrschaft zirkular. ›Hierarchie‹ geht auf das griechische Wort *hieros* zurück; es bedeutet ›der Heilige‹. In einer Hierarchie sind es die heiligen Wesen, die Götter, die von oben herab herrschen. McCulloch erfand den Ausdruck *Heterarchie,* um die kontextbestimmten Entscheidungen von dem uns vertrauteren Begriff der *Hierarchie* zu unterscheiden.«

Heterarchische Werte, die sich im Verhalten ausdrücken, stellen relative Entscheidungen dar, die abhängig sind vom jeweiligen Zeitpunkt und Kontext. Gregory Bateson verwandte den Begriff »Wertanomalie«, um eine Situation zu bezeichnen, in der ein Individuum Entscheidungen fällt, die nicht zu unserer Annahme passen, daß Wertverhalten hierarchisch strukturiert ist.

Man könnte beispielsweise jemanden auffordern, zwischen Äpfeln und Bananen zu wählen; er entscheidet sich für Äpfel. Dann soll er zwischen Bananen und Kirschen wählen, und jetzt entscheidet er sich für die Bananen. Schließlich fordert man ihn auf, zwischen Kirschen und Äpfeln zu wählen, und er entscheidet sich für die Kirschen. Er zieht also A gegenüber B vor. Er zieht B gegenüber C vor und C gegenüber A. Seine Wertentscheidungen sind also zirkulär. Gemäß den traditionellen Werttheorien sollte dies jedoch nicht der Fall sein. Wir gehen von der Annahme aus, daß Wertentscheidungen sich auf eine bestimmte Hierarchie der Werte gründen müssen. Für den gesunden Menschenverstand ergeben heterarchische Entscheidungen keinen Sinn. Ein derartiges Verhalten wird als Anomalie betrachtet.

McCulloch gelang es, diese Wertanomalie zu erklären, indem er sie mit seinen Beobachtungen der anatomischen Struktur des Nervensystems in Beziehung setzte. Er schreibt: »Der Begriff ›Hierarchie‹ hat in diesem Zusammenhang zwei Implikationen; jede Bahn (d. h. eine zirkuläre Ausbreitung eines Nervenimpulses, der über ein dorsales Nervenende in das Nervensystem gelangt und es über ein abdominales wieder verläßt) bestimmt irgendein Ziel oder einen Zweck, und nie bestimmen zwei Bahnen genau denselben Zweck.«[118]

Wie Humberto Maturana griff auch McCulloch auf die Anatomie zurück und setzte sie zum Verhalten in Beziehung; dadurch stellte er eine Relation zwischen Nervenbahnen und Wertverhalten her. Er stellt fest:

»Da Organismen auf diese Ziele und Zwecke hin leben, betrachten sie diese weder als Mittel, um ein anderes Ziel zu erreichen, noch als ein Verhalten, das ihnen aufgezwungen wird, sondern vielmehr so, daß sie die Art von Macht und Bedeutung haben, die schließlich in dem Begriff des Heiligen oder Geheiligten kulminierte. Dies ist, bezogen auf Werte, die religiöse Implikation von ›Hierarchie‹. Die zweite Implikation, die sich aus der priesterlichen Struktur der Kirche ergibt, ist die, daß die vielen Einzelziele und -zwecke in eine bestimmte Ordnung gebracht werden durch das Recht eines jeden einzelnen Zwecks, alle untergeordneten zu behindern. Obwohl die Zahl dieser Ziele und Zwecke groß ist, ist sie doch begrenzt. Die Wertordnung sieht nun so aus, daß es ein Ziel gibt, das über allen anderen steht, und ein anderes, das allen anderen untergeordnet ist; angenommen, es gibt drei solcher Zielvorstellungen, und eine erste wird einer zweiten übergeordnet, und eine zweite einer dritten, dann wird die erste der dritten übergeordnet. Eine Hierarchie von Werten zu behaupten bedeutet daher logischerweise, daß Werte in gewissem Sinne Größen sind. Zusammenfassend läßt sich also sagen: Wenn Werte Größen irgendeiner Art sind, dann könnte man das irreduzible Nervennetz... als eine Ebene darstellen.«[119]

Vereinfacht ausgedrückt bedeutet dies: McCulloch hat zwei grundlegende Möglichkeiten untersucht, eine Reihe neuraler Rückkopplungs-Schleifen in eine Beziehung zueinander zu bringen. In dem einen Fall handelte es sich um eine einfache, verbindende Gruppe von Neuronen, die eine hemmende Wirkung haben. Wenn wir also vier Schleifen haben – wie die Kreise auf einer Zielscheibe –, dann umschließt jede äußere Schleife eine innere. Wenn nun die äußerste Schleife feuert, werden alle anderen gehemmt. Diese Hemmung ist linear – sie verläuft von oben nach unten. Es ist ein irreversibler Kausalmechanismus.

Im Gegensatz dazu sind in einer Heterarchie die wechselseitigen Verbindungen zwischen den Schleifen zirkulär. Das ist vergleichbar mit der doppelten Schließung, die Foerster in seiner Topologie des Nervensystems vorschlägt. Es gibt eine Schließung zwischen der sensorischen und der motorischen Oberfläche des Körpers und eine Schließung zwischen dem Nervensystem und dem endokrinen System. Auf einer zweidimensionalen Ebene verläuft der eine Kreis von rechts nach links, der andere von oben nach unten. Zu einem dreidimensionalen Raum gekrümmt, wird aus einer Fläche ein Torus.

McCulloch kommt zu dem Schluß, daß die Errechnungsmöglichkeiten dieses Netzes ungeheuer komplex sind, metaastronomisch, oder, wie Foerster es bezeichnet, »transkomputational«. McCulloch schreibt: »Das Verhalten eines Organismus, der über ein Netz aus lediglich sechs Neuronen verfügt, die für heterarchisches Verhalten verantwortlich sein könnten, wäre vom Standpunkt einer jeden Theorie, die von einer Wertskala ausgeht, nicht voraussagbar. Es ist eine Heterarchie von Werten und hat daher zu viele Verbindungsmöglichkeiten, um sich einem *summum bonum* unterzuordnen.«[120] (Vgl. Abbildungen 18 und 19.)

McCullochs Untersuchung zeigt also, daß unser Nervensystem mit Neuronenkonfigurationen ausgestattet ist, die die Wertanomalie erklären. Es handelt sich hierbei um komplexe Mechanismen, die mit einfachen logischen Mitteln nur schwer zu fassen sind. Außerdem steht der Begriff einer Relativität der Werte in striktem Gegensatz zu organisierten Religionen, sozialen und politischen Bewegungen oder jeder anderen organisierten Gruppe, die ein *summum bonum* behauptet. Wir neigen daher dazu, kontextbestimmte Entscheidungen als anomal, pathologisch und irrational zu betrachten und nicht als grundlegende neurophysiologische Voraussetzung, unter der wir in unserem alltäglichen Verhalten Wertvorstellungen erkennen lassen.

Rekursive Funktionstheorie

Mit Hilfe einer mathematischen Formalisierung, die man als rekursive Funktionstheorie bezeichnet, können wir zeigen, daß die Autonomie autopoietischer Systeme nicht nur für die Zellen gilt, sondern auch für unsere kognitiven Fähigkeiten und Verhaltensmöglichkeiten. Mathematische Formalisierungen sind Systeme, die nur auf dem Papier existieren; das macht es leichter, mit ihnen umzugehen und sie zu verstehen. Die rekursive Funktionstheorie ist hervorragend dazu geeignet, die Operationen geschlossener Systeme, Autonomie, Autopoiesis und Biokomputation zu untersuchen. Sie zeigt uns, wie eng diese Vorstellungen miteinander zusammenhängen.

Foerster erklärt: »Die Formalisierung, die ich jetzt verwenden will, umfaßt Variable und Operatoren. Lassen Sie sich bitte durch diese Begriffe nicht abschrecken. Sie sind im Grunde ganz einfach. Eine Variable ist eine begriffliche Größe, deren Wert sich ändern kann. Mathematiker stellen Variable durch Buchstaben des Alphabets dar. Wir sprechen ständig über die X und Y und Z. Um es Ihnen leichter zu machen, werde ich hier nur von den X reden. Um ein X von einem anderen zu unterscheiden, werde ich allerdings tiefgestellte Ziffern verwenden. Wenn wir zwei X haben, bezeichne ich sie als X_0 und X_1, um deutlich zu machen, daß sie sich voneinander unterscheiden. Wir verwenden ein ähnliches System, wenn wir unseren Kindern einen Namen geben. Jedes Kind bekommt den gleichen Familiennamen, der angibt, aus welcher Familie er oder sie stammt. Wir geben aber auch jedem der Kinder einen anderen Vornamen, um ihn oder sie von den Geschwistern zu unterscheiden.

Meine X können für Zahlen, Beschreibungen, logische Behauptungen, Verteilungen oder Anordnungen stehen. Man kann fast alles durch ein X darstellen: wie die Stühle hier im Saal angeordnet sind, oder das durchschnittliche Gehalt eines jeden einzelnen von uns. Wenn ich mit X die Gehälter darstellen will, kann ich sagen: X_1 ist mein Gehalt, X_2 ist das Gehalt von dem Herrn, der mir direkt gegenüber sitzt, und ich könnte auch sagen, X_0 war mein Gehalt im vorigen Jahr, X_1 ist mein heutiges Gehalt, X_2 das vom nächsten Jahr, usw. Ich bin sicher, Sie haben jetzt eine Vorstellung davon, wie dieser Formalismus gemeint ist.

Operationen wirken auf die Variablen ein. Die Buchstaben Op stehen für Operatoren. Operatoren machen etwas mit den Variablen; was sie machen, hängt von den Variablen und dem Operator ab.

Wenn X eine Beschreibung ist, dann verändert der Operator die Beschreibung. Wenn X eine Zahl ist, dann verändert der Operator die Zahl. Sie alle kennen solche Operatoren, z. B. den Operator: ›Multipliziere mit 5!‹ Wird dieser Operator, sagen wir, auf die Zahl 2 angewandt, erhält man 10; oder den Operator: ›Quadriere!‹, der auf 5 angewandt 25 ergibt; und so weiter.

Jetzt möchte ich Ihnen zeigen, welche zwei Möglichkeiten es gibt, diese Operationen schriftlich darzustellen. Nehmen wir einmal die Variable X_0. Wenn ich ausdrücken will, daß ein Operator (Op) auf X_0 einwirkt, schreibe ich: $Op(X_0)$. Das Ergebnis dieser Operation sieht dann so aus:

$$X_1 = Op(X_0)$$

Die tiefgestellte 1 weist darauf hin, daß X_0 verändert worden ist. Wir schreiben das modifizierte X_0 als X_1. Wenn ich die gleiche Operation (Op) bei X_1 wiederhole, erhalte ich X_2. Ich hoffe, es leuchtet ein, daß ich das auch folgendermaßen schreiben kann: $Op(Op(X_0))$; das entspricht X_2:

$$X_2 = Op(Op(X_0))$$

Lassen Sie mich jetzt den gleichen Prozeß an einem etwas vertrauteren Beispiel beschreiben – ein Baby, das mit einem Ball spielt. Es stupst ihn herum, versucht ihn in die Hand zu nehmen. Es gelingt einmal. Dann wirft es den Ball aus seiner Wiege heraus. Die Mutter legt ihn wieder hinein, und so geht das weiter. Jede dieser Verhaltensweisen können wir mit X_0, X_1, X_2, X_3, ... X_{25} etc., bezeichnen, mit dem Baby als dem ›Operator‹, der diese Verhaltensweisen auseinander hervorgehen läßt.

Und jetzt überlegen Sie sich einmal folgende Frage: Übt das Kind, wenn es eine der genannten Verhaltensweisen zeigt, jedesmal einen Einfluß auf das gleiche Objekt aus? Ich sage: nein. Es gibt noch kein Objekt! Warum? Weil das Kind verhaltensmäßig nicht mit dem vertraut ist, was wir als einen Ball bezeichnen. X_1 ist eine Erfahrung, die ganz anders ist als X_0 oder X_2. Bei diesem Beispiel würde Piaget wahrscheinlich sagen, daß das Kind das, was wir als Ball bezeichnen, nicht als etwas Konstantes erlebt. Ich würde es so ausdrücken: Das Kind hat noch nicht eine ›sensomotorische Kompetenz‹ gegenüber diesem Ball entwickelt. Ich verwende diesen Ausdruck, um zu betonen, daß sich eine entsprechende Sensomotorik entwickeln muß, damit das Kind ein stabiles Verhalten im Umgang mit dem Ball erreichen kann. Erst dann kann es mit dem Ball wirklich umgehen, ihn kontrollieren; erst dann weiß es, was es mit einem Ball tun kann. Es hat dann eine ›sensomotorische Kompetenz‹ hinsichtlich dieses bestimmten Spielzeugs entwickelt.

Jetzt komme ich zu einem schwierigen Punkt. Für das Kind existiert kein Spielzeug: es existiert aber ein stabiles sensomotorisches Verhalten. Dem Kind ist nur das zugänglich, was sich auf seiner Netzhaut abbildet und was die Empfindungen be-

rührt, wenn es irgend etwas mit dem Ball unternimmt. Sobald aber das Kind den Ball unter Kontrolle hat, kann es vorausdenken und Voraussagen hinsichtlich des Balls machen. Es hat ein gewisses stabiles Verhalten in bezug auf den Ball erworben. Diese spezifische sensomotorische Kompetenz kann nun benannt werden, und die einfachste Möglichkeit ist es, sie als ›Ball‹ zu bezeichnen. Nun heißt aber auch das Ding Ball. Beide, der Ball und der Umgang mit dem Ball, sind komplementär. Es ergibt sich also folgende Gleichung:
Name des Verhaltens = Name des Gegenstands.«

Foerster gibt ein Beispiel dafür, wie sich sensomotorische Kompetenz bei seinem eigenen Sohn entwickelte, dem man eine Mundharmonika gab, als er noch ein Baby war. »Zuerst konnte er überhaupt nichts damit anfangen. Er hat sie einfach in den Mund gesteckt. Irgendwann einmal atmete er aus, als er gerade die Harmonika im Mund hatte, und sie gab ein paar Töne von sich. Der Kleine war absolut fasziniert. Er spielte mit der Harmonika herum, steckte sie in den Mund, und wieder produzierte er ein paar Töne: Fabelhaft! Schon nach wenigen Tagen konnte er regelmäßig ein paar Töne auf der Harmonika hervorbringen. Er hatte die sensomotorische Kompetenz ›Mundharmonika‹ entwickelt.«

Jetzt können wir untersuchen, was die Regelmäßigkeit erklären könnte, die sich aus einer Abfolge von Operationen ergibt. Wieso kommt es beispielsweise überhaupt zu einer solchen Stabilität? Wenn jede Einwirkung auf das, was wir als Gegenstand bezeichnen, unterschiedlich ist, wie kann sich dann aus einer unbegrenzten Folge von Operationen eine Stabilität ergeben? Um diese Frage zu beantworten, müssen wir noch einmal auf Foersters Darstellung der rekursiven Funktionen zurückkommen.

Foerster: »Setzen wir unser früheres Beispiel fort. Wir hatten
$$X_2 = Op(Op(X_0))$$
und erhalten für den nächsten Schritt
$$X_3 = OP(X_2) = Op(Op(Op(X_0)))$$
und den nächsten
$$X_4 = Op(Op(Op(Op(X_0)))).«$$

In Abbildung 20, »Rekursionen«, sehen wir zusammenfassend, was geschieht, wenn man diese rekursiven Operationen unermüdlich weitertreibt. Schließlich kommt man zu einer unendlich langen Kaskade von Operationen mit Operationen mit... Was hat das noch für einen Sinn – wenn überhaupt?

X_0 .... *primäres Argument*
(Zahlen, Anzahlen, Anordnungen, Zahlenreihen, Vektoren, Funktionen, Propositionen, Verhaltensweisen [ausgedrückt durch Bewegungsgleichungen, temporal-propositionelle Ausdrücke (Pitts/McCulloch) usw. ...] usw. ....)

Op *ein Operator*
(Funktion, Transformation, Algorithmus, Umordnung, Funktional, usw. ....)

$X_1 = Op(X_0)$
$X_2 = Op(X_1) = Op(Op(X_0))$
$X_3 = Op(X_2) = Op(Op(Op(X_0)))$

.
.

$X_n = Op(Op(Op(Op......(X_0))))))$

.
.

$X_\infty = Op(Op(Op(Op(Op(Op(Op(Op(Op(Op(Op(Op(Op(Op(Op(....$

Der entscheidende Schritt:
ersetze die unendliche »Op-Kaskade« durch X_∞:

$X_\infty = Op(X_\infty)$
$X_\infty = Op(Op(X_\infty))$

und so weiter.

X_∞ sind:

die »Eigenwerte«, »Eigenfunktionen«, »Eigenverhalten«, etc., des Operators Op.

Abb. 20: Rekursionen

Man ist natürlich schon früher auf solche Ausdrücke gestoßen und hat sie als unbrauchbare Sackgassen des Denkens entlassen: die Schuhwichsschachtel mit dem Schusterbuben, der in seiner Hand eine Schuhwichsschachtel mit einem Schusterbuben hält, der in seiner Hand eine Schuhwichsschachtel mit einem Schusterbuben hält... ad infinitum.

Wiederum war es erst kürzlich, daß der entscheidende Schritt zum Verständnis unendlicher Rekursionen – und zwar nur *unendlicher* Rekursionen – gemacht wurde. Besinnt man sich, daß das ›ist gleich‹-Zeichen symmetrisch ist, das heißt, wenn
$$A = B$$
dann gilt auch
$$B = A,$$
so ist nicht nur X_∞ mit einer unendlichen Kaskade von Operationen gleichzusetzen, sondern eine unendliche Kaskade von Operationen kann durch X_∞ ausgedrückt werden. Wenn das durchgeführt wird, erhält man eine einfache Gleichung
$$X_\infty = Op(X_\infty)$$
die man für X_∞ auflösen kann.

Ich möchte hier auf zwei Punkte aufmerksam machen. Der eine ist, daß der Endwert X_∞ so beschaffen ist, daß eine Operation mit ihm ihn wieder selbst produziert: ein durch die Operation sich reproduzierender Wert. Wir sind schon früher auf diese Situation gestoßen, als ich von selbstbezüglichen Propositionen sprach, die nur selektiv paradoxiefreie Lösungen zuließen. Wie dort heißen auch hier diese Lösungen ›Eigenwerte‹, ›Eigenfunktionen‹, ›Eigenoperatoren‹ etc., je nach der Natur des Operators oder nach der Natur jener Wesenheit, die die ›Maschine‹ verkörpert.

Ist die Anfangsvariable ›Verhalten‹, etwa wenn das Baby mit dem Ball spielt, dann wird das Verhalten des Kindes mit dem Ball einem dynamischen Gleichgewicht zustreben, dem ›Eigenverhalten‹ des Kindes gegenüber seinem Ball, seiner sensomotorischen Kompetenz ›Ball‹.

Ich könnte noch viel über andere faszinierende Eigenschaften dieser Eigenwerte berichten, möchte jetzt aber den anderen von mir vorher angedeuteten Punkt erwähnen, nämlich die Abwesenheit eines bemerkbaren Einflusses der Ur-Sache, X_0, auf das

Endresultat. Stellt der Operator »Op« gewisse kognitive Prozesse eines Organismus dar, X_0 den Anfangswert der Verhaltenskaskade, und X_∞ das dem Operator zugehörige Eigenverhalten, so wäre es doch ganz selbstverständlich anzunehmen, daß das endgültige Eigenverhalten, X_∞, die Wirkung der Ur-Sache, X_0, darstellt. Da aber die Eigenwerte oder das Eigenverhalten sich als unabhängig von den Anfangsbedingungen herausstellen, kann man die »Ur-Sache« nicht für das schließliche Verhalten des Organismus verantwortlich machen.

Will man hier noch immer nach einer Ursache/Wirkungs-Relation suchen, dann kann man sie nicht in dem Paar Reiz/Reaktion suchen, sondern nur dort, wo Zugehörigkeit besteht, und die findet man im Paar Op/X_∞, oder, in Worten, im Paar Organismus/Verhaltensweise. Nicht der Reiz, sondern der Organismus ist für sein Verhalten verantwortlich.

Eigenwerte erzeugen sich selbst. Genau das geschieht in autopoietischen Systemen. Die Wechselwirkungen zwischen den Komponenten produzieren diese Komponenten. Wenn man innerhalb eines geschlossenen algebraischen Systems an seinen Elementen eine Operation durchführt, dann erzeugt sie Elemente, die Teile des ihm eigentümlichen Systems sind. Die Operation produziert also wieder ihre eigenen Elemente.

Wie Sie sich erinnern, wirkt das Nervensystem auf sich selber ein. Jedes Neuron feuert, nachdem es komplexe Berechnungen durchgeführt hat. Das Ergebnis dieses Rechenvorgangs ist die Eingabe für den Rechenvorgang eines anderen Neurons. Man kann also ohne weiteres den Ausdruck ›Operation an einer Operation‹ durch ›Errechnung einer Errechnung‹ ersetzen.

Vielleicht fällt es leichter, den Begriff der Eigenwerte zu verstehen, wenn Sie beobachten können, wie sie vor Ihren Augen entstehen. Ich habe hier eine programmierbare Rechenmaschine, mit der ich jetzt einen Eigenwert erzeugen werde. Wir wollen einmal sehen, ob es eine Lösung für eine unendliche rekursive Operation gibt, wenn diese Operation die Quadratwurzel berechnet.

Ich werde diese Maschine nun so programmieren, daß sie

die Quadratwurzel irgendeiner Zahl, die Sie mir vorschlagen, berechnet. Wenn sie also erst einmal damit anfängt, wird sie fortlaufend Quadratwurzeln berechnen. Sie glauben jetzt vielleicht, daß die Rechenmaschine ewig so weitermachen wird, zumindest bis die Batterie leer ist. Sie werden aber gleich sehen, daß etwas sehr Interessantes passiert. Binnen einer Minute oder noch schneller wird die Rechenmaschine aufhören, verschiedene Werte zu produzieren. Sie wird sich bei einem Wert stabilisieren, einem Eigenwert, der das Resultat der unendlichen Sequenz von Operationen ist.

Würde mir bitte jemand eine Zahl nennen? Dreiundneunzig. Danke sehr. Ich werde jetzt 93 eingeben und den jungen Mann hier vorne bitten, die Rechenmaschine einzuschalten und uns die Ergebnisse der Berechnungen mitzuteilen. Sie sagen mir bitte das jeweilige Ergebnis. Wir beginnen mit der Zahl 93 und ziehen die Quadratwurzel. Okay, 9,64. Das sieht plausibel aus, denn die Wurzel aus 100 ist 10. Jetzt wird die Maschine die Wurzel aus 9,64 berechnen. Und jetzt? 3,11. Jetzt wird sie die Wurzel aus 3,11 ziehen, und sagen Sie, bitte, nur die Zahlen, wenn sie die Quadratwurzel aus der vorhergehenden Lösung berechnet. Also: 1,76. 1,33. 1,15. 1,07. 1,04. 1,02. 1,01. 1,00. 1,00. 1,00. 1,00. 1,00. Das bedeutet, daß wir, wenn wir die Wurzel aus 1 ziehen, als Ergebnis 1 erhalten.

1 ist also der Eigenwert der Operation des rekursiven Wurzelziehens. Versuchen wir es einmal mit einem anderen Anfangswert, 75. Okay. Beginnen wir mit 75: 8,66. 2,94. 1,72. 1,31. 1,14. 1,07. 1,03. 1,02. 1,01. 1,00. 1,00. 1,00 etc. Der Anfangswert ist verschwunden. Das einzige, was bei dieser rekursiven Operation übrig bleibt, ist der Zustand des Gleichgewichts; die ursprüngliche Größe – die Anfangsgröße 75 – ist verschwunden! Es bleibt nur der Eigenwert übrig. Und bei anderen Operationen würden wir ähnliche Ergebnisse erhalten.«

Rekursivität und Wahrnehmung

Foerster behauptet, daß diese Art unendlicher Rekursion auch im Nervensystem stattfindet. Auf die Interaktion des sensomotorischen Systems des Körpers bin ich bereits eingegangen. Bei einem sensomotorischen Verhalten irgendeinem Objekt gegenüber wirken wir auf dieses Objekt ein und erzeugen Eigenwerte, die normalerweise als Objekte der Wahrnehmung bezeichnet werden.

Erinnern Sie sich beispielsweise an das Kind, das sich mit etwas beschäftigt, das für uns ein »Ball« ist. Nach einer gewissen Zeit wird es den Ball als eine Invariante erfahren. Sein rekursives Verhalten, daß es immer wieder auf das Ergebnis der vorausgegangenen Operation einwirkt, erreicht eine Stabilität, auf die gleiche Weise, wie die Rechenmaschine ihre Stabilität erreichte.

Was ist dem Kind zugänglich, wenn dieser Fall eintritt? Ein Konstruktivist würde sagen, daß das Kind jetzt Zugang zu seinem Verhalten hat – zu seinen Operationen und sensomotorischen Korrelationen. Der Beobachter jedoch sieht, wie das Kind mit einem Ding, einem Ball, spielt.

Anders als das Kind ist der Beobachter mit Sprache vertraut, mit einer »Ding«-Sprache. Die Sprache des Beobachters nominalisiert seine sensomotorische Erfahrung und nennt zum Beispiel seine Ballerfahrung: »Ball«.

Das, was wir in unserer Objektsprache als Ball bezeichnen, ist für das Kind die Erfahrung, daß der Spaß, den es mit einer gewissen Sensomotorik hat, nicht zustande kommt, wenn die Motorik anders verläuft.

Foerster: »Die deutsche Sprache spiegelt diese Korrespondenz zwischen Handeln und Sprache deutlich wider. Stößt man gegen einen Tisch, einen Stuhl etc., so steht dieser Tisch, dieser Stuhl einem entgegen: das läßt sich nicht besser ausdrücken, als diese Bewegungsfreiheits-Berauber ›Gegen-stände‹ zu nennen. Die Grundidee dieser Wider-ständlichkeit oder (Ent-)gegenständlichkeit ist auch im Englischen enthalten, das seine Bezeichnung aus dem Lateinischen (obicere = entgegenwerfen)

herleitet: man spricht hier von ›objects‹, so auch im Deutschen von Objekten.«
Objekte sind Ersatzzeichen für Eigenverhalten. Zeichen stehen für etwas anderes. Im Austausch für Geld (das seinerseits ein Zeichen für Gold ist, das die Regierung in ihrer Verfügungsgewalt hat, das aber leider nicht mehr zugänglich ist) bekommt man Ersatzmünzen, etwa um mit der U-Bahn fahren oder an einem Automaten spielen zu können. Im Bereich der Wahrnehmung sind Objekte die Ersatznamen, die wir unserem Eigenverhalten geben. Wenn Sie von einem Ball sprechen, dann sprechen Sie von der Erfahrung, die Sie aufgrund Ihres rekursiven sensomotorischen Verhaltens machen, wenn Sie mit etwas interagieren, das Sie als einen Ball bezeichnen. In unserer Erfahrung und in unserer Sprache wird der ›Ball‹ als Gegenstand zu einem Zeichen für das Verhalten, das Sie an den Tag legen müssen, wenn Sie mit einem Ball spielen.

Foerster: »Ich möchte noch auf etwas anderes hinweisen, auf etwas sehr Wichtiges. Aus einer unendlichen Bandbreite von Möglichkeiten schälen rekursive Operationen bestimmte, diskrete Lösungen heraus. Eigenverhalten erzeugt einzelne, unterscheidbare Größen.

Dieser Vorgang der Siebung aus einer unbegrenzten Vielfalt hat ungeheuer wichtige Konsequenzen. Es erlaubt uns, Dinge zu benennen. Sprache ist die Möglichkeit, aus einer unendlichen Anzahl möglicher Erfahrungen diejenigen herauszuschälen, die stabile Interaktionen mit anderen und mit uns selbst ermöglichen.«

Solipsismus

Foerster fährt fort: »Jetzt, da wir diese fabelhaften, phantastischen und erstaunlichen Einsichten hinsichtlich der menschlichen Erfahrung gewonnen haben, denken einige von Ihnen vielleicht: ›Heinz von Foerster serviert uns alten, abgestandenen Wein in einer neuen Flasche. Das alles ist doch nichts weiter als das alte philosophische Spiel mit dem Solipsismus.‹ (Solipsisten argumentieren folgendermaßen: Nur ich existiere; alles andere ist ein Produkt meiner Vorstellung, eine Halluzination.) ›Heinz von Foerster, was verstehen Sie unter Verantwortlichkeit? Wem gegenüber wollen Sie verantwortlich sein? Sich selber gegenüber? Also, was soll's. Sie können sich immer auf sich selber beziehen. In Ihrer Philosophie gibt es niemand anderen als Sie. Ethik und Verantwortlichkeit sind in Ihrer solipsistischen Welt bedeutungslose Begriffe.‹«

Der Solipsismus, die extremste Form des Subjektivismus, behauptet, daß ein Mensch nur über sein eigenes Bewußtsein etwas wissen kann; wenn sein Bewußtsein aufhört zu existieren, existiert überhaupt nichts mehr. Der Philosoph C. E. M. Joad erklärt:»... da all unser Wissen sich auf unsere eigenen geistigen Zustände bezieht, können wir von nichts anderem als unseren eigenen geistigen Zuständen wissen, daß es existiert. Und es gibt keinen Grund, die Existenz von etwas zu behaupten, von dem man nichts wissen kann. Folglich konstituieren meine eigenen jeweiligen geistigen Zustände, solange mir nicht das Gegenteil bewiesen wird, das Universum. Ob außer diesen Bewußtseinszuständen noch etwas existiert, kann ich nicht sagen, denn da ich mich ausschließlich im Kreis meiner eigenen Ideen bewege, nach außen hin eingesperrt bin in den Kerker meiner eigenen Erfahrung, kann ich diese Mauern nicht durchdringen.«[121] Obwohl es keinerlei Grund gibt zu glauben, daß der Solipsismus recht hat, so ist er doch, wie Joad anmerkt, nur äußerst schwer zu widerlegen. Tatsächlich ist es sogar unmöglich, ihn zu widerlegen.

Um den Vorwurf zu entkräften, der Konstruktivismus sei solipsistisch, schlägt Foerster vor, mit Hilfe des Relativitätsprinzips das Problem des Solipsismus aufzulösen. Zunächst stellt er das Relativitätsprinzip in seiner allgemeinen Form vor: »Eine Hypothese, die für A zutrifft und für B zutrifft, ist zurückzuweisen, wenn sie nicht für A und B gleichzeitig zutrifft.« Das Relativitätsprinzip ist jedoch keine Hypothese; es läßt sich weder als wahr noch als falsch beweisen. Es ist also eine Sache der eigenen Entscheidung, ob man das Relativitätsprinzip anwendet oder nicht.

Das Relativitätsprinzip läßt sich mit einem Beispiel aus der Kosmologie veranschaulichen. Jahrhundertelang hielt man den Planeten Erde für den Mittelpunkt des Universums. Nehmen wir einmal an, daß auf dem Mars menschenähnliche Wesen leben. Wie ihre Pendants auf der Erde glauben auch sie, daß ihr Planet, der Mars, das Zentrum des Universums ist. Wissenschaftler auf dem Mars haben Daten gesammelt, die zeigen, daß sich alles um den Mars dreht; alle Planeten beschreiben Epizykel (Nebenkreise). Sie können die Position der Planeten vorhersagen, etc.

Wissenschaftler von beiden Planeten haben unabhängig voneinander eine hypothetische Kosmologie entworfen, in der ihr Planet das Zentrum des Universums ist. Wer hat nun recht? Der Planet Erde und der Planet Mars können nicht beide gleichzeitig der Mittelpunkt des Universums sein. Das Relativitätsprinzip verlangt, daß die Hypothese »planetarischer Zentrismus« aufgegeben wird. Wenn jedoch Wissenschaftler von jedem Planeten behaupten, daß ihr jeweiliger Planet sich um die Sonne dreht – die Hypothese des Heliozentrismus –, dann löst sich der Widerspruch auf; diese Hypothese läßt das Relativitätsprinzip zu.

Die solipsistische Argumentation enthält einen ähnlichen Widerspruch:

»Nehmen wir einmal an, ich bin der erfolgreiche Geschäftsmann mit der Melone auf dem Kopf, der von Gordon Pask in Abb. 21 so schön dargestellt ist. Als Solipsist behaupte ich, daß, ich die einzige Realität bin; alles andere existiert nur in meiner Vorstellung. Ich kann aber nicht leugnen, daß auch andere Leute meine Vorstellungswelt bevölkern – Wissenschaftler, Geschäftsleute, Ärzte, Hausfrauen etc. Da sie mir ähnlich sind, muß ich auch diesen Geistergestalten das Recht zugestehen, sich ebenfalls zu Solipsisten zu erklären, d. h. zu behaupten, sie seien die einzige Realität und alles und jeder andere sei das Produkt *ihrer* Phantasie. Sie können jedoch ihrerseits nicht leugnen, daß auch ihre Vorstellungswelt von solchen Gestalten bevölkert ist und eine davon könnte ich sein.« Ein Solipsist kann sich also andere Menschen vorstellen, die ihrerseits von sich behaupten, die einzige Realität zu verkörpern.

Abb. 21: Problematischer Solipsismus

Foerster löst diesen Widerspruch, indem er sich dafür *entscheidet*, das Relativitätsprinzip anzuwenden. Damit wird die solipsistische Hypothese abgelehnt und ersetzt durch eine Hypothese, die auf jeden einzelnen von uns beiden wie auch auf uns beide zusammen zutrifft.

Foerster sagt:»Und jetzt kommt der wichtige Schritt der

Externalisierung. Bei dem kosmologischen Beispiel etwa fordert die heliozentrische Einstellung, daß die Sonne das Zentrum des Sonnensystems ist und daß die Planeten Erde und Mars sich beide um sie drehen. Plötzlich wird ein äußerer Bezugsrahmen geschaffen, der die beiden Planeten enthält, nämlich die Bezugnahme zur Sonne. Wenden wir uns wieder dem Problem des Solipsismus zu: Wenn ich die Ähnlichkeit, ja die Identität zwischen mir und dem anderen erkenne, und wenn ich mich dafür entscheide, das Relativitätsprinzip anzuwenden, dann postuliere ich damit einen äußeren Bezugsrahmen: unsere gemeinsame Umwelt.

Der Hauptunterschied ist, daß hier die gängige Interpretation von Erfahrung völlig auf den Kopf gestellt wird. Es ist nicht so, daß meine Erfahrung eine Folge von etwas außerhalb – der Welt – ist; vielmehr wird postuliert, daß die Welt eine Folge meiner Erfahrung ist.«[122]

Foerster schreibt:»Ich möchte noch einmal betonen, daß das Relativitätsprinzip weder eine logische Notwendigkeit noch einen Lehrsatz darstellt, der sich als richtig oder falsch beweisen ließe, und daß der entscheidende Punkt deshalb darin liegt, daß ich frei wählen kann, ob ich dieses Prinzip anwende oder nicht. Lehne ich es ab, dann bin ich der Mittelpunkt des Universums, meine Wirklichkeit sind meine Träume und Alpträume, meine Rede ist ein Monolog, und meine Logik ist mono-logisch. Erkenne ich es an, dann kann weder ich noch der andere der Mittelpunkt der Welt sein. Wie im heliozentrischen System muß es ein Drittes geben, das als zentrale Bezugsgröße dient. Es ist dies die Beziehung zwischen dem Du und dem Ich, und diese Beziehung heißt *Identität:* Wirklichkeit = Gemeinschaft. Was folgt aus all dem für Ästhetik und Ethik? Der ästhetische Imperativ: ›Willst du erkennen, lerne zu handeln.‹ Der ethische Imperativ: ›Handle stets so, daß es die Anzahl Möglichkeiten vergrößert.‹«[123]

Dieser letzte Punkt bedarf einer näheren Erklärung. Foerster behauptet, daß Ethik sich aus einer Entscheidung entwickelt – eigentlich aus zwei Entscheidungen. Erstens *entscheidet* man sich dafür, die Identität zwischen sich selbst und dem anderen zu sehen. Zweitens *entscheidet* man sich dafür, das Relativitätsprinzip anzuwenden; damit gibt man die solipsistische Hypothese auf. Dieser Prozeß ist jedoch nur möglich, wenn man die Existenz eines anderen Menschen anerkennt. Der ganze Prozeß hängt davon ab, eine Identität zwischen sich und dem anderen zu sehen. Bei einer Flasche oder einem Hund trägt diese Argumentation nicht. Einzig und allein die Identität mit einem anderen menschlichen Wesen fordert einen dazu heraus, das Problem des Solipsismus zu lösen. Und diese Identität wird die Ausgangsbasis für ethisches Verhalten. Behandle den anderen so, wie du von ihm behandelt werden möchtest. Und damit wären wir bei dem Spiel Realität.

Das Spiel Realität

Foerster fährt fort: »Was ist dies nun für ein Spiel, die Realität? Erstens einmal braucht man mindestens zwei Leute, die mitspielen wollen. Sie basteln sich ein großes Spielbrett, auf der eine Menge Dinge stehen, und einigen sich darauf, dieses Spielbrett ›Die Welt‹ zu nennen. Dann stellen sich die beiden selbst auf dieses Brett und erfinden eine Reihe von Regeln für diese Dinge. Diese Regeln bezeichnen sie als ›Naturgesetze‹. Wenn sich nun im Verlauf des Spiels herausstellt, daß die Regeln, die die Dinge konstruieren, nicht zu den Regeln passen, die sie sich ausgedacht haben, um mit ihnen zu spielen, dann verändern sie entweder diese Gegenstände, oder aber sie verändern die ›Naturgesetze‹.

Jetzt können sie anfangen zu spielen. Ziel des Spieles ist für beide, daß sie eine Übereinkunft treffen, wie sie sich auf dem Brett bewegen sollen, selbst wenn sie einmal nicht einer Meinung sind. Es ist klar, daß A nur gewinnen kann, wenn B gewinnt und umgekehrt. Denn wenn B verliert, ist auch A verloren. Dann löst sich die Wirklichkeit auf, und die Alpträume beginnen.«

Abschließung

Man könnte nun – durchaus legitim – folgendermaßen argumentieren: Die Konstruktivisten geben das Prinzip der Objektivität auf und versuchen, eine Er-Kenntnistheorie zu entwickeln, die alles auf den Kopf stellt. Sie setzt beim Beobachter an und postuliert dann die Außenwelt bzw. legt ganz nach Belieben ihre Bedingungen fest. Andererseits spricht der Konstruktivismus von der Erfahrung der »Dinglichkeit« als sensomotorischer Kompetenz, die sich daraus entwickelt, daß man mit den Dingen umgeht! Ist das nicht ein Widerspruch? Will Foerster damit etwa sagen, daß es da draußen keine Dinge gibt, daß wir aber mit ihnen interagieren müssen, um uns sensomotorische Kompetenz anzueignen?

Darauf erwidert Foerster: »Das ›Ding‹ wird durch die Sprache erschaffen, und Sprache richtet sich an jemand anderen.« (Diese Erklärung gilt auch für die Kommunikation mit sich selbst. Maturana stellt fest: »Alles, was sich sagen läßt, wird von einem Beobachter zu einem anderen gesagt, der auch er oder sie selber sein kann.«) »Wir haben es hier mit einer sehr interessanten zirkularen Argumentation zu tun, die davon bestimmt wird, welche Position man einnimmt, wenn man Erklärungen abgibt. Sensomotorische Kompetenz und Objekte sind zwei komplementäre Möglichkeiten, sich mit einer besonderen Art von Erfahrung auseinanderzusetzen, der Erfahrung der Dinglichkeit.

Wir kommen nun zu einem äußerst wichtigen Punkt. Es gibt zwei Möglichkeiten, die Erfahrung von ›Dinglichkeit‹ zu erklären, und beide müssen sich der Sprache bedienen. Die eine, der Konstruktivismus, behauptet, daß Erfahrung die Welt bedingt; die andere, die Position der objektiven Realität, behauptet, daß die Welt die Erfahrung bedingt. Mit anderen Worten: Was hat dieser Gegenstand an sich, daß ich ihn wahrnehmen kann? Und nun die grundlegende Frage: Welche Position ermöglicht es, *die Entstehung von Sprache zu erklären?*

Die sensomotorische Einstellung (die konstruktivistische Position) ermöglicht es, die Entstehung von Sprache zu erklären. Wenn man davon ausgeht, daß die Objekte schon da sind, dann ist man nicht in der Lage, die Entstehung von Sprache zu erklären. Sprache wird dann rein denotativ. Das bedeutet, sie gibt den Dingen, die bereits existieren, lediglich einen Namen. Damit geht man über das Wunder der Entstehung von Sprache einfach hinweg. Die konstruktivistische Einstellung hingegen zieht die Ontogenese der Sprache in Betracht. Die objektivistische Einstellung ist lediglich ontologisch. Das ist der wesentliche Unterschied zwischen den zwei Erklärungsmöglichkeiten.

Ontologie befaßt sich *nicht* damit, wie die Dinge entstanden sind. Die Konstruktivisten behaupten, daß dies eine Erklärung bestimmter Dinge ausschließt. Wenn ich beispielsweise von einem *ontologischen* Standpunkt aus meinen Nabel betrachte, werde ich nicht in der Lage sein, das komische Ding auf meinem Bauch zu erklären. Es ist eben so ein Schnörkel. Und warum ist der da? Er ist zu nichts nütze; er ist ein Witz. Es gibt keine Möglichkeit, dieses merkwürdige Ding auf meinem Körper zu erklären.

Vom ontogenetischen Standpunkt aus ist der Nabel eine Vorbedingung für meine Existenz. Er ist die Erklärung dafür, *daß ich auf die Welt gekommen bin*. Die Ontologie befaßt sich lediglich damit, *daß es mich gibt*. Ontologisch gesehen, kann die Sprache nicht sich selbst erklären. Wir müssen aber fragen, *wie Sprache entstanden ist*, und nicht, *was Sprache ist*. Wenn man lediglich die Frage stellt, was Sprache ist, wird man immer dazu neigen, die Existenz einer objektiven Welt anzunehmen. Zuerst waren die Dinge da, und dann haben wir gelernt, sie zu benennen.

Die alternative Behauptung ist, daß Sprache konnotativ ist. Wenn ich irgend etwas sage, dann beziehe ich mich nicht auf irgend etwas da draußen. Vielmehr erzeuge ich in Ihnen, ich rühre sozusagen – wie ein Geigenspieler, der mit dem Bogen über eine Saite streicht, Sie mit seiner Musik berührt – an eine ganze Skala semantischer Korrelationen. Das geschieht beispielsweise, wenn ich ›Tisch‹ zu ihnen sage. Sie denken dann nicht an einen bestimmten Tisch; Sie denken den Tisch als eine

Konstruktion innerhalb eines semantischen Bezugssystems. Wenn ich mittags sage: ›Sollen wir zu Tisch gehen‹, werden Sie genau wissen, was wir tun werden – wir werden zu Mittag essen.«

Sprache hat also mit Korrelationen von Verhaltensweisen im Nervensystem zu tun. In Maturanas Terminologie ist sie ein Verhalten zweiter Ordnung. Folglich kann sie immer mit dem Organismus in eine Beziehung gebracht werden. Sie braucht keine »Dinge«, um ihre Entstehung zu erklären. Selbstverständlich ist der Organismus ein reales Gebilde, aber genau dies ist die Rückbezüglichkeit der ganzen Argumentation.

»Dinge« übernehmen also in der Sprache die nicht-konstruktivistische Vorstellung von dem, was ein Ding ist, nämlich ein Gegenstand; das ist dann der Fall, wenn ein Beobachter mit einem anderen Beobachter spricht, der auch er oder sie selber sein kann. Die Epistemologie der »Bestätigung«, der objektiven Realität, hat den schwachen Punkt: sie kann die Entstehung der Sprache nicht erklären. Denn die objektivistische Sprache ist denotativ; folglich muß es, *per definitionem,* die Sprache bereits von Anfang an gegeben haben, um sie bezeichnen zu können. Die denotative Betrachtungsweise von Sprache kann nichts anderes sein als ontologisch.

Abschließende Zusammenfassung

Der Kreis hat sich also geschlossen. Kapitel 1 hat damit begonnen, zu definieren, wie wir in der Sprache leben, einer Objektsprache, die eine objektive Realität erzeugt. Dann haben wir den Begriff Objektivität unter epistemologischen, linguistischen und neurologischen Gesichtspunkten untersucht. Außerdem haben wir uns mit dem Prinzip der undifferenzierten Codierung befaßt.

Die Kapitel 4 bis 7 haben sich dann mit folgender Frage auseinandergesetzt: Können wir Wahrnehmung überhaupt erklären, ohne zunächst die Existenz einer objektiven Wirklichkeit zu postulieren? Als alternative Erklärung der Wahrnehmung und unserer Erfahrung der Wirklichkeit haben wir vorgeschlagen, das Nervensystem als geschlossenes Errechnungssystem zu betrachten. Es gibt also zwei unterschiedliche Erklärungsweisen für das Phänomen der Wahrnehmung.

Dann haben wir uns mit dem Problem des Solipsismus befaßt, uns auf die Identität mit »dem anderen« geeinigt und, indem wir das Relativitätsprinzip anwandten, die Welt postuliert. Es folgte der Vorschlag, die Entscheidung des Beobachters, die Schlußfolgerung zu ziehen, daß die Welt existiert, weil man einen anderen Beobachter wahrnimmt, zur Grundlage ethischen Verhaltens zu machen. Schließlich wurde die Frage gestellt: Können diese beiden Erklärungsweisen, diese beiden Epistemologien, da sie ja beide Sprache brauchen und gebrauchen, diese auch erklären? Wir haben festgestellt, daß nur der konnotative Begriff von Sprache, mit dem der Konstruktivismus arbeitet, die Entstehung von Sprache mit einbezieht – ein Verhalten zweiter Ordnung, das sich innerhalb eines sozialen Kontextes herausbildet.

Eine denotative Sprache schafft eine objektive Realität, aber sie kann nicht sich selbst erschaffen; sie kann sich selbst nicht erklären. Eine konnotative Sprache erklärt sowohl menschliche Erfahrung als auch die Entstehung von Sprache.

Dieses letzte Kapitel schlägt also einen Bogen zurück von Kapitel 7 zu Kapitel 1 und schließt so das gedankliche System – die abschließende Rekursion. Aus diesem Grund schlage ich vor, der Leser möge, wenn er Zeit und Lust hat, dieses Buch noch einmal lesen. Wenn man die Vorstellung akzeptiert, daß wir nicht-triviale Maschinen sind, dann darf man wohl annehmen, daß jede neue Reise durch diese sieben Kapitel zu einer neuen Erfahrung wird.

Anhang

Anmerkungen

1 John Fowles, *The Aristos: A Self-Portrait in Ideas*. Boston 1970, *8*.
2 Paladin war eine Figur in der amerikanischen Fernsehserie »Have Gun Will Travel«, die in den sechziger Jahren ausgestrahlt wurde.
3 Francisco Varela, Einleitung zu: Heinz von Foerster: *Observing Systems*. Seaside, CA 1981, *xi*.
4 Äußerung meines Kollegen am Mental Research Institute, Vin Moley.
5 Paul Watzlawick (Hrsg.), *Die erfundene Wirklichkeit. Wie wissen wir, was wir zu wissen glauben? Beiträge zum Konstruktivismus*. München/Zürich ²1985, *9*.
6 Woody Allen, *Side Effects*. New York 1980, *13*.
7 Quelle unbekannt.
8 Humberto Maturana, *Biology of Social Systems*. Vortrag im Health Science Centre am 21. Juni 1983 im Rahmen des Familientherapieprogramms, Dept. of Psychiatry, University Calgary, Canada, unterstützt von der Alberta Heritage Foundation for Medical Research.
9 Ebd.
10 Ebd.
11 Ernst von Glasersfeld, Vortrag im Institut für Psychologie. München 1984.
12 Michael Mahoney, *The Scientist as Subject: The Psychological Imperative*. Cambridge, MA, 1976, *3*.
13 Fritjof Capra, *Wendezeit. Bausteine für ein neues Weltbild*. Bern/München/Wien 1986, *72*.
14 Vgl. ebd., *54*.
15 Floyd W. Matson, *Die Rückkehr zum Menschen. Vom mechanistischen zum humanistischen Weltverständnis*. Olten/Freiburg i. B. 1969, *22* (Übers.: Almuth Wülbern).
16 Fritjof Capra, a. a. O., *55f*.
17 Gilbert Ryle, *Der Begriff des Geistes*. Stuttgart 1969, *8f*. (Übers.: Günther Patzig).
18 Zit. bei Fritjof Capra, a. a. O., *59*.
19 Anatol Rapoport, Vorwort zu: W. Buckley (Ed.), *Modern Cybernetics Research for the Behavioral Scientist*. Chicago 1968, *xiv–vv*.
20 Jean d'Alembert, *Elements de Philosophie*; zitiert nach Ernst Cassirer, *Die Philosophie der Aufklärung*. Tübingen 1932, *65f*.
21 A. d'Abro, *The Rise of the New Physics*. New York 1951, Vol. 1, *45*.
22 Floyd W. Matson, a. a. O., *14*.

23 Paul Watzlawick, a. a. O., *15.*
24 Rolf Breuer, Rückbezüglichkeit in der Literatur: Am Beispiel der Romantrilogie von Samuel Beckett. In: Paul Watzlawick, a. a. O., *138.*
25 Max Planck, *Where Is Science Going?* New York 1932, *82.*
26 A. d'Abro, a. a. O., Vol. 1, *14.*
27 Lynn A. Cooper und Rodger N. Shepard, Turning Something over in the Mind. In: *Scientific American,* Dezember 1984, Vol. 251, No. 6, *106.*
28 Michael Mahoney, a. a. O., *129.*
29 A. d'Abro, a. a. O., *14.*
30 Ebd.
31 Heinz von Foerster, Kybernetik einer Erkenntnistheorie. In: W. D. Keidel, W. Handler, M. Spring (Hrsg.), *Kybernetik und Bionik,* München 1974, *27–46.*
32 Richard M. Restak, *Geheimnisse des menschlichen Gehirns: Ursprung von Denken, Fühlen, Handeln.* Landsberg a. L. 1985, *45.*
33 Sir Arthur Eddington, Science and the Unseen World. Zitiert in: C. D. M. Joad, *Guide to Philosophy.* New York 1936, *34.*
34 Heinz von Foerster, Bemerkungen zu einer Epistemologie des Lebendigen. In: *Sicht und Einsicht,* Braunschweig/Wiesbaden 1985, *81–82.*
35 Ebd.
36 Jean Piaget und Bärbel Inhelder, *The Psychology of the Child.* New York 1969, *13.*
37 David Elkind (Ed.), *Six Psychological Studies by Jean Piaget.* New York 1958, *xi–xii.*
38 Webster's New World Dictionary of the American Language. New York ²1980.
39 The American Heritage Dictionary of the English Language. New York 1969.
40 Massimo Piatelli-Palmarimi (Ed.), *Language and Learning. The Debate between Jean Piaget and Noam Chomsky.* Cambridge 1980, *23.*
41 Ernst von Glasersfeld, Einführung in den radikalen Konstruktivismus. In: Paul Watzlawick, a. a. O., *17.*
42 Ebd., *23.*
43 Vgl. ebd., *23ff.*
44 Ebd., *20.*
45 Francisco Varela: Einleitung zu: *Observing Systems,* a. a. O., *xi.*
46 Ludwig Wittgenstein, *Philosophische Untersuchungen.* Frankfurt 1971, Nr. 329, *135.*
47 Ludwig Wittgenstein, *Philosophische Bemerkungen.* Frankfurt 1981, Nr. 5, *54.*
48 Gerd Brand, *Die grundlegenden Texte von Ludwig Wittgenstein.* Frankfurt 1975, *73.*
49 Gregory Bateson, *Mind and Nature: A Necessary Unity.* New York 1979, *60–61.*

50 Heinz von Foerster, Zukunft der Wahrnehmung: Wahrnehmung der Zukunft. In: *Sicht und Einsicht*, a. a. O.
51 Michael Guillen, *Bridges to Infinity: The Human Side to Mathematics*. Los Angeles 1983, *11–12*.
52 Ebd., *12*.
53 Howard Pospesel, *Propositional Logic: Introduction to Logic*. Englewood Cliffs, N.J., 1974, *4*.
54 Ebd., *2*.
55 Ebd., *1*.
56 Michael Guillen, a. a. O., *14*.
57 Ebd., *14–15*.
58 Gottlob Frege, *Grundgesetze der Arithmetik*. 2. unveränderte Auflage, Hildesheim 1962 (1. Auflage: Jena 1893), Bd. II, *253*.
59 Bertrand Russell, *Autobiographie 1872–1914*. Frankfurt 1972, *226f.*
60 Vgl. Patrick Hughes und G. Brecht, *Die Scheinwelt des Paradoxons*. Braunschweig 1978, *12ff.*
61 Paul Watzlawick, John H. Weakland, Richard Fisch: *Lösungen: Zur Theorie und Praxis menschlichen Wandels*. Bern/Stuttgart/Wien 1974, *24*.
62 Bradford P. Keeney, *Aesthetics of Change*. New York 1983, *31*.
63 Carlos Castaneda, *Reise nach Ixtlan. Die Lehre des Don Juan*. Frankfurt 1976.
64 Aristoteles, Werke V, Schriften zur theoretischen Philosophie, 2. Band: Metaphysik in 14 Büchern, übersetzt von J. Rieckher. Stuttgart 1860, 5. Band, S. 126 f.
65 Anatol Rapoport, Vorwort zu: *Modern Cybernetics Research for the Behavioral Scientist*, a. a. O., xvi.
66 Gregory Bateson, What is an Instinct? In: *Steps to an Ecology of Mind*. New York 1972, *38–39*.
S. a. ders., *Ökologie des Geistes*. Frankfurt 1981, *73ff.*
67 Humberto Maturana, *Biology of Social Systems*, a. a. O.
68 Humberto Maturana, Biology of Language: The Epistemology of Reality. In: George A. Miller, Elizabeth Lenneberg (Ed.), *Psychology and Biology of Language and Thought*. New York 1976, *28–30*.
69 Bradford Keeney, a. a. O., *18*.
70 Humberto Maturana, *Biology of Social Systems*, a. a. O.
71 G. Spencer-Brown, *Laws of Form*. New York 1973, *104*.
72 Zit. in Richard Restak, *The Brain: The Last Frontier*. New York 1979, *20*.
73 Zit. in Richard Restak, *Geheimnisse des menschlichen Gehirns*, a. a. O., *29f.*
74 Zit. in ebd., *27*.
75 Heinz von Foerster, *Das Konstruieren einer Wirklichkeit*, a. a. O., *52f.*
76 P. Knudtson, *Painter of Neurons*. In: Science 85. September 1985, *67*.
77 Ebd., *68*.
78 Ebd., *69–70*.

79 Ebd., 70.
80 J. F. Fulton, Physiology of the Nervous System. In: Heinz von Foerster, Computation in Nerve Nets. In: *Observing Systems*, a. a. O., 48.
81 Heinz von Foerster, *Das Konstruieren einer Wirklichkeit*, a. a. O., 48f.
82 Heinz von Foerster, *Sicht und Einsicht*, a. a. O., 43.
83 Jean Piaget, *Abriß der genetischen Epistemologie*. Freiburg 1974, 26f.
84 Susan Langer, *Philosophie auf neuen Wegen*. Frankfurt 1965, 37.
85 Aufzeichnungen aus einem Kurs für Psychologen in San Francisco, Januar 1984.
86 David Shepro, Frank Belamarich und Charles Levy, *Human Anatomy and Physiology*. New York 1974, *142–143*.
87 S. Anmerkung 1, Kap. 4.
88 Heinz von Foerster, *Observing Systems*, a. a. O., *294–295*.
89 Ronald D. Laing, *Knoten*. Reinbek 1972, *61*.
90 Ausschnitt aus einem auf Tonband aufgezeichneten Gespräch mit Heinz von Foerster.
91 Heinz von Foerster, *Sicht und Einsicht*, a. a. O., *96–97*.
92 Howard Pospesel, a. a. O., *2*.
93 Ebd., *19–22*.
94 John K. Stevens, Reverse Engineering the Brain. In: *Byte-Small Systems Journal*, Vol. 10, No. 4, April 1985, *286*.
95 Heinz von Foerster, *Sicht und Einsicht*, a. a. O., *100*.
96 Heinz von Foerster, *Das Konstruieren einer Wirklichkeit*, a. a. O., *45*.
97 P. Weston, To Uncover; to Deduce; to Conclude. In: *Computer Studies in Humanities and Verbal Behavior*, Vol. 3, No. 2, August 1970, *77–89*.
98 C. R. Wylie, Jr., *One Hundred and One Puzzles in Thought and Logic*. New York 1957.
99 Ross Ashby, Principles of the Self-Organizing System. In: *Modern Cybernetics Research for the Behavioral Scientist*, a. a. O., *110–111*.
100 William Buckley (Ed.), *Modern Cybernetics Research for the Behavioral Scientist*, a. a. O., *70*.
101 Heinz von Foerster, Molecular Ethology: An Immodest Proposal for Semantic Clarification. In: *Observing Systems*, a. a. O., *154–155*.
102 John K. Stevens, a. a. O., *286*.
103 Warren McCulloch und Walter Pitts, A Logical Calculus of the Ideas Immanent in Nervous Activity. In: *Bulletin of Mathematical Biophysics*, Vol. 5, No. 115, 1943.
104 Heinz von Foerster, Computation in Neural Nets. In: *Observing Systems*, a. a. O., *35*.
105 Heinz von Foerster, *Das Konstruieren einer Wirklichkeit*, a. a. O., *54f*.
106 J. Y. Lettvin, Humberto Maturana, Warren McCulloch und Walter Pitts, What the Frog's Eye Tells the Frog's Brain. In: *The Proceedings of the Institute of Radio Engineers*, Vol. 47, 1959, *1940–1959*.

107 Warren McCulloch und Walter Pitts, a. a. O.
108 John von Neumann, The General and Logical Theory of Automata. In: *Cerebral Mechanism in Behavior.* New York 1951, *23.*
109 Francisco Varela, Der kreative Zirkel. In: Paul Watzlawick (Hrsg.), *Die erfundene Wirklichkeit,* a. a. O., *302f.*
110 Paul Watzlawick, Janet H. Beavin und Don D. Jackson, *Menschliche Kommunikation.* Bern/Stuttgart 1969, *24f.* Watzlawick verweist hier auf Oswald Spengler, *Der Untergang des Abendlandes.* München 1923, *89.*
111 A. M. Andrew, Autopoeisis and Self-Organization. In: *Journal of Cybernetics,* No. 9, 1979, *359.*
112 Francisco Varela, *Principles of Biological Autonomy.* New York 1979, *13.*
113 Bradford P. Keeney, a. a. O., *84.*
114 Humberto Maturana, *Biology of Social Systems,* a. a. O.
115 Humberto Maturana, *Biology of Language,* a. a. O., *42.*
116 Heinz von Foerster, *Das Konstruieren einer Wirklichkeit,* a. a. O., *56f.*
117 Warren McCulloch, A Heterarchy of Values determined by the Topology of Nervous Nets. In: Warren McCulloch, *Embodiment of Mind.* Cambridge, MA, 1969, *40–43.*
118 Ebd.
119 Ebd.
120 Ebd.
121 C. D. M. Joad, a. a. O., *56.*
122 Vgl. Heinz von Foerster, *Das Konstruieren einer Wirklichkeit,* a. a. O., *58f.*
123 Heinz von Foerster, a. a. O., *59.*

Abbildungen und Tabellen

1 Aus dem *Codex Marcianus,* Band 20, S. 188, in: C. G. Jung, *Psychology and Alchemy,* London 1953
2 Abb. 2: Skizze von Heinz von Foerster
3 Abb. 3a: E. Clarke und K. Dewhurst, *An Illustrated History of Brain Function.* University of California Press 1979
4 Abb. 3b: Ebd.
5 Abb. 4: Ebd.
6 Abb. 5: E. Clarke und C. D. O'Malley, *The Human Brain and Spinal Cord.* University of California Press, *331*
7 Abb. 6: Skizze von Lebbeus Woods für Heinz von Foerster. Vgl. Heinz von Foerster, *Das Konstruieren einer Wirklichkeit,* a. a. O., *47f.*
8 Abb. 7: D. A. Shall, *The Organization of the Cerebral Cortex.* London 1956. Vgl. Heinz von Foerster, *Das Konstruieren einer Wirklichkeit,* a. a. O., *49*
9 Abb. 8: Skizze von Heinz von Foerster. Vgl. Heinz von Foerster, *Das Konstruieren einer Wirklichkeit,* a. a. O., *51*

10 Abb. 9: Charles R. Noback, *The Human Nervous System: Basic Elements of Structure and Function*. New York 1967, *49*
11 Tab. 1: Heinz von Foerster
12 Tab. 2: Heinz von Foerster
13 Abb. 10: Heinz von Foerster, *Sicht und Einsicht*, a. a. O., *51*
14 Abb. 11: Heinz von Foerster
14a Tab. 3: Heinz von Foerster
15 Abb. 12: Heinz von Foerster
16 Tab. 4: Heinz von Foerster
17 Abb. 13: Skizze von Lebbeus Woods für Heinz von Foerster. Computation in Neural Nets. In: *Observing Systems*, *33*
18 Abb. 14: Ebd., *34*
19 Tab. 5: Ebd., *36*
20 Abb. 15: Heinz von Foerster
21 Abb. 16: Heinz von Foerster
22 Abb. 17: Heinz von Foerster
23 Abb. 18: Skizze von Rodney Clough für Heinz von Foerster. In: Heinz von Foerster, *Das Konstruieren einer Wirklichkeit*, a. a. O., *56*
24 Abb. 19: Ebd., *57*
24a Abb. 20: Heinz von Foerster
25 Abb. 21: Skizze von Gordon Pask für Heinz von Foerster. In: Heinz von Foerster, *Das Konstruieren einer Wirklichkeit*, a. a. O., *59*.

Interview mit Heinz von Foerster

Carol Wilder: Herr von Foerster, von Wien an die Küste des Pazifik, das ist ein weiter Weg. Wie hat es Sie eigentlich hierher verschlagen und welche Ereignisse haben dabei eine Rolle gespielt?

Heinz von Foerster: Das erste Ereignis dieser Art war, daß ich am Freitag, den 13. November 1911, in Wien auf die Welt kam. Ein Glückstag. Ich wurde in eine Familie hineingeboren, die in gewissem Sinne den kleinen Kosmos widerspiegelte, den Wien vor dem Ersten Weltkrieg darstellte – eine Welt voller Ideen, Theorien, Spannungen, Philosophien, politischer Bewegungen. Vergessen Sie nicht, Theodor Herzl, der den Zionismus begründete, war Wiener, Freud, der Vater der Psychoanalyse, war Wiener; in der bildenden Kunst brachten damals die neue Bewegung der Sezession und des Jugendstils, die Maler Klimt und Schiele, die Architekten Otto Wagner und Adolf Loos, die »Wiener Werkstätte« neue Elemente hervor, die heute noch nachwirken. Mein Urgroßvater, der Architekt war, machte sich als Städteplaner verdient; er ersetzte die alten Befestigungsanlagen Wiens durch die repräsentative Ringstraße und legte, in einiger Entfernung davon, um den eigentlichen Stadtbezirk von den Vorstädten abzugrenzen, einen zweiten Ring an, den Gürtel. Dieses städtebauliche Konzept funktioniert immer noch. An der Universität lehrten Leute wie Ernst Mach, ein geistiger Wegbereiter für Einstein, der eine Revolutionierung der Grundlagen der Physik auslöste, indem er die Begriffe des absoluten Raums und der absoluten Zeit, auf denen die Newtonsche Physik aufbaute, in Frage stellte, und Ludwig Boltzmann, der den Zweiten Hauptsatz der Thermodynamik neu interpretierte. Eine Interpretation, die heute noch die Gemüter erregt. Zur selben Zeit begann man auch, sich mit sozialen Fragen auseinanderzusetzen. Die Sache der Frauen wurde unter anderem von meiner Großmutter vertreten; sie war eine der ersten Suffragetten und gründete die erste

Zeitschrift in Europa, deren erklärtes Ziel die Befreiung der Frau war, »Dokumente der Frauen«. »Zölibat der Lehrer« war der Schlachtruf jener Zeit, und meine Großmutter kämpfte ihr Leben lang für die Änderung des Gesetzes, das Lehrerinnen in Österreich dazu zwang, den Dienst zu quittieren, wenn sie schwanger wurden.

1914 brach der Erste Weltkrieg aus. Mein Vater wurde gleich zu Beginn eingezogen, wie alle anderen Männer seiner Familie und seiner Generation. Die österreichische Armee, an deren Spitze ein altehrwürdiger Kaiser stand, hatte eine merkwürdig naive Vorstellung vom Kriegführen: Man sitzt auf einem Pferd, zieht den Säbel und geht auf den Feind los. Auf der Gegenseite saß der Feind in Schützengräben und schoß mit Maschinengewehren. Folglich verlor Österreich die ersten Schlachten mit tragischen Verlusten. Die beiden für mich wichtigsten Familienmitglieder, mein Vater und mein Onkel mütterlicherseits, gerieten schon in den ersten Kriegswochen in Gefangenschaft. Die nächsten vier Jahre wuchs ich also ohne Vater auf. Meine Mutter nahm mich überallhin mit, vor allem in die großen Landhäuser unserer Verwandten. Die Welt der Erwachsenen um mich herum war auch meine Welt. Es war die Welt des Theaters, der Kunst, des Journalismus, der Philosophie und der Wissenschaft. Mir wurde das damals gar nicht bewußt, aber in jener Zeit habe ich sehr viel in mich aufgenommen. Wenn man mitten im Leben steht, aktiv ist, geht man Probleme oft auf eine ganz bestimmte Art und Weise an, ohne sich zu überlegen, warum, und erst in ruhigeren Zeiten der Besinnung kommt einem zu Bewußtsein, daß irgendwann in der Vergangenheit, vielleicht als man fünf oder sechs war, ein Erwachsener, den man respektierte, gesagt hat: »Lebe jetzt. Nicht in der Vergangenheit und nicht in der Zukunft, sondern hier und jetzt.«

CW: Ein gutes Beispiel dafür ist meiner Ansicht nach, was Sie über Ihren Onkel Ludwig erzählt haben.

HvF: Oh, ja, Onkel Ludwig. Da haben wir auch gleich eine

Geschichte über eine konstruierte Wirklichkeit, über Familienlegenden und die Welt im allgemeinen. Als ich fünf oder sechs Jahre alt war, durfte ich von Zeit zu Zeit einen Onkel besuchen, der sich ein herrliches Haus entworfen und gebaut hatte. Es gab immer exzellente Schokolade – in jener Zeit ein denkwürdiges Ereignis. Einmal fragte er mich, was ich denn werden wolle, wenn ich erwachsen sei. Ich sagte: »Naturforscher.« – »Aha«, meinte Onkel Ludwig, »dann mußt du ja eine ganze Menge wissen.« – »Ja«, sagte ich, »ich weiß eine ganze Menge.« Er hätte mich jetzt übers Knie legen können, aber statt dessen sagte er: »Vielleicht weißt du wirklich eine ganze Menge, aber du weißt nicht, wie recht du hast.« Erst jetzt, fast siebzig Jahre später und nachdem ich meine eigenen Kinder und Enkelkinder beobachtet habe, ist mir klar, wie recht er hatte. Als ich einundzwanzig war und an der Universität studierte, stieß ich auf ein Buch, das mich (und die zeitgenössische Philosophie) tief und nachhaltig beeinflußt hat. Es war der *Tractatus logico-philosophicus* von Ludwig Wittgenstein. Da wurde mir klar, daß Onkel Ludwig und der Autor ein und dieselbe Person waren. Bei uns zu Hause wurde über seine Philosophie nie gesprochen.

CW: Aber dann wurden Sie Physiker. Wie kam das?

HvF: Ganz einfach – in allen anderen Fächern bin ich durchgefallen. Ich verstand nicht, was die Schule von mir wollte. Ich bereitete mich nicht auf Prüfungen vor, lernte keine Vokabeln, kümmerte mich nicht um Geschichte. Überall bin ich durchgefallen. Nur in Mathematik und Physik wußte ich die Antwort, noch ehe man mich fragte; es war alles so offensichtlich und vollkommen klar. Aber in dem »Humanistischen Gymnasium«, das ich besuchte, legte man Wert auf Griechisch und Latein und nicht auf Mathematik und Physik. Die Oberschule habe ich daher mit dem Tauschsystem geschafft. Meine Banknachbarn gaben mir die Antworten in Griechisch und Latein, und ich schob ihnen die Lösungen für die Aufgaben in

Mathematik und Physik zu. Nach der Matura habe ich beschlossen: Dabei bleibe ich, denn das Ganze ist ja überhaupt kein Problem.

CW: Ich verstehe, das war ganz offensichtlich und natürlich.

HvF: Ja, und andererseits gab es da natürlich Dinge, bei denen ich mir gedacht habe: Wenn ich darüber mehr erfahren würde, dann könnte ich meine ganz persönliche, grundsätzliche Neugierde zumindest teilweise befriedigen: Was läuft da eigentlich ab? Was fügt die Welt zusammen, und was hält sie zusammen? Wenn ich mich mit Biologie oder etwas Ähnlichem beschäftigen wollte und nicht wüßte, welches die grundlegenden Elemente der physikalischen Welt sind, dann würden meine biologischen und psychologischen Studien, an denen ich sehr interessiert war, einer soliden Grundlage entbehren. Instinktiv wußte ich, daß Mathematik und Logik für die Struktur von Beschreibungen und Physik für das, was man die Beziehungen zwischen den Dingen, die man beobachten will, nennt, die Grundvoraussetzungen sind; diese Fächer sollten mir ein gewisses Hintergrundwissen für meine zukünftigen Studien vermitteln.

Vielleicht hätte ich mich schon viel früher der Biologie zugewandt, wenn mich nicht der Zweite Weltkrieg dazu gezwungen hätte, die Antworten auf meine Fragen aufzuschieben. Man konnte sich damals nicht um solche Privatinteressen kümmern. Man mußte überleben. Für mich bedeutete das, daß ich aus Österreich weg mußte, nachdem Hitler 1938 einmarschiert war. Meine Familie war zum Teil jüdisch. Jedermann in Wien wußte das. Ich konnte dort keine Stelle finden. Aber ich wollte heiraten, also brauchte ich eine Stelle. Ich kam zu dem Schluß, daß es für mich am besten sei, nach Berlin zu gehen. Dort kannte uns niemand. Bei einigen kurzen Aufenthalten war ich immer von den Menschen dort beeindruckt gewesen, weil sie auch die schlimmsten Situationen mit ihrem Galgenhumor bewältigten. Es gab keine Situation in dieser rauhen und bald auch verzweifelten Welt, für die sie nicht einen Witz parat hatten. Ich fand eine Stelle in einem Forschungslabor. Dann sollte ich meine nicht-existente arische Abstammung nachweisen. Ich schaffte es, das immer wieder hinauszuschieben, bis das Flächenbombardement von Berlin mir dieses Problem abnahm. Es nahm mir auch meine gesamten irdischen Besitztümer ab; an einigem hing ich sehr, Sachen, die seit Generationen in der Familie gewesen waren.

CW: Sie waren während des Krieges in Berlin?

HvF: Ja, teilweise, und teilweise in einem mittelalterlichen Kloster in Schlesien. Es war 1820 säkularisiert worden. Seitdem hatte man es zu den verschiedensten Zwecken benutzt, unter anderem als eine Art West Point für preußische Kadetten. Damals, 1943, wurde es in ein Forschungslabor umgewandelt, weil unser Labor in Berlin zerbombt war. Göring, Hitlers Reichsmarschall, hatte es für illegal erklärt, Berlin zu bombardieren. Leider hat das die Alliierten nicht sonderlich beeindruckt, und sie haben Berlin mit ihren Bomben fast dem Erdboden gleichgemacht.

CW: Aber während der ganzen Zeit haben Sie weiterhin an Ihren Forschungen gearbeitet?

HvF: Ja, und zwar habe ich mich mit Plasmaphysik beschäftigt, speziell mit Radar, mit dem deutschen Kurzwellenradar. Das war Grundlagenforschung, die man erst Jahre später in die Praxis umsetzen konnte. Das war ja auch der Zweck des Ganzen: das Ziel so weit zu stecken, daß Hitler es nicht erreichen konnte.

CW: Und wie haben Sie das Kriegsende überlebt, und was hat Sie in die Vereinigten Staaten gebracht?

HvF: 1939 hatte ich in Berlin geheiratet. Wir wohnten mit unseren drei Kindern im Zentrum von Berlin, bis unser Haus, zusammen mit der nahe gelegenen Gedächtniskirche, durch Bomben völlig zerstört wurde. Wir hatten Glück und entkamen dem Bombenhagel und zogen nach Schlesien. Wir wußten, daß es nicht lange dauern würde, bis die Russen uns von dort vertreiben würden. Die Frage war nur: Konnten wir entkommen, und zwar nicht nur den Russen, sondern auch den Nazis, die alle diejenigen, die nicht bereitwillig ihr Leben für den Endsieg opferten, als Verräter auf der Stelle erschossen? Wir haben dann einige schier unglaubliche Abenteuer erlebt – zu viele, um jetzt davon zu erzählen.

CW: Aber Sie haben mir immer noch nicht gesagt, wie Sie ausgerechnet nach Pescadero gekommen sind.

HvF: Ich bin überzeugt davon, daß ich unbewußt mein ganzes Leben lang danach gesucht habe; ich erkannte es wieder, als ich es sah, und mit aller Kraft habe ich mich daran festgeklammert.

CW: Aber während der fünfunddreißig Jahre in den Staaten müssen Sie doch auch noch woanders gewesen sein.

HvF: Natürlich. Als die Russen im Januar '45 Schlesien besetzten, floh ich nach Berlin. Die russische Artillerie bombardierte die Stadt, die von dem Flächenbombardement schon an allen Ecken und Enden brannte. Ich schlug mich nach Heidelberg durch, wo meine Frau und meine Kinder bei Verwandten untergekommen waren. Und schließlich, 1946, landeten wir wieder in Wien. Freunde in den USA luden mich ein, in die Staaten zu kommen. 1949 kam ich in New York an. Nach Jahren des Hungers – psychisch und physisch – war ich augenblicklich wie betrunken von der Energie, von der Vitalität, die New York durchpulste. Ich hatte ein kleines Buch über das Gedächtnis geschrieben und es Freunden in Amerika geschickt; die riefen mich jetzt an und sagten, ich solle nach Chicago kommen. Es gab dort eine Reihe von Leuten, die an meiner Arbeit sehr interessiert waren.

Ich flog also nach Chicago, ein Nachtflug für achtzehn Dollar – mehr konnte ich mir nicht leisten. An der University of Illinois Medical School, Abteilung für Neuropsychiatrie, empfing mich ein beeindruckender Mann, Warren McCulloch. Er war gerade dabei, mentale Prozesse unter neuen Gesichtspunkten zu untersuchen, und er und seine Leute waren verblüfft von der Art und Weise, wie ich bestimmte geistige Prozesse quantifiziert hatte. Meine Zahlen stimmten mit ihren Meßergebnissen überein. Als ich ankam, mußte ich noch am gleichen Tag einen Vortrag halten. Ich konnte kaum ein Wort englisch, ganz zu schweigen davon, daß ich keine Ahnung hatte, wie man einen Vortrag hält. Das spielte keine Rolle. Alle hörten mir gespannt zu. Wenn ich nach einem Wort suchte, halfen sie mir. Es war berauschend. Im Gegensatz zu der Kultur, aus der ich kam, zählte hier der Inhalt und nicht so sehr die Form.

CW: War dieser Vortrag der Anlaß für Ihre Teilnahme an den Macy-Konferenzen?

HvF: Ja. Im Februar war ich in Chicago. Warren lud mich ein, im März an einer Tagung in New York teilzunehmen.

CW: Gregory Bateson hat mir einiges über diese Tagungen und die Teilnehmer erzählt. Er sagte, daß er 1942 an einer solchen Konferenz teilgenommen hatte, und zwar über zentrale Inhibierung im Nervensystem. Damals führten Norbert Wiener und Julian Bigelow den Begriff des Feedback ein. Bateson wurde dann zur Pazifikflotte eingezogen; er stellte fest, daß ihm die ganze Zeit diese Ideen durch den Kopf gingen. Er erzählte mir, daß er nach dem Krieg zur Macy-Stiftung rannte und sagte: »Können wir nicht noch so eine Konferenz machen?« Und Frank Freemont Smith, der die Tagungen organisierte, sagte: »Warren McCulloch war gerade hier; es wird noch einmal so eine Tagung stattfinden.« Das war der Beginn einer Reihe von Treffen von etwa fünfundzwanzig der fähigsten Köpfe aus den verschiedensten Fachbereichen, die sich über einen Zeitraum von zehn Jahren hinzogen; 1949 kamen dann Sie dazu. Um was ging es eigentlich bei diesen Macy-Tagungen? Was halten Sie jetzt, im nachhinein, davon?

HvF: Ich habe Ihnen doch von Warren McCulloch erzählt, dem Leiter der Abteilung für Neuropsychiatrie an der University of Illinois Medical School.

CW: Was war er eigentlich von seiner Ausbildung her – Neuropsychiater, Physiker, Philosoph oder was?

HvF: Das Wort »Ausbildung« paßt irgendwie nicht zu Warren McCulloch. Er war auf kreative Weise offen für jede faszinierende Idee, sei es nun auf dem Gebiet der Logik, der Mathematik, der Physiologie oder der Dichtung. Die beste Charakterisierung seiner selbst, die man in seinen Schriften findet, ist die Frage: »Was ist eine Zahl, daß der Mensch sie verstehen kann, und was ist der Mensch, daß er eine Zahl verstehen kann?« Diese Frage faßt seine Arbeit – Physiologie, Neurologie, Psychiatrie, Mathematik, Logik, Theologie – zusammen.

Ich könnte noch viel dazu sagen. Aber lassen Sie mich kurz noch einmal auf unser Treffen im Keller der Medical School in Chicago zurückkommen. Die Gegend dort war eine Katastrophe: arm, verwahrlost, heruntergewirtschaftet. Als ein paar Monate später meine Familie nachkam, zeigte McCulloch uns die Stadt. Unsere Jungens, fünf, sechs und acht Jahre alt, schauten zum Autofenster hinaus und sagten: »Chicago ist aber ziemlich schlimm bombardiert worden.« Sie hatten schon eine Menge Erfahrung, und sie wußten genau, wie eine zerstörte Stadt aussieht. Aber uns wurde das alles in dem Keller gar nicht bewußt. Wir sprachen über meine Theorie des Gedächtnisses. Es war ganz offensichtlich, daß ich den Begriff des Lernens einführen mußte, wenn das Ganze funktionieren sollte. Ruft man sich das zurück, an was man sich erinnert, so stellt das einen Feedback dar. Und mit einem Feedback ergibt sich ein zirkularkausales, ein kybernetisches System. Warren sagte also: »Heinz von Foerster mit seiner kybernetischen Auffassung des Gedächtnisses sollte zu der Macy-Tagung kommen, bei der es um zirkularkausale Feedbackmechanismen in biologischen und sozialen Systemen geht.«

CW: Das war 1949; es muß das sechste Treffen gewesen sein.

HvF: Genau. Die Geschichte der Josiah Macy Jr.-Foundation und der Konferenzen, die sie finanzierte, war so: Ein Mitglied der Familie Macy war gelähmt; einige Wissenschaftler, die sich bei einem interdisziplinären Meeting trafen, konnten ihr helfen. Daraufhin beschloß die Familie, eine Reihe weiterer interdisziplinärer wissenschaftlicher Konferenzen zu finanzieren. Der Leiter des Programms war Frank Freemont Smith, der in der wissenschaftlichen Welt viele Leute kannte und selber sehr angesehen war. Man befaßte sich mit den verschiedensten Problemen: Grüner Star (über den man damals noch sehr wenig wußte), Leberkrankheiten, der Prozeß des Alterns etc. Zehn bis zwölf solcher Tagungen fanden nacheinander jedes Jahr statt. Das Thema einer dieser Konferenzen war eben: »Zirkularkausale und Feedbackmechanismen in biologischen und sozialen Systemen«. Die Mitglieder dieser Gruppe hatten sich bereits fünfmal getroffen; man kannte einander also schon recht gut.

CW: Das war ihre sechste Tagung. In den Konferenzberichten, die veröffentlicht wurden, ist dies aber der erste Band. Und Sie waren der Herausgeber?

HvF: Ja. Auf dieser Tagung wurde beschlossen, die Sitzungsprotokolle zu veröffentlichen. Nachdem ich meine Theorie des Gedächtnisses vorgetragen hatte, und zwar auf englisch, das ich damals erst seit vier oder fünf Wochen sprach, fand eine Sondersitzung für die Mitglieder der Gruppe statt. Ich konnte nicht daran teilnehmen, weil ich ja nur ein Gast war. Bald wurde ich hineingerufen und hörte, daß sie beschlossen hatten, von jetzt an die Protokolle zu veröffentlichen. Und außerdem, so sagten

sie mir, seien sie alle entsetzt gewesen über mein schlechtes Englisch und hätten sich überlegt, wie ich es am schnellsten lernen könnte. »Wir haben eine Lösung für dieses Problem gefunden«, erklärten sie. »Wir haben beschlossen, Sie zum Herausgeber dieser Sitzungsberichte zu machen.«
Derlei wäre in Europa nie möglich gewesen. Und sie behielten recht. Ich lernte ziemlich schnell Englisch. Nach einem Monat gab man mir ungefähr fünf Pfund grünes Papier – es waren die von einem Stenographen übertragenen Diskussionen. Ich kaufte mir die entsprechenden Lexika und stürzte mich in die Arbeit. Es war unglaublich. Leute wie Norbert Wiener oder Margaret Mead redeten druckreif. Andere – einschließlich ich selber – machten mir das Leben schon etwas schwerer.

CW: Wer waren die Teilnehmer? Wo kamen sie her?

HvF: Hier ist eine Liste der dreißig Leute, allesamt bemerkenswerte Persönlichkeiten. Wir wollen jetzt nicht alle Namen aufzählen, sondern uns nur einmal ansehen, welches die jeweiligen Spezialgebiete sind. Dann wird klar werden, welche Aufregung diese Vielfältigkeit, ihre verschiedenen Methoden, die Probleme zu erfassen, hervorrief. Sie kommen aus Psychiatrie, Maschinenbau, Physiologie, Anthropologie, Informationstheorie, Neurophysiologie, Zoologie, Psychologie, Soziologie, Philosophie, Mathematik, Biophysik, Elektronik und Anatomie.

CW: Ich habe mir diese Dokumente einmal angeschaut. Es waren die erstaunlichsten wissenschaftlichen Diskussionen, die ich je gelesen habe. Die Begeisterung und die Energie und das Engagement dieser Leute kommen hier ganz deutlich zum Ausdruck. Meiner Ansicht nach sind die Macy-Sitzungsberichte ein eindeutiges Beispiel für den Übergang der Sprache der Naturwissenschaften, der Metaphern von Energie, in die Sprache der Information. Bateson hat immer wieder behauptet, die Sprache der Naturwissenschaft eigne sich nicht für die Geisteswissenschaften, die Wissenschaften vom Menschen.

Könnten Sie mir erklären, wo Ihrer Ansicht nach die Grenzen für die Anwendung technischer Sprache auf menschliche Systeme liegen? Ich weiß, daß einige Leute gewichtige Einwände dagegen haben, wenn ein Verhaltensforscher Begriffe wie Feedback, Eingabe, Ausgabe, analoge und digitale Berechnungen verwendet, wenn er über menschliche Kommunikation spricht, und etliche rigorose Computerwissenschaftler glauben sogar, daß dies ein Mißbrauch ihrer Fachsprache sei. Aber hier, in den Sitzungsprotokollen, sprechen Sie die Sprache der Kybernetik und wenden sie auf biologische, soziale und technologische Systeme an.

HvF: Ich habe das Gefühl, daß diese Konferenzen der Phase gleichen, in der Pflanzen sich einen Weg durch sehr hartes Erdreich erkämpfen müssen. Es gab Schößlinge, aber noch keine Blumen. Was Sie hier beobachten können – und das ist das Faszinierende –, ist eine Wissenschaft in *statu nascendi*, im Zustand des Werdens. Normalerweise werden bei großen Tagungen Papiere verlesen, die Themen von allgemeinem Interesse behandeln, möglicherweise sehr dringliche. Alle haben diese Berichte gelesen; und alle reden über etwas, von dem sie glauben, daß sie sich damit auskennen. Aber hier, hier haben alle versucht, etwas herauszufinden, einer Sache auf den Grund zu gehen. Einer sagt beispielsweise: »Ich möchte über das Wesen des Humors berichten.« – »Was verstehen Sie unter ›Wesen‹?« – »Wie definieren Sie ›Humor‹?« – »Was meinen Sie mit ›berichten‹?« etc.

CW: Also die gute alte Tradition des platonischen Symposions. Ich habe das Ganze wie einen Krimi verschlungen.

HvF: Ja, und niemand weiß, wer der Täter war.

CW: Aber es gibt Anhaltspunkte...

HvF: Genau, und diese Anhaltspunkte findet man auch, und sie werden hin und her gedreht und gewendet. Ein solcher Anhaltspunkt ist beispielsweise der umständliche Name, den die Konferenz anfangs hatte. Offensichtlich suchten sie unter dem großen Dach dieses komplizierten Titels nach irgend etwas, das ihnen erlaubte, einander zu befragen und zu informieren über das, was jedem einzelnen am Herzen lag.

CW: Wann wurde das Motto der Tagung in »Kybernetik« umgewandelt?

HvF: Als ich 1949 in die Vereinigten Staaten kam, war gerade Norbert Wieners Buch *Kybernetik* erschienen. Warren sagte zu mir: »Schauen Sie sich das einmal an, ehe Sie zur Macy-Konferenz kommen.« Und das tat ich auch. Als sie mich dann zum Herausgeber der Sitzungsberichte machten, war ich etwas erschrocken über den langen und umständlichen Titel. Ich sagte daher: »Ich schlage vor, diese Tagungen nicht ›Zirkularkausale und Feedbackmechanismen in biologischen und sozialen Systemen‹ zu nennen, sondern ›Kybernetik‹.« Riesenapplaus – sie hielten das für eine gute Idee. Ich erinnere mich, daß Norbert Wiener über die Herzlichkeit, mit der man sein geistiges Kind annahm, so ergriffen war, daß er hinausging, um sich die Augen zu wischen.

CW: Dieser Titel ist in der Tat eine zusammenfassende Metapher für das Wesen dieser Konferenzen.

HvF: Genau! Norbert Wiener hat diese Bezeichnung für sein Interesse an teleologischen Mechanismen geprägt. Das Wort »Teleologie« war damals bei den Wissenschaftlern ziemlich in Mißkredit geraten. Heute würde kein Wissenschaftler über teleologische Mechanismen, über finale Kausalität sprechen. Effiziente Ursachen – ja; finale Ursachen – nein. Aber bei den Macy-Tagungen haben sich die Wissenschaftler mit Kausalmechanismen befaßt, mit Ursachen, die nicht in der Vergangenheit, sondern in der Zukunft liegen. Sie wußten, daß es ungeheuer wichtig war, bestimmte Mechanismen zu verstehen, bei denen die effiziente Ursache kein Resultat brachte. Aber die Sprache für diese neuen Vorgänge war noch nicht bestimmt. Auf einer dieser Tagungen wurde zum Beispiel John von Neumann richtig zornig wegen des falschen Gebrauchs bestimmter Termini aus der Computersprache. Er schlug mit der Faust auf den Tisch und brüllte in seinem ausdrucksstarken ungarischen Englisch: »Leute, was macht ihr denn da?!« Und in seiner Wut hielt er aus dem Stegreif einen absolut phantastischen Vortrag über die Unterschiede und die richtige Anwendung von Begriffen wie digital, analog, diskontinuierlich und stetig. Die Veröffentlichung der Berichte ging so vor sich, daß jeder Teilnehmer seinen Beitrag zurückerhielt, nachdem ich ihn überarbeitet hatte; zu diesem Zeitpunkt konnte dann jeder noch beliebig viele Änderungen vornehmen. Neumann, ein Perfektionist, war wohl der Ansicht, er müsse seine Darstellung, die er im Zorn vorgetragen hatte, wirklich bis ins kleinste Detail ausarbeiten. Meiner Meinung nach hatte er alles, was er sagen wollte, ganz klar und deutlich zum Ausdruck gebracht, aber er feilte und feilte an diesem Beitrag herum und gab ihn nicht zur Veröffentlichung frei. Die Macy-Leute, die die endgültige Fassung herausgaben, schafften es einfach nicht, seinen Beitrag von ihm zu erhalten. Er schob den Termin immer wieder hinaus; schließlich mußten sie das Ganze ohne Neumanns wunderbare Geschichte in Druck geben. – Er hatte in seinem Vortrag darauf hingewiesen, daß wir unkritisch Begriffe aus einem anderen Fachgebiet für unseren speziellen Zweck übernommen hatten, und daß diese Begriffe oft überhaupt nicht paßten. Stellen Sie sich einen Tischler vor, der zusehen muß, wie jemand mit einer Beißzange Nägel einschlagen will; es ist nicht schwer, sich auszudenken, was der Tischler davon hält.

CW: Apropos »digital« und »analog«. Diese Begriffe stammten aus der Neurologie wie auch aus der Computerwissenschaft und wurden bei den Macy-Tagungen ganz selbstverständlich verwendet. Jetzt werden sie ziemlich wahllos und ungenau von Leuten gebraucht, die sich mit menschlicher Kommunikation befassen; manchmal bedeutet digital sprachlich und analog nicht-verbal, metaphorisch. Ein solcher Gebrauch dieser Begriffe scheint rein gefühlsmäßig sehr einleuchtend, aber ich würde gerne wissen, wie es möglich ist, daß wir einen Ausdruck, der in einem bestimmten Bereich eine ganz spezifische Bedeutung hat, einfach übernehmen und ihn für unsere Zwecke auf die menschliche Kommunikation anwenden können, die doch nicht so ohne weiteres faßbar und sehr komplex ist.

HvF: Im kreativen Stadium der Entstehung einer Idee ist alles und jedes erlaubt, um weiterzukommen. Friedrich von Schiller mochte den Geruch von fauligen Äpfeln, und wenn faulige Äpfel in seiner Schreibtischschublade waren, schrieb er ein wunderschönes Gedicht und ein herrliches Schauspiel nach dem anderen. Das Ergebnis: unsterbliche Dichtung! An die fauligen Äpfel denkt niemand mehr. Bei den Macy-Konferenzen hatten wir auch solche fauligen Äpfel. Was danach kommt, ist etwas anderes. Es gibt, wie von Neumann zu Beginn hervorhob, vier Grundbegriffe: digital und analog, diskontinuierlich und stetig. Diese Begriffe wurden in der Folge völlig durcheinandergebracht, ab und zu falsch gebraucht und das eine mit dem anderen verwechselt. Im experimentellen Stadium sucht man nach dem geeigneten begrifflichen Handwerkszeug.

CW: Ja, ich habe den Eindruck, daß einige dieser Termini eine Art Eigengesetzlichkeit entwickeln, daß sie zu Götzen werden, die man blind verehrt: »Feedback«, »Homöostase«, »digital – analog« etc.

HvF: Das hat zur Folge, daß wir die Sprache nicht mehr als Hilfsmittel benützen, um Gedanken und Erfahrungen auszudrücken, sondern daß wir Sprache als ein Mittel akzeptieren, das unsere Gedanken und Erfahrungen bestimmt. Aber vielleicht beginne ich genau in dem Augenblick, wenn ich merke, daß die Sprache mich kontrolliert, selbst die Sprache zu kontrollieren.

CW: Dabei fällt mir etwas ein, das ich Sie schon seit langem fragen wollte. Feedback ist eine der wichtigsten Konzeptionen bei den Macy-Tagungen. Ihr Name ist immer im Zusammenhang mit den Begriffen Rekursivität, Rückbezüglichkeit, Eigen-Werte und so weiter genannt worden; ich habe den Eindruck, daß das ein Feedback ist, der sozusagen mündig geworden ist. Könnten Sie mir etwas über die Beziehung zwischen Feedback und Rekursion sagen?

HvF: Bei den Macy-Konferenzen sind bestimmte Probleme immer wieder aufgetaucht. Es sah so aus, als könnte man sie mit dem Begriff der Rückbezüglichkeit – eines zirkularkausalen Kreislaufs – angehen. Die Schwierigkeit ist nur, daß Rückbezüglichkeit zu Paradoxen führen kann. Von einem wissenschaftlichen Standpunkt aus muß man diesen Begriff also fallenlassen.

CW: Die Feststellung »Ich lüge« beispielsweise ist nicht erlaubt!

HvF: Genau. Ausgehend von der Prämisse, daß eine jede Behauptung entweder wahr oder falsch sein muß, und das ist ja der springende Punkt bei jeder wissenschaftlichen Untersuchung, kommt man zu guter Letzt zu einem System, aus dem Behauptungen, die wahr werden, wenn sie falsch sind, und die falsch werden, wenn sie wahr sind, verbannt werden müssen. Sie sind verboten. Gut, aber bei jeglicher Theorie, die Einbezüglichkeit verlangt, sei es eine Theorie der Kommunikation, eine Theorie des Gehirns, der Soziologie oder der Sprache etc., muß der Beobachter, der Theoretiker in das System mit einbezogen werden, über das er eine Theorie aufstellt. Nehmen Sie beispielsweise jemanden, der eine Theorie des Gehirns schreiben will. Ich glaube, niemand wird leugnen, daß man ein Gehirn braucht, um eine solche Theorie aufstellen zu können. Und damit diese Theorie auch nur irgendeinen Anspruch auf Vollständigkeit erheben kann, muß sie in der Lage sein zu erklären, wie sie geschrieben wird. Das bedeutet: Eine Theorie, die die

Funktionsweise des Gehirns beschreibt, muß sozusagen sich selber beschreiben, oder, wenn man es so sagen will, sich selber schreiben.

Das klingt zunächst idiotisch. Der Grund dafür ist, daß wir uns normalerweise damit beschäftigen, das Gehirn anderer und nicht unser eigenes zu beschreiben. Die Struktur der Theorie, die ich meine, muß jedoch den ungeheuren Anspruch erfüllen, sich selber zu beschreiben – sozusagen sich selbst zuzuwenden: die Schlange, die sich in den Schwanz beißt. Es besteht hier eine gewisse Ähnlichkeit mit dem Feedback. Aber die rekursive Funktionstheorie reicht viel tiefer. Sie ist genau der formale Apparat, um diese »Rückwendung zu sich selbst« zu untersuchen: Die Bedeutung von Rekursion ist, daß man den Weg, den man schon einmal zurückgelegt hat, noch einmal geht. Eines der Ergebnisse dabei ist, daß es unter bestimmten Voraussetzungen tatsächlich Lösungen gibt, die, wenn man sie wieder in die Formalisierung einbringt, erneut die gleichen Ergebnisse produzieren. Sie werden als »Eigen-Werte«, »Eigen-Funktionen«, »Eigen-Verhalten« etc. bezeichnet, je nachdem, in welchem Bereich die Formalisierung durchgeführt wird – bei Zahlen, Funktionen, Verhaltensweisen etc. Der Begriff »Eigen-Wert« wurde im späten 19. Jahrhundert von David Hilbert eingeführt, und zwar, um mathematische Probleme mit einer logischen Struktur zu lösen, die der sehr ähnlich sind, über die wir uns gerade unterhalten.

CW: Inwiefern hilft mir das zu verstehen, was andere Leute sagen? Welche Bedeutung kommt hier »Sprache« zu?

HvF: Das Phänomen »Sprache« ist so vielschichtig, daß auch das Wort »verstehen« viele verschiedene Aspekte haben kann. Ich kenne zwei Denkschulen, die dieses Problem auf ganz verschiedene Weise angehen. Die eine möchte die Regeln der Verknüpfung verstehen, wie man korrekte oder »wohlgeformte« Sätze konstruiert. Die andere möchte herausfinden, wie sich das Leben von jemandem plötzlich grundlegend ändern kann, wenn dieser Jemand ein Geräusch hört, das ein anderer produziert, ein Geräusch, das in dem einen Fall vielleicht wie »Ich liebe dich« klingt und in einem anderen Fall wie »Ihr Verlobter ist gestorben«. Beide Schulen beschäftigen sich mit Sprache, aber mit zwei sehr unterschiedlichen Funktionen. Die eine will Monolog erfassen, die andere Dialog. Das, worüber wir vorhin gesprochen haben, Feedback, Rekursion, Eigen-Werte etc., kann meiner Ansicht nach nichts zur Lösung des Problems des Monologs beitragen. Andererseits sind diese Begriffe genau das richtige begriffliche Handwerkszeug, um sich mit Dialog auseinanderzusetzen.

CW: Was haben »Eigen-Werte« mit Sprache oder Dialog zu tun?

HvF: Möglicherweise werden Sie mir jetzt vorwerfen, daß ich Wortklauberei betreibe, wenn ich sage, daß das wiederum zwei Paar Stiefel sind. In dem einen Fall betrachtet man Sprache von einem ontologischen Gesichtspunkt aus, also wie Sprache »ist«; im anderen Fall betrachtet man sie von einem ontogenetischen Standpunkt aus, also wie Sprache entstanden ist, wie sie »geworden ist«. Meiner Ansicht nach kann man Sprache monologisch und ontologisch nie verstehen. Das Problem der Sprache ist dem Problem des Nabels sehr ähnlich. Ontologisch gesehen hat der Nabel keinen Sinn. Er ist ein komischer, unerklärlicher Schnörkel auf unserem Bauch. Aber ontogenetisch gesehen ist er eine Notwendigkeit: ohne ihn wären wir nicht da.

CW: Mir gefällt Ihre Geschichte mit dem Nabel. Aber, entschuldigen Sie bitte, was hat unser Nabel mit Ihren Eigen-Werten zu tun?

HvF: Wenn Sie nicht verstehen, wie die Dinge entstanden sind, dann kann es passieren, daß Sie auch nicht verstehen, wie die Dinge sind. Eigen-Werte, Eigen-Formen reproduzieren sich selbst rekursiv. Man sieht sie nur in ihrer fertigen Gestalt, aber nicht, wie sie entstanden sind; die Geschichte ihrer Entwicklung ist implizit in ihrer Form vorhanden. So sehe ich Sprache – ein Eigen-Verhalten, das sich durch rekursive Wechselwirkung von uns allen entwickelt hat. Einen Abglanz davon sehe ich in der Rückbezüglichkeit der Sprache selbst.

CW: Inwiefern?

HvF: Ich bezeichne als Sprache das Kommunikationssystem, das über dieses System sprechen kann. Wir haben Sprache, weil wir über sie sprechen können. In unserem Vokabular gibt es das Wort »Vokabular«, in unserer Sprache gibt es das Wort »Wort« und natürlich das Wort »Sprache«. Ich kann mir nicht vorstellen, daß Bienen über ein solches Vokabular verfügen.

CW: Spielen Sie damit etwa auf »sehen« in dem Sinne an, daß man sich selbst sieht, wie man sich selbst sieht...

HvF: Nein. Das Sehende, das Auge, sieht sich ja nicht. Ich verstehe »sehen« auch als Dialog, als sich selbst durch die Augen des anderen sehen. Es ist hier, wo Sprache, Du und Ethik zusammenfallen, wo sie eins werden.

Sachregister

Adiabatische Hülle 183
Aktionspotential 121
Aktive lokale Reaktion 121
Artifizieller Intelligenzquotient 133
Aussagelogik 136 f., 165
Autokatalytischer Brüter 185
Autopoesis 186 f.
Axon 52, 120 f.

Behaviorismus 157, 235
Beschleunigungsgesetz 36
Binärzahlen 135
Biocomputer 180
Biokomputation 165 ff.
Biosoziation 15
Byte 144

Cardiozentristen 109, 110
Cephalozentristen 110
Circulus creativus 16
Computer 131 ff.
Cray-Computer 135, 144

Decodierung 156
Dendriten 120 f.
Depolarisierung 123
Deutsche Anatomische Gesellschaft 114
Dezimalsystem 134
Doppelte Schließung im Nervensystem 192 ff.
Druckwahrnehmung 52 f.
Dynamische Stabilität 93

Eigenwerte 204 f.
Einfache Einheiten 106 f.
Empirismus 44 f.
Endknöpfe 166
Endokrines System 124
Engramme 157 f.
Exponentielle Exponentialgröße 141, 179

Faktum 56
Feedback 231, 239
Familientherapie 13, 19, 107, 108

Gedächtnis 70 f., 133, 157 f.
Gehirn 49, 68 f., 131, 132
Gehirntumor 73
Genetischer Code 117
Gravitationsgesetz 36, 96 f.

Halluzination 31
Heisenbergsche Unschärferelation 60
Heliozentrismus 210 f.
Hemisphärologen 72
Heterarchie der Werte 194 f.
Hologramm-Theorie 159
Homöostase 187
Hormone 125
Hyperpolarisation 121, 123
Hypophyse 124

Identität 212 f.
Illusion 31
Indoeuropäische Sprachen 65
Indolamine 123
Internuncials 117

Kausalität 87 ff.
Kausalität, effiziente 87
Kausalität, finale 91, 92
Kausalität, zirkuläre 92
Kommunikationstheorie 192, 242
Komplexe Einheiten 106 f.
Komputation 87, 131 f.
Komputation, semantische 131 f.
Konditionierte Reflexe 152
Kontextbestimmte Entscheidungen 198
Konstruktivismus 25 f., 40 ff., 56 ff.
Kortikale Nervenzelle 122
Kybernetik 91, 93, 102, 232, 236
Kybernetische Prinzipien 15

Logik 75, 79, 142
Lokalisierung der Funktion 67 ff.

McCulloch-Pitts-Formalismus 166
Maschinen, logische 146 ff.
Maschinen, nicht-triviale 152 ff., 190, 217
Maschinen, triviale 149

Mehrdeutigkeit 178
Metalog 96 f.
Metaphysischer Realismus 57
Meta-Sprache 85

›Napiers Knochen‹ 134
Nebenschilddrüse 124, 125
Nervennetze 166 ff.
Netzhaut 144 f.
Neuroendokrinologie 193
Neurohypophyse 193 f.
Neuronen 109 ff., 120 ff., 165 ff., 189
Neuronen, formale 166
Neuronen, postsynaptische 125
Neuronen, zwischengeschaltete 165
Neuronentheorie 113 f.
Neurosynapse 124
Neurotransmitter 123, 125, 192
Nominalisierung 65 ff., 99
Norepinephrin 123

›Ockhamsches Rasiermesser‹ 159
Ontologie 215
Operatoren 199 f.

›Paradox des Barbiers‹ 81 f.
Perikaryon 120
Phrenologie 68
Polarisiertes Axon 75 f.
Positionelles numerisches System 134
Purkinje-Zellen 114

Quantenmechanik 38

Räumliches Sehen 72
Rekursive Funktionstheorie 185, 199 ff.
Re-Präsentation 64
Retikulisten 110 f.
Rückkopplungs-Schleifen 197
Ruhepotential 121

Schließung 183 ff.
Schließung, doppelte 192 f.
Schließung, finale 214
Schließung, systemische 184
Schwellenwert 121
Selbstwählschaltung 136
Sensomotorische Intelligenz 55, 119
›Smith-Robinson-Jones-Problem‹ 147
Solipsismus 42 f., 208 ff., 217
Spezifische Nervenenergien 50
Sprache 30 f., 63 ff., 98 f., 214 f., 238 f,
Sprache und Kausalität 87 f.
Sprachlogik 74 f.
Steroide 193 f.
Syllogismen, logische 74 ff.
Syllogismen, deduktive 75
Syllogismen, induktive 78
Synapse 123 f., 168 f., 180, 192
Systeme, algebraisch geschlossene 183
Systeme, analoge 237
Systeme, digitale 237
Systeme, positionell numerische 134

Theorie des Beobachters 58 f.
Theorie der logischen Typen 81, 85
Theorie der neurologischen Schließung 189
Theorie der rekursiven Funktionen 185
Thermodynamisch geschlossene Systeme 183
Torus 194
Transformationsregel 89

Unabhängige motorische Einheit 116
Undifferenzierte Codierung 50 ff.

Verhalten, zielgerichtetes 190 f.

Wahrnehmung, räumliche 47 ff., 207 ff.

Personenregister

Alembert, Jean le Rond d' 36
Alkmaion 110
Allen, Woody 29
Andrew, A. M. 187
Aristoteles 74, 80, 81, 89, 90, 110
Ashby, Ross 147, 148, 189, 190

Bateson, Gregory 11, 12, 41, 63, 86, 95 ff., 196, 231
Bigelow, Julian 231
Boltzmann, Ludwig 225
Boole, George 136, 142
Buckley, William 148
Brandewie, Ann 23
Brast, Neil 24
Breuer, Rolf 42
Burali-Forti 84

Capra, Fritjof 33
Carpenter, Freda 24
Castaneda, Carlos 87
Chomsky, Noam 56
Cooper, Lynn A. 43

D'Abro, A. 43
Descartes, René 33 f., 111, 112
Domarus, Eilhard von 72
Dumas, Alexandre 40

Eccles, John 159, 174
Eddington, Arthur 50, 52, 155, 156
Einstein, Albert 98
Eliot, Thomas Stearns 16
Elkind, David 55
Emamjomeh, Joyce 24
Epimenides 80, 84
Euklid 75, 82
Exner, Siegmund 67 f.

Fisch, Richard 85
Foerster, Mai von 23
Fowles, John 19
Frege, Gottlob 81 f.
Freud, Sigmund 20, 225
Fry, W. 86
Fulton, J. F. 115

Galen 110
Galilei, Galileo 33, 44
Glasersfeld, Ernst von 31, 32, 41, 56, 57
Golgi, Camillo 113, 114
Grossmann, Richard 24
Göring, Hermann 229
Guillen, Michael 74, 81 f.

Harvey, William 110
Herr, John 23
Heisenberg, Werner 35, 60
Herzl, Theodor 225
Hilbert, David 240
Hippokrates 110
Hitler, Adolf 228
Hubel, David 115
Hume, David 42, 78
Huxley, Julian 109, 128

Joad, C. E. M. 209

Kahn, David 23
Keeney, Bradford P. 86, 102, 187
Kent, Maria 24
Kepler, Johannes 33
Koestler, Arthur 15, 86
Kolliker, Rudolf von 114
Kopernikus, Nikolaus 33

Laing, Ronald D. 131
Langer, Susanne K. 119
Laplace, Pierre Simon de 38
Loos, Adolf 225
Lukas, Sharon 23

Mach, Ernst 225
Matson, Floyd W. 38
Maturana, Humberto 12, 22, 27, 41, 43, 99 ff., 118, 174, 176, 181, 186 ff., 197, 214, 216
McCulloch, Warren 15, 166 ff., 176 ff., 195 f., 231, 232
Mead, Margaret 234
Mueller, Johannes 50

Napier, John 133
Napoleon Bonaparte 38, 160
Neumann, John von 177, 237, 238
Newton, Isaac 36, 37, 44, 63, 97, 98

Oppenheimer, Robert J. 38

Pascal, Blaise 134
Pask, Gordon 210
Pasteur, Louis 73
Pavlov, Ivan 152
Piaget, Jean 41, 55, 56, 119
Pitts, Walter H. 166, 168, 171, 176 f.
Planck, Max 43
Plato 74
Pospesel, Howard 75, 77, 136
Pribram, Karl 159
Ptolemäus 33

Ramón y Cayal, Santiago 109 ff.
Rapoport, Anatol 36, 90
Redfield, J. 67, 68
Reisch, Gregor 67, 68
Restak, Richard 49
Russell, Bertrand 81 ff.

Saint-Simon, Claude 36
Schiller, Friedrich 238
Shannon, Claude 136

Simaro, Louis 113
Shepard, Rodger N. 43
Skinner, B. F. 157
Smith, Frank Fremont 231, 233
Sokrates 75, 78
Spencer-Brown, C. 102, 105
Spengler, Oswald 184
Stevens, John K. 144, 165

Turing, Alan 156

Uribe, G. 186, 187

Vanderwell, Allen 24
Varela, Francisco 41, 58, 183, 186, 187

Wagner, Otto 225
Watzlawick, Paul 11, 16, 23, 29, 41, 85, 184
Weakland, John 85
Weiner, Marty 24
Weston, P. 145
White, John 95
Wiener, Norbert 231, 234, 236
Wilder, Carol 23, 28, 225 ff.
Wittgenstein, Ludwig 63, 170, 226, 227
Wynne, L. 86

Yuen, Lenora 24

Karl R. Popper
Auf der Suche nach einer besseren Welt
Vorträge und Aufsätze aus dreißig Jahren
282 Seiten. Serie Piper 699.

»Wer Popper wenig oder nicht gelesen hat, wird hier einen vortrefflichen Überblick über sein Denken gewinnen.« Wolfgang Kraus, Die Presse

Karl R. Popper / John C. Eccles
Das Ich und sein Gehirn
Aus dem Englischen von Angela Hartung und Willy Hochkeppel, unter wissenschaftlicher Mitarbeit von Otto Creutzfeldt.
699 Seiten mit 66 Abbildungen. Kt.

»Ein ungemein gedankenreiches Buch, das seine Hypothesen in ruhiger, verständlicher Sprache vorträgt. Die Autoren führen ein in ein wichtiges Gebiet heutiger Philosophie und Naturforschung, ohne die vielfältigen problemgeschichtlichen Zusammenhänge zu vernachlässigen.«
Frankfurter Allgemeine Zeitung

Karl R. Popper / Franz Kreuzer
Offene Gesellschaft – Offenes Universum
Ein Gespräch über das Lebenswerk des Philosophen
99 Seiten. Serie Piper 476

Thema des von Franz Kreuzer mit Karl Popper geführten Gesprächs ist das gesamte Lebenswerk Poppers. Dabei wird zunächst der für Politik und Gesellschaftskritik relevante Teil der Popperschen Philosophie in Erinnerung gebracht, der bereits 1919 zu einer Kritik am Marxismus und, später, am Historizismus führte.

Karl R. Popper / Konrad Lorenz
Die Zukunft ist offen
Das Altenberger Gespräch
Mit den Texten des Wiener Popper-Symposiums.
Herausgegeben von Franz Kreuzer. 143 Seiten. Serie Piper 340

Mit Beiträgen von Roman Sexl, Rupert Riedl, Friedrich Wallner, Paul Weingartner, Irene Papadaki, Franz Seitelberger, Marianne Fillenz, Gerhard Vollmer, W. W. Bartley III, Gerard Radnitzky, Ivan Slade, Alexandre Petrovic, Peter Michael Lingens und Norbert Leser.

Piper

Paul Watzlawick

Anleitung zum Unglücklichsein
132 Seiten. Geb.
»Eines jener seltenen Hausbücher, die sachlich und sprachlich halten, was sie versprechen.« *Frankfurter Allgemeine Zeitung*

Vom Schlechten des Guten
oder Hekates Lösungen. 124 Seiten. Geb.
Der Mensch wird in seinem hartnäckigen Suchen nach endgültigen Patentlösungen Opfer der finsteren Schicksalsgöttin Hekate. Watzlawick zeigt in bewährter Manier anschaulich, witzig und lehrreich, wie wir ihren Fallen entgehen können. Der neue Bestseller vom Autor der »Anleitung zum Unglücklichsein«.

Wie wirklich ist die Wirklichkeit?
Wahn – Täuschung – Verstehen
252 Seiten mit 17 Abbildungen. Serie Piper 174
Dieses Buch ist im besten Sinne populärwissenschaftlich, denn es führt auf unkonventionelle und amüsante Weise in aktuelle Probleme der Kommunikationsforschung ein.

Die erfundene Wirklichkeit
Wie wissen wir, was wir zu wissen glauben?
Beiträge zum Konstruktivismus
Herausgegeben von Paul Watzlawick.
326 Seiten mit 31 Abbildungen. Serie Piper 373
In diesem Buch legen neun namhafte Forscher dar, wie wissenschaftliche, gesellschaftliche und individuelle Wirklichkeiten geschaffen werden.

Vom gleichen Autor liegt außerdem vor:

Gebrauchsanweisung für Amerika
Ein respektloses Reisebrevier. Zeichnungen von Magi Wechsler.
163 Seiten. Kt.
Diese »Gebrauchsanweisung« ist kein Reiseführer im landläufigen Sinn, sie erwähnt keine Kathedralen und Museen, sondern will dem Europäer die USA-Wirklichkeit näherbringen – von der tierisch ernsten Zollkontrolle am Flugplatz, den unvermuteten Tücken der amerikanischen Uhrzeit, des Datums, der Maße, Gewichte und Adressen, von Kredit und Kreditkarten sowie den Merkwürdigkeiten der Umgangssprache bis zum Begründer dieser Gewohnheiten und Institutionen, dem »homo americanus«. Auch an sich trockene Themen wie Verkehrsgesetze oder Dienstleistungen des Telefons werden leicht, humorvoll und manchmal boshaft behandelt.

Piper